구역예배 대표기도문

구역예배 대표기도문

2011년 09월 01일 초판 1쇄 발행
2023년 01월 30일 초판 6쇄 인쇄

지 은 이 | 노진향
펴 낸 이 | 황성연
펴 낸 곳 | 도서출판 청우
등록번호 | 제 2001-000055호
주 문 처 | 하늘물류센타
주   소 | 경기도 파주시 광탄면 혜음로 883번길 39-32
연 락 처 | (031)-906-0011 | 팩스 (0505)-365-0011
ISBN 978-89-94846-04-0 03230

이책은 저작권법에 의해 보호를 받는 저작물이므로 무단전재 및 복제를 금합니다. 잘못 만들어진 책은 구입하신 서점에서 바꾸어 드립니다.

책 값은 뒤표지에 있습니다

구역·목장·셀모임 을 위한

구역예배 대표 기도문

노진향 지음

청우

■ 머리말

　할렐루야! 하나님께 영광을 돌립니다. 너무나 부족한 사람이 또 한 권의 기도문을 독자들 앞에 내놓게 되었습니다. 한 권의 책을 집필할 때마다 늘 느끼며 다짐하는 것은, 이 책을 사서 보는 독자 분들에게 최소한 비난은 받지 말아야 한다는 것이었는데, 오히려 따뜻한 격려와 칭찬을 주시는 독자 분들이 계시니 얼마나 감사한지요. 그분들 덕분에 책을 다시 집필할 수 있는 용기와 힘을 얻습니다.
　이 책의 내용은 책 제목에서도 밝히고 있듯이 구역(속회), 목장, 셀 모임 등에서만 사용할 수 있는 평신도 대표기도문입니다. 그동안 제가 집필한 대표기도문을 구입해 보시던 독자분들 중에 구역(속회) 모임에서 참고할 수 있는 기도문이 별도로 있었으면 좋겠다는 소중한 의견을 보내주셨기에, 그것이 동기가 되어 이렇게 기도문을 엮어서 내놓게 된 것입니다. 그러므로 본서의 내용은 구역(속회)이나 그와 동일한 모임에서 전문적으로 활용할 수 있는 모임대표기도문입니다. 주제별로 구분되어 있으며, 어렵지 않은 문체로 내용이 구성되어 있기 때문에 실제로 적용하기에도 불편함이 없을 것입니다. 모임의 특성상 기도가 길면 안 되기 때문에 1분 안에 끝마칠 수 있도록 간결함을 유지하였습니다.
　구역(속회)모임이나 그와 동일한 모임을 갖게 될 때, 공예배의 경우보다 평신도가 맡아야 할 기도의 순서가 더 많다는 것을 느낄 것입니다. 대표기도, 헌금기도, 나눔(중보)기도, 식사기도가 그것입니다.

  지금 시중에 나온 대부분의 대표기도문들은 주일 예배 대표기도를 중심으로 발간된 책들입니다. 따라서 구역(속회) 모임 때 참고할 수 있는 기도문은 드문 것이 현실입니다. 그러나 본서는 구역(속회) 모임 때의 기도문만을 위주로 하여 집필하였기 때문에 참고할 수 있는 폭이 상당히 넓을 것입니다.

  성도가 기도 훈련을 할 수 있는 방법은 참으로 다양합니다. 그것 중에 기도문을 참고하며 다양한 기도의 형태와 방법들을 접하면서 기도의 폭을 넓히는 것도 좋은 기도 훈련의 방법이 될 수 있습니다. 물론 기도문만을 지나치게 의존하는 잘못된 습관만 없다면 말입니다.

  이 책에 수록된 많은 기도 예문이 대표기도의 폭을 넓히기를 원하는 독자들에게 도움을 줄 수 있을 것이라 확신합니다. 참고하시면서 더 나은 영적인 풍요를 누리시고 하늘 보좌를 움직일 수 있는 기도의 사람이 되시기 바랍니다. 그리고 또 다른 기도의 등불을 가지고 하나님의 은혜의 보좌 앞으로 나아가기를 기뻐하시기 바랍니다.

반달마을에서 노 진 향

> "일반적으로 기도는 모든 삶에 있어서
> 영원한 성장의 요소인 출발점과 목적 그 자체가 된다."
> _A.T. 피얼슨

■ 목 차

머리말 • 004
대표기도에 대하여 • 012

Chapter 1

구역, 셀, 속회 목장모임을 위한
주제별에 맞춘 구역예배 대표기도문 ❶

충성스러운 일꾼이 되게 하소서 • 018
마음과 생각을 밝히 비추어 주소서 • 019
삶의 모든 문제들을 권고하여 주소서 • 020
배우고 익힌 것을 실천할 수 있게 하소서 • 021
더욱 뜨거워지게 하소서 • 022
생명의 역사가 있게 하소서 • 023
강하고 담대한 믿음이게 하소서 • 024
연약한 지체들을 붙드소서 • 025
주님과의 관계가 깊어지게 하소서 • 026
교회를 든든히 세울 수 있게 하소서 • 027
일꾼을 세워갈 수 있게 하소서 • 028
말씀 적용을 잘할 수 있게 하소서 • 029
영향력 있는 영성을 갖게 하소서 • 030
주님의 섭리하심을 체험케 하소서 • 031
거룩한 낭비가 있게 하소서 • 032
새로운 가치관을 세워가게 하소서 • 033
맛보고 느껴지는 모임이게 하소서 • 034
감사와 감격이 회복되게 하소서 • 035
사랑의 마음이 깊어지게 하소서 • 036
작은 교회임을 잊지 말게 하소서 • 037
기도의 좋은 습관이 만들어지게 하소서 • 038
하나님 경외하기를 힘쓰게 하소서 • 039
겉과 속이 일치된 믿음이 되게 하소서 • 040
하나님의 나라를 구하게 하소서 • 041
모든 염려를 주님께 맡기게 하소서 • 042
저희의 가정을 붙들어 주소서 • 043
주변으로 퍼져가는 사랑이 되게 하소서 • 044
쓰임 받는 믿음이 되게 하소서 • 045
새로운 용기와 능력을 얻게 하소서 • 046

가정의 우환과 불행을 막아주소서 • 047
나눔과 교제가 기쁨이 되게 하소서 • 048
빛의 자녀들처럼 행하게 하소서 • 049
믿음의 형제를 더욱 사랑하게 하소서 • 050
상한 감정을 치유하여 주소서 • 051
칭찬하며 칭찬받을 수 있게 하소서 • 052
겸손하신 주님을 닮아가게 하소서 • 053
모임의 구성원을 붙들어 주소서 • 054
모임의 필요성을 깨닫게 하소서 • 055
여호와를 앙망하게 하소서 • 056

Chapter 2

구역, 셀, 속회 목장모임을 위한
주제별에 맞춘 구역예배 대표기도문 ❷

날마다 부흥하는 모임이 되게 하소서 • 058
꼭 필요한 일꾼으로 쓰임 받게 하소서 • 059
성령 충만하게 하소서 • 060 | 축복을 헤어보며 감사하게 하소서 • 061
서로를 향한 섬김이 있게 하소서 • 062 | 모이기에 힘쓰게 하소서 • 063
새 가족을 축복하소서 • 064 | 각 기관과 부서가 든든히 서가게 하소서 • 065
선교하는 모임이 되게 하소서 • 066 | 다른 사람에게 본이 되게 하소서 • 067
생명 되신 주님을 잘 섬길 수 있게 하소서 • 068
진리를 좇아 행하게 하소서 • 069
더 나은 믿음의 사람이 되게 하소서 • 070
주님을 본받아 더욱 순종하게 하소서 • 071
악의 세력과 싸워 이기게 하소서 • 072 | 죽도록 충성하게 하소서 • 073
헌신을 행복의 가치로 삼게 하소서 • 074
복음의 전진기지가 되게 하소서 • 075
연약한 믿음을 든든히 세우소서 • 076 | 사랑의 열매를 맺게 하소서 • 077
기도하는 모임이 되게 하소서 • 078 | 마귀를 능히 대적하게 하소서 • 079
은혜의 승리를 보여주는 삶이 되게 하소서 • 080
더욱 큰 은사를 사모하게 하소서 • 081
고통 받는 이웃을 돌아보소서 • 082 | 이 시대의 빛과 소금이 되게 하소서 • 083
북녘의 그리스도의 형제를 기억하소서 • 084
목사님을 잘 보필할 수 있게 하소서 • 085
깨어 있는 믿음이 되게 하소서 • 086 | 주님의 일을 힘써서 하게 하소서 • 087
저희의 약점을 보완해 주소서 • 088 | 이 나라에 통일을 주소서 • 089

복된 교회생활이 있게 하소서 • 090 | 믿음의 유익을 더할 수 있게 하소서 • 091
적극적으로 사랑할 수 있게 하소서 • 092
은혜를 헛되이 받지 않게 하소서 • 093
믿음의 경주를 잘하게 하소서 • 094 | 기도로 깨어 있게 하소서 • 095
먼저 그 나라와 의를 구하게 하소서 • 096

Chapter 3

구역, 셀, 속회 목장모임을 위한
계절, 절기, 행사에 맞춘 구역예배 대표기도문

[새해] 주님이 바라시는 열매를 많이 맺게 하소서 • 098
[새해] 선한 청지기의 본분을 다하게 하소서 • 099
[새해] 소원을 두고 행하게 하소서 • 100
[새해] 영혼 구원에 마음을 다하게 하소서 • 101
[봄] 복음의 씨를 파종할 수 있게 하소서 • 102
[봄] 생명의 기쁨을 노래하게 하소서 • 103
[여름] 믿음의 풍성한 열매를 드릴 수 있게 하소서 • 104
[여름] 더위에 나태해지지 않게 하소서 • 105
[가을] 이 가을에 열매 맺는 구역이 되게 하소서 • 106
[가을] 고개 숙일 줄 아는 신앙이 되게 하소서 • 107
[겨울] 추울수록 땀 흘리는 신앙이 되게 하소서 • 108
[겨울] 어려운 이웃을 기억하소서 • 109
[명절- 설] 명절을 하나님께 봉헌하게 하소서 • 110
[명절- 추석] 하나님의 섭리와 은혜를 나눌 수 있게 하소서 • 111
[사순절] 낮아짐의 자리로 내려갈 수 있게 하소서 • 112
[사순절] 내어줌의 삶을 실천할 수 있게 하소서 • 113
[고난주간] 주님의 고난 받으심에 동참하게 하소서 • 114
[고난주간] 십자가를 대할 때 애틋함 있게 하소서 • 115
[부활절] 부활의 산 소망을 갖게 하소서 • 116
[부활절] 부활의 산 증인이 되게 하소서 • 117
[성령강림절] 성령님이 주장하시고 인도하소서 • 118
[성령강림절] 성령 충만함으로 승리하게 하소서 • 119
[감사절- 맥추절] 무조건적 감사가 있게 하소서 • 120
[감사절- 추수감사절] 감사의 사람으로 쓰임 받게 하소서 • 121
[대림절] 주님 맞을 준비에 정성을 다하게 하소서 • 122
[성탄절] 성탄절의 의미가 바로 세워지게 하소서 • 123
[부흥회] 기도로 준비하게 하소서 • 124

[전도집회] 전도의 중요성을 깨닫게 하소서 • 125
[총동원전도주일] 영혼구원에 총력을 기울일 수 있게 하소서 • 126
[특별새벽기도회] 새벽의 사람으로 거듭나게 하소서 • 127
[교육부서 여름행사] 어린 심령의 신앙이 든든히 세워지게 하소서 • 128
[수험생을 위한 특별기도회] 수험생을 붙들어 주소서 • 129
교회력에 관한 짤막한 상식 • 130

Chapter 4

구역, 셀, 속회 목장모임을 위한
주제별에 맞춘 구역 헌금 기도문

자원하여 드리게 하소서 • 132 | 주님을 섬기는 일에 사용되게 하소서 • 133
물질의 주인은 주님이심을 믿습니다 • 134 | 온전한 예물이 되게 하소서 • 135
사랑과 정성이 담긴 예물이 되게 하소서 • 136
주님의 영광을 위하여 쓰이게 하소서 • 137
좀 더 풍성히 드릴 수 있게 하소서 • 138 | 선한 사업에 쓰이게 하소서 • 139
영원한 것에 가치를 두게 하소서 • 140 | 기쁨으로 드리게 하소서 • 141
교회에 보탬이 되게 하소서 • 142 | 사랑의 소금이 될 수 있게 하소서 • 143
주님께 칭찬을 듣게 하소서 • 144 | 물질을 다스리는 지혜가 있게 하소서1 • 45
옥합을 깨뜨린 여인의 심정이 되게 하소서 • 146
아벨의 제물처럼 축복하소서 • 147
선하고 아름답게 뿌려지게 하소서 • 148 | 제 것인 양 주장하지 않게 하소서 • 149
신령한 제물로 받으소서 • 150 | 향기로 받으소서 • 151
거룩한 물질이 되게 하소서 • 152 | 주님의 축복을 담아낼 수 있게 하소서 • 153
오직 감사로 드릴 수 있게 하소서 • 154 | 많이 심는 자가 되게 하소서 • 155
행복한 헌금생활이 되게 하소서 • 156 | 즐거운 마음으로 봉헌하게 하소서 • 157
하늘에 쌓아두는 자가 되게 하소서 • 158
주께로 돌리는 생활이 되게 하소서 • 159
주님의 뜻을 이루는 데 사용되게 하소서 • 160 | 하늘의 보화로 채워주소서 • 161
분에 넘치도록 드린 모습이 되게 하소서 • 162
물질의 은사를 더하여 주소서 • 163
자원하여 드리는 믿음이 되게 하소서 • 164
물질에 너무 연연해하지 않게 하소서 • 165
전부를 내놓을 수 있는 믿음이 있게 하소서 • 166
물질로 주님을 향한 믿음을 고백하게 하소서 • 167
가진 것 전부라도 드릴 수 있게 하소서 • 168
조금이라도 더 보답하려는 마음을 주소서 • 169

마음을 담아 정성껏 드리게 하소서 • 170
주님의 마음을 부요케 할 수 있게 하소서 • 171
항상 합당한 마음으로 드릴 수 있게 하소서 • 172
정성 어린 것으로 받아주소서 • 173
기꺼이 내어드리는 믿음이게 하소서 • 174

Chapter 5

구역, 셀, 속회 목장모임을 위한
기도제목에 맞춘 나눔(중보) 기도문

교회의 부흥을 위하여 • 176 | 나라와 민족을 위하여 • 177
목사님을 위하여 • 178 | 기관과 부서를 위하여 • 179
직분자들을 위하여 • 180 | 성령 충만을 위하여 • 181
은사 충만을 위하여 • 182 | 구역(속회, 셀)을 위하여 • 183
남북통일을 위하여 • 184 | 민족 복음화를 위하여 • 185
불신 이웃을 위하여 • 186 | 근로자들을 위하여 • 187
입주한 성도를 위하여 • 188 | 개업한 성도를 위하여 • 189
등록한 성도를 위하여(새신자) • 190 | 등록한 성도를 위하여(기신자) • 191
이사한 성도를 위하여 • 192 | 출산을 앞두고 있는 성도를 위하여 • 193
출산한 성도를 위하여 • 194 | 불화가 있는 성도를 위하여 • 195
시험에 든 성도를 위하여 • 196 | 회복이 필요한 성도를 위하여 • 197
재난을 당한 성도를 위하여 • 198 | 고난을 당한 성도를 위하여 • 199
핍박받고 있는 성도를 위하여 • 200 | 인내가 필요한 성도를 위하여 • 201
가슴이 답답한 성도를 위하여 • 202 | 억울한 일을 당한 성도를 위하여 • 203
경제적으로 어려운 성도를 위하여 • 204 | 헌금에 시험 든 성도를 위하여 • 205
질병으로 고통 당하는 성도를 위하여 • 206
병원에 입원중인 성도를 위하여 • 207
수술 받는 성도를 위하여 • 208 | 불치(난치)병을 앓고 있는 성도를 위하여 • 209
사고를 당한 성도를 위하여 • 210 | 성수주일이 어려운 성도를 위하여 • 211
종교의 갈등이 있는 성도를 위하여 • 212 | 믿음이 식어버린 성도를 위하여 • 213
믿음에서 떠난 성도를 위하여 • 214 | 모임에 자주 빠지는 성도를 위하여 • 215
이단에 미혹된 성도를 위하여 • 216
부모님의 건강을 바라는 성도를 위하여 • 217
병환중인 부모님을 모시고 있는 성도를 위하여 • 218
고부간의 갈등이 있는 성도를 위하여 • 219
좋은 부모가 되기 위하여 • 220 | 자녀를 위하여 • 221
수험생을 둔 성도를 위하여 • 222 | 자녀가 아픈 성도를 위하여 • 223

자녀가 수술하는 성도를 위하여 • 224 | 자녀가 군에 간 성도를 위하여 • 225
자녀가 해외에 나간 성도를 위하여 • 226
자녀의 취직을 염려하는 성도를 위하여 • 227
자녀가 결혼하는 성도를 위하여 • 228

Chapter 6

구역, 셀, 속회 목장모임을 위한
주제별에 맞춘 다과와 식사 기도문

영육 간에 복을 더하여 주소서 • 230
주님이 귀히 쓰시는 가정이 되게 하소서 • 231
섬기는 기쁨이 더하여지게 하소서 • 232 | 물질의 복을 더하여 주소서 • 233
아브라함의 축복을 받게 하소서 • 234
복되고 아름다운 일들이 넘쳐나게 하소서 • 235
보배롭고 존귀한 일꾼이 되게 하소서 • 236
축복을 경험하는 삶이 되게 하소서 • 237
더 좋은 것으로 채워주소서 • 238 | 때를 따라 먹여주시고 입혀주소서 • 239
필요한 모든 것들을 채워주소서 • 240 | 주님의 귀한 복을 더하여 주소서 • 241
축복의 통로가 되게 하소서 • 242

부록

부록 1
회의와 각종 모임 대표기도문

제직회 • 244 | 월례회 245 | 공동의회, 사무총회(예, 결산) • 246
공동의회(직원선출) • 247 | 기관총회 • 248 | 교사모임 • 249
성가대모임 • 250 | 남전도(선교)회 모임 • 251 | 여전도(선교)회 모임 • 252
성경공부 모임 • 253 | 기도 모임 • 254 | 전도 모임 • 255
봉사 모임 • 256 | 식사 모임 • 257 | 당신으로 저는 족합니다 • 258

부록 2
성령의 은사를 확인하는 방법

성령의 은사를 확인하는 검사에 대하여 • 259

대표기도에 대하여

우리가 꾸준히 교회생활을 하다보면 직분을 맡게 되고, 공적인 예배나 모임에서 종종 대표기도를 하게 되는 경우가 있습니다. 대표기도를 하게 되었다는 것은 이제 자신의 신앙이 어느 정도 공적으로 인정받을 수 있게 되었다는 것을 의미하기도 합니다. 그러니 감사한 일이지요.

그러나 대표로 기도하는 것이 그렇게 반갑고 기쁜 일만은 아닙니다. 대표기도가 마음에 엄청난 부담으로 다가오는 사람도 있기 때문입니다. 대표기도를 하는 것이 겁이 나서 예배나 신앙 모임에 잘 참석하지 않는 사람도 있을 정도입니다. 사실 기도를 잘하는 사람이나 못하는 사람이나 대표기도에 대하여 부담을 갖기는 마찬가지입니다. 왜냐하면 대표기도와 개인기도는 그 기도의 성격이 엄연히 다르기 때문입니다. 목회자도 개인 기도를 할 때는 부담을 갖지 않는 편입니다. 주님께 자신의 마음을 솔직히 아뢰며 부르짖기만 하면 되는 것이니까요. 그러나 강단 기도라든가 대표 기도를 할 때는 적지 않은 부담을 갖습니다.

교회에서 직분을 받은 성도라면 누구라도 비켜갈 수 없는 것이기에 대표기도를 어떻게 하면 잘할 수 있는지 함께 고민해 보려고 합니다. 간혹 우리는 대표기도를 잘하는 사람들을 봅니다. 그럴 때 상대적으로 잘하지 못하는 자신이 한없이 실망스러울 때가 있지만, 우리가 믿는 하나님은 공평하신 분이시라는 것을 결코 잊어서는 안 될 것입니다.

1. 대표기도에 대한 성경의 예(例)를 찾아보겠습니다

성경에서 대표기도의 성격을 띤 기도를 쉽게 찾아볼 수 있는 것은 아니지만, 열왕기상 8장 22~53절을 보면 솔로몬이 성전을 봉헌하는 과정 속에서 하나님께 드린 기도가 나오는데 그것이 대표기도를 배우고자 하는 사람들에게는 좋은 본이 된다고 생각합니다. 비록 기도가 길고, 광대한 주제를 다루고 있어서 실제 대표기도로 사용하기가 어렵긴 하지만, 그 내용은 본받을 만한 좋은 기도문입니다.

솔로몬의 기도에는 하나님에 대한 온전한 의식이 있는 것을 발견하게 됩니다.

첫째, 하나님은 모든 것의 근원이시고 어떤 것과도 비교할 수 없는 살아 계신 분임을 고백하고 있습니다(23).

둘째, 언약을 지키시고, 도움을 구할 때 귀를 기울이시는 은혜의 하나님을 고백하고 있습니다(23,30).

셋째, 하늘의 하나님이시고 도무지 땅에 거하실 수 없는 분이지만 인간을 사랑하셔서 친히 내려오신 무한히 겸손하신 하나님이심을 찬양하고 있습니다(27).

넷째, 약속하신 것은 언제나 들어주시는 좋으신 하나님, 그리고 그렇게 들어주실 수 있는 능력의 하나님이심을 고백하고 있습니다(24).

다섯째, 31절에서 53절까지는 특별한 축복을 바라는 7개의 간구, 즉 범죄하였을 때, 적에게 패했을 때, 가뭄, 기근, 신실한 이방인들을 위하여, 전쟁에서의 승리를 위하여, 포로가 되었을 때 위기에서 구원을 바라는 간구입니다.

여섯째, 죄에 대한 생생한 의식을 가지고 있었던 것도 그의 기도에서 발견하게 됩니다(46). 그의 기도를 자세히 읽어보면 대부분 죄의 자각과 회개에서부터 시작하는 것을 보게 됩니다.

이상이 솔로몬의 기도에서 발견할 수 있는 주제들인데, 오늘날 우리가 하는 대표기도의 형식과 큰 차이가 없음을 발견하게 됩니다. 따라서 우리가 솔로몬의 기도를 몇 차례 읽어본다면 대표기도를 하는 데 많은 도움을 얻을 수 있을 것입니다.

2. 오늘의 대표기도에도 일정한 형식과 틀이 있습니다

우리가 하나님께 드리는 기도에도 일정한 형식과 틀이 있는데, 특히 대표기도를 하는 사람은 이 형식과 틀을 간과해서는 안 됩니다.

첫째, 찬양과 감사입니다. 예수님께서 제자들에게 가르쳐 주신 주기도문에도 하나님께 대한 찬양과 영광이 서두에 나와 있습니다(마6:9-13). "하늘에 계신 우리 아버지여 이름이 거룩히 여김을 받으시오며"(9). 따라서 하나님의 은혜와 사랑에 감사하며 그 이름을 높이는 기도가 우선되어야 합니다.

둘째, 회개와 고백입니다. 거룩하신 하나님 앞에서 죄에 대한 자각과 고백이 이루어지지 않고는 하나님과의 관계가 회복될 수 없습니다. 따라서 무엇을 구하기 전에 죄로 인하여 상한 우리의 심령을 먼저 내려놓는 것이 하나님의 긍휼을 덧입을 수 있는 길입니다(시 51:17).

셋째, 간구입니다. 간구는 말 그대로 원하는 바를 하나님께 아뢰고 도움을 구하는 것입니다. 그런데 중요한 것은 우리의 이기적인 간구가 아니라 하나님께서 기뻐하시는 것을 구해야 한다는 것입니다.

넷째, 예수님의 이름으로입니다. 우리는 거룩하신 하나님 앞에 나아갈 수 없는 죄인이지만 예수 그리스도의 보혈의 공로로 하나님의 은혜의 보좌 앞으로 나아가게 되는 특권을 갖게 되었습니다. 따라서 예수님의 이름은 우리의 기도가 상달되는 조건입니다. 그러므로 우리는 어떤 형태의 기도를 하든지 예수님의 이름으로 구해야만 합니다(요15:16).

다섯째, 아멘입니다. '그렇게 될지어다'의 뜻인 아멘은 우리의 믿음과 소원의 표현입니다. 따라서 기도할 때 응답의 풍성함을 확신하고 기대하며 '아멘' 하는 것은 기도자의 신앙고백인 것입니다.

우리는 공예배나, 모임에서 대표로 기도를 하게 되면 앞에서 살펴본 형식과 틀을 놓치지 말아야 합니다. 그렇지 않으면 자칫 중언부언하는 기도가 될 수 있습니다.

3. 대표기도를 잘하는 비결이 있습니다

　대표기도를 잘하고자 하는 마음은 기도자라면 누구나 갖고 있는 바람일 것입니다. 대표기도를 잘못해서 오래도록 수치스러운 감정을 버리지 못하는 아픔을 겪고 싶은 사람은 한 사람도 없을 것입니다. 그런데 대표기도를 잘할 수 있는 비결이 있을까요? 우선 기도자의 충분한 기도 생활이 뒷받침되어야 하겠지만, 기도준비를 잘하는 것입니다.

　우리나라 성도들은 대표기도를 할 때 별도의 준비를 하지 않는 경우가 많습니다. 그러다보니 대표기도를 할 때 핵심을 잃고 했던 기도를 계속 반복하게 되고, 중언부언하게 되는 것입니다. 그래서 대표기도를 잘하는 비결은 꼭 준비해야 한다는 것입니다.

　간혹 목사님의 준비되지 않은 설교를 들을 때 어떻습니까? 듣고 있는 사람도 힘들지 않습니까? 대표기도도 마찬가지입니다. 따라서 꼭 준비해야만 합니다. 어떤 내용을 기도할 것인지 생각해 보고, 합당한 문장이나 성경적으로 뒷받침할 구절을 찾아보기도 하고, 전체를 적어보기도 하는 준비가 필요한 것입니다.

　그런데 마치 이렇게 준비한 기도에는 성령의 능력이 없는 것처럼 생각하는 것은 잘못입니다. 기도문을 적어서 읽는 것도 나쁜 것이 아닙니다. 이렇게 대표기도를 하는 습관을 기르다 보면 훌륭한 기도자가 될 수 있습니다. 그러나 입술의 기도만이 아니라 영혼의 깊은 곳에서 우러나오는 기도가 되기 위해서는 늘 꾸준한 기도생활이 뒷받침되어야 한다는 것을 잊어서는 안 될 것입니다.

대표기도를 할 때 버려야 할 나쁜 습관

1) 길지 않아야 합니다.
2) 탄원과 원망과 원성이 섞여 있으면 안 됩니다.
3) 개인 기도로 착각하지 말아야 합니다.
4) 설교 식으로 하지 말아야 합니다.
5) 상투적인 용어를 쓰지 말아야 합니다.
6) 가성을 사용하지 말아야 합니다.
7) 어려운 문자를 쓰지 말아야 합니다.
8) 격한 어조로 기도하지 않는 것이 좋습니다.
9) 자랑하듯이 기도하지 말아야 합니다.
10) 대표기도를 할 때 '지금은 처음시간' 이라는 말을 하지 말아야 합니다.
11) 기도의 성격을 잘 알아야 합니다.
12) 중언부언하지 말아야 합니다.

Chapter 1

구역, 셀, 속회 목장모임을 위한

주제별에 맞춘 구역예배 대표기도문 ①

 ## 충성스러운 일꾼이 되게 하소서

언제나 새로운 역사로 저희와 함께하시는 하나님!

오늘도 저희의 마음을 새롭게 하셔서 믿음의 권속들이 한자리에 모일 수 있게 하시니 감사드립니다. 만물을 새롭게 함 같이 항상 저희의 마음을 새롭게 하셔서 주님께 믿음으로 하나 되는 모습을 보일 수 있게 하여 주옵소서. 이 시간도 저희 모두가 마음 문을 활짝 열어놓기를 원합니다. 그리하여 주님이 예비하신 은혜를 받아 누릴 수 있는 마음들이 되게 하여 주옵소서.

주님! 저희 모두가 신실하고 충성스러운 일꾼들이 되게 하여 주옵소서. 교회의 일꾼, 부끄러움이 없는 일꾼, 그리스도의 신실한 일꾼들이 되게 하여 주옵소서. 특히 큰 것보다 작은 것에 충성할 수 있게 하옵소서. 보이는 것보다 보이지 않는 것에 충성할 수 있게 하옵소서. 알아주는 것보다 알아주지 않는 것에 충성할 수 있게 하옵소서. 그리하여 인간의 판단을 받으려 하기보다 하나님의 판단을 잘 받을 수 있는 저희들이 되게 하여 주옵소서.

주님! 저희들이 믿음의 경주도 잘할 수 있기를 원합니다. 믿음으로 달려가다가 실족하여 넘어지는 일이 없게 하시고, 하늘의 상을 주실 주님을 바라보며 힘 있게 달려갈 수 있는 저희들이 되게 하여 주옵소서. 특별히 이 구역(속회, 셀) 모임을 위하여 더 많이 수고하는 지체들을 기억하옵소서. 기쁨으로 감당할 수 있도록 성령 충만을 허락하여 주시고, 주님께 향기가 되게 하옵소서.

이 모임이 주님의 나라와 그 의를 구하는 시간이 되게 하옵소서. 예수 그리스도의 이름으로 기도합니다. 아멘

 기도를 돕는 한 마디
하나님의 보좌를 움직이는 기도는 바른 동기로부터 시작되는 기도이다. 하나님은 기도하는 사람의 형식보다 그 동기를 눈여겨보신다. _ **죠지 뮬러**

마음과 생각을 밝히 비추어 주소서

　살아계신 하나님 아버지!
　흑암 같은 이 세상에 빛으로 오신 예수 그리스도를 찬양합니다. 어둠 속에서 헤매던 가련한 저희들이 예수님을 영접하여 새 생명을 찾았사오니 그 은혜를 감사드리옵니다. 이 시간 주님의 이름으로 다시 모였습니다. 이 구역(속회, 셀) 모임에 함께하시옵소서.
　날마다 저희를 소망의 길로 인도해 주시기 위하여 오늘도 하늘 보좌 우편에서 쉼 없이 기도하시는 주님의 크신 은혜를 생각할 때 뜻을 정하여 바르게 살지 못하는 저희들의 모습이 한없이 부끄럽습니다. 저희의 얄팍한 신앙심을 회개하오니 용서하여 주옵소서.
　인자하심 주님! 저희의 마음과 생각을 밝히 비추어 주옵소서. 하나님의 자녀 된 저희들에게 허탄함과 가증스러움과 거짓이 없게 하시고 조급하고 경솔함도 없게 하옵소서. 저희들에게 진실함이 있게 하시고, 사랑이 있게 하시고, 믿음과 소망이 저희의 마음에 가득하게 하옵소서. 하나님을 경외하며 경건히 살며 날마다 하나님께서 저희를 지켜보신다는 기억 속에서 살아가게 도와주시옵소서. 또한 저희가 정절 있는 믿음으로 흔들리지 않고 견고함으로 주님께 충성하며 사람들 앞에서도 성실한 태도를 취할 수 있게 인도해 주옵소서. 이 자리에 모인 주의 사랑하는 자녀들이 주님을 모신 가운데 성령으로 교제하게 하시고, 믿음에 덕을, 덕에 지식을 더할 수 있는 시간이 되게 하옵소서.
　이 자리에 참석하지 못한 지체들도 기억하시고, 그들의 형편을 긍휼히 여겨 주옵소서.
　예수 그리스도의 이름으로 기도합니다. 아멘

기도를 돕는 한 마디
하나님은 기도로 모든 것을 하시며 기도를 떠나서는 아무것도 하지 않으신다.
_ 요한 웨슬레

 **삶의 모든 문제들을 권고하여 주소서**

만복의 근원이 되시는 하나님 아버지!

허물과 죄로 죽었던 저희들에게 예수 그리스도로 말미암아 영원한 생명을 얻게 하시고 앞서간 성도들과 함께 하늘의 기업을 누리게 하심을 감사드립니다. 은혜로 저희에게 주어진 이 구원과 죄사함과 의롭다 하심과 하나님의 자녀 됨과 천국의 영원한 기업을 인하여 다시 한 번 감사하오며 찬송합니다. 홀로 영광을 받으시옵소서.

이 시간도 진리의 영으로 저희를 감화하시고 도와주시옵소서. 하나님의 말씀을 읽고, 듣고 생각나게 하셔서 그 진리의 말씀으로 저희 자신을 굳게 세워나갈 수 있게 하옵소서.

저희의 짐을 친히 담당하신 주님! 이 자리에 모인 저희들 가운데 생업의 문제로, 질병으로, 가족의 문제로, 부모의 문제 등 여러 가지 일로 마음 아파하며 괴로워하는 지체들이 있습니다. 이 시간 저희의 모든 일들, 모든 문제들을 주님께서 권고해 주심으로 아름답고, 형통하고, 유익하도록 이끌어 주옵소서. 저희의 모든 것이 하나님께 영광이 되도록 도와주시옵소서.

또한 언제든지 실족하거나 낙망치 않는 생활이 되게 하시고, 언제든지 하나님 제일주의로 살아가는 삶이 되게 하여 주옵소서.

이 시간 저희들이 믿음의 교제를 나누며, 기도할 때에 성령의 크신 능력으로 함께하여 주셔서 때 묻은 불신앙의 요소들이 물러가고 변함없이 함께하시는 주님의 사랑을 느낄 수 있게 하옵소서.

예수 그리스도의 이름으로 기도합니다. 아멘

 기도를 돕는 한 마디
일반적으로 기도는 모든 삶에 있어서 영원한 성장의 요소인 출발점과 목적 그 자체가 된다. _피얼슨

 ## 배우고 익힌 것을 실천할 수 있게 하소서

저희의 빛과 구원이 되시는 여호와 하나님을 찬송하며 저희의 생명의 능력이 되시는 주님을 찬양합니다.

오늘도 저희 구역(속회, 셀)원들이 한자리에 모여서 주님께 영광 돌리며, 주님의 은혜를 나눌 수 있도록 이끄심을 감사드립니다.

우리 구역(속회, 셀)원들이 항상 모이기에 힘쓸 수 있게 하시고, 이 모임을 더욱 사랑할 수 있는 저희 모두가 되게 하여 주옵소서.

사랑의 주님! 저희가 단지 모이기에만 힘쓰는 것이 아니라 이 시간에 배우고, 나누고, 익힌 것들을 실천할 수 있는 삶이 되기를 원합니다. 주님이 저희에게 보여주신 것처럼, 저희도 하나님을 사랑하고 이웃을 사랑하여, 하나님을 아는 자, 하나님께 속한 자로 사는 모습이 생활 속에서 확실히 나타나게 하여 주옵소서. 그리하여 뭇사람들에게도 주님의 자녀로 확실한 인정을 받을 수 있게 하시고, 그들에게도 예수님을 믿고자 하는 강한 욕구를 불러일으킬 수 있는 지체들이 되게 하여 주옵소서.

오늘 이 자리에 우리 주의 성령님이 내주하고 계신 것을 믿습니다. 저희의 생각을 붙드시고, 저희의 입술을 붙드실 것을 믿습니다. 세상적인 교제보다 신령한 교제를 가질 수 있는 시간이 되게 하여 주시고, 육적인 것을 이롭게 하기보다 영적인 것을 이롭게 할 수 있는 은혜의 시간이 되게 하여 주옵소서.

주의 성령께서 친히 이 모임을 주장하실 것을 믿사옵고 예수 그리스도의 이름으로 기도합니다. 아멘

기도를 돕는 한 마디
모든 좋은 것을 아시는 하나님이 왜 우리에게 기도를 원하시는가? 그것은 모든 좋은 것이 하나님께로부터 온다는 믿음을 강화시키기 위해서이다. _요한 칼빈

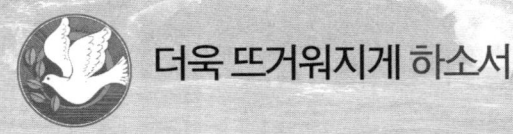

더욱 뜨거워지게 하소서

영광의 왕이신 주님!

저희들에게 끊임없는 은혜를 베풀어 주심을 감사드립니다. 저희들의 삶을 되돌아보면 모든 것이 주님의 은혜의 흔적이었음을 깨닫습니다. 늘 주님의 사랑과 은혜를 깨닫고 감사하는 삶이 되게 하여 주옵소서. 오늘도 저희를 사랑하셔서 이 복된 구역(속회, 셀) 모임을 가질 수 있게 하심을 감사드립니다. 이 땅위에 천국의 지경이 확장되기를 간절히 소원하며 갖는 모임이오니 이 모임을 더욱 축복하여 주옵소서.

이 시간에 주님의 뜻 안에서 말씀을 상고하고 교제를 나눌 때에 저희의 마음이 더욱 뜨거워지게 하시고, 그 뜨거운 마음으로 주님의 몸 된 교회를 위하여 충성을 다할 수 있는 일꾼들이 되게 하여 주옵소서. 또한 생활의 현장에서는 식지 않는 뜨거운 마음으로 모든 사람을 사랑할 수 있게 하시고, 뜨거운 열정을 가지고 구원의 기쁜 소식을 전할 수 있는 저희가 되게 하여 주옵소서.

오늘도 믿음 안에서 주님의 은혜의 흔적들을 더듬으며 교제를 나눌 때에, 개인의 자랑이나 부끄러움을 보이는 자리가 되지 않게 하시고, 서로에게 신앙의 유익을 더할 수 있는 기쁨이 있게 하여 주옵소서. 서로의 기도제목을 나누며 기도할 때나, 공동 기도제목을 놓고 기도할 때 저희의 마음이 뜨거워지게 하시고, 응답하시는 하나님을 경험하게 하실 것을 믿습니다. 이 자리에 참석하지 못한 지체들에게도 동일한 은혜로 함께하여 주시고, 이 모임을 사랑할 수 있는 마음을 주옵소서. 주의 성령께서 친히 이 모임을 주장하실 것을 믿사옵고 예수 그리스도의 이름으로 기도합니다. 아멘

기도를 돕는 한 마디

무릎으로 인생의 싸움을 싸우는 것을 배우지 못한 사람은 아직도 기독교 신앙의 ABC를 모르는 사람이다. _죠지 뮬러

생명의 역사가 있게 하소서

전능하신 하나님 아버지!

하나님의 인자하심과 거룩하심을 찬양합니다. 허물과 죄가 많은 저희들이지만 한없는 긍휼을 베풀어주셔서 이 복된 모임으로 이끌어 주심을 감사드립니다. 이 시간 저희의 어두운 영혼을 밝게 하여 주시고, 저희 속에 깨끗한 마음을 새로 지어 주옵소서.

주님! 저희들이 이 모임을 가질 때마다 저희를 향하신 하나님의 뜻이 이루어지는 모임이 되기를 원합니다. 주님의 형상을 닮아가는 모임이 되기를 원합니다. 주님의 자녀로서 점점 더 온전함에 이를 수 있는 모임이 되기를 원합니다. 함께하여 주옵소서.

주님! 저희들을 통하여 생명의 역사가 일어나기를 원합니다. 구원받는 숫자가 날마다 더해지는 것은 주님의 뜻이오니 그 뜻을 이룰 수 있는 구역(속회, 셀) 모임이 되게 하여 주옵소서. 저희 모두가 새 생명을 생산해내는 모임을 만들기 위해서 더 열심히 기도할 수 있게 하시고, 더 열심히 전도할 수 있게 하옵소서. 그리하여 이 모임 속에서 초대교회의 성령 충만한 모습이 느껴지게 하옵소서.

이 시간도 이 구역(속회, 셀) 모임을 인도하는 인도자에게 더욱 강력한 성령의 충만함을 허락하여 주시고, 저희 모두도 더욱 강력한 성령의 기름 부으심을 경험하는 시간이 되게 하여 주옵소서.

이 복된 모임에 참석하지 못한 지체들이 있습니다. 주님 사랑하는 마음을 사탄에게 빼앗기지 않도록 그 마음을 지켜주옵소서. 이 시간에 오직 주님만이 영광 받으실 것을 믿사옵고 예수 그리스도의 이름으로 기도합니다. 아멘

기도를 돕는 한 마디
기도란 호흡이다. 나는 왜 호흡하는가? 하지 않으면 죽기 때문이다.
_키에르 케고르

 ## 강하고 담대한 믿음이게 하소서

사랑의 하나님 아버지!

오늘날까지 끊임없이 연약한 저희들에게 베푸신 은혜를 감사합니다. 오늘도 저희 모두가 받은 은혜를 감사하며 구역(속회, 셀) 모임에 참석했습니다. 주님께 큰 영광 돌리며 기쁨으로 믿음의 교제를 나눌 수 있는 자리가 되게 하여 주옵소서.

주님! 저희의 부족한 믿음을 아시오니, 항상 풍성한 은혜로 저희의 믿음을 채워 주시기를 원합니다. 그리하여 주님께 늘 믿음의 고백을 드리며 마음을 다하여 주님을 섬길 수 있게 하시고, 맡겨진 일에 충성을 다할 수 있게 하여 주옵소서.

또한 세상 속에서는 믿음의 용기를 가지고 강하고 담대하게 살아가게 하옵소서. 무슨 일을 만나든지 믿음으로 이겨나갈 수 있게 하시고, 믿음으로 승리할 수 있는 삶이 되게 하여 주옵소서.

또한 믿음의 역사를 세상 앞에 보여줄 수 있는 삶이 되게 하시고, 많은 이들에게 믿음을 갖게 하는 데 쓰임 받는 삶이 되게 하옵소서.

오늘도 주님이 사랑하시는 경건한 구역(속회, 셀) 모임이 되기를 원합니다. 뜨겁게 교제하는 모임이 되기를 원합니다. 뜨겁게 기도하는 모임이 되기를 원합니다. 이 구역(속회, 셀) 모임이 세속적으로 기울어지지 않도록 주의 성령께서 역사하여 주옵소서. 저희의 모임을 항상 복되게 하셔서 믿음의 풍성함이 더해지는 모임이 되게 하여 주옵소서. 저희들과 함께하시는 예수 그리스도의 이름으로 기도합니다. 아멘

 기도를 돕는 한 마디
무력해지며 둔해지는 영혼을 고칠 수 있는 방법은 끊임없이 기도하는 것뿐이다. _요한 웨슬레

연약한 지체들을 붙드소서

　예수 그리스도를 믿어 구원받게 하신 사랑의 하나님!
　오늘도 기쁨과 은혜로써 이 복된 구역(속회, 셀) 모임을 가질 수 있도록 이끄심을 감사드립니다. 저희들에게 주의 말씀을 묵상하며, 교제할 수 있는 시간을 허락하여 주셨사오니 주님과의 아름다운 교제와 성도와의 사랑의 교제가 더 깊게 이루어질 수 있게 하여 주옵소서. 말씀을 묵상하는 가운데 하나님의 거룩하고 은혜로운 임재를 새로이 깨닫게 하시고, 사랑의 교제를 나누는 가운데 약한 믿음을 세워줄 수 있는 시간이 되게 하옵소서.
　혹 이 자리를 사랑하지 않는 지체가 있습니까? 우리 주님은 당신을 따르고 믿는 자들이 힘써서 모이기를 원하신다는 것을 기억하게 하옵소서. 또한 그 모임 가운데 함께하신다는 것도 잊지 않게 하옵소서.
　혹 힘든 일을 겪고 있는 지체가 있습니까? 어려울수록 주님을 힘써서 찾아야 함을 잊지 않게 하시고, 화가 변하여 복이 되게 하시는 주님의 은혜를 경험할 수 있게 하여 주옵소서.
　혹 질병으로 고통당하는 지체가 있습니까? 이 시간 함께 기도하는 가운데 환부를 치유하시는 주님의 은혜를 경험하게 하옵소서.
　이 시간도 오직 주님만이 영광 받으실 것을 믿습니다. 이 모임을 인도하는 인도자를 성령 충만케 하시고, 이 모임을 이끄는 데 어려움 없도록 성령의 권능으로 붙들어 주옵소서.
　이 모임을 친히 주장하시고 사랑하시는 예수 그리스도의 이름으로 기도합니다. 아멘

기도를 돕는 한 마디
하나님은 성도의 기도로 세상을 다스리신다. _앤드류 머레이

# 주님과의 관계가 깊어지게 하소서

측량할 수 없는 큰일을, 셀 수 없는 기이한 일을 행하시는 전지전능하신 하나님을 찬양하며 경배드립니다. 오늘 저희가 구역(속회, 셀) 모임을 가질 때에 하나님을 기뻐하며 그를 바라보며 모임을 가질 수 있게 하옵소서.

이 구역(속회, 셀) 모임을 통하여 하나님과의 관계가 더욱 깊어지고, 하나님께서 우리 아버지 되심과 저희가 주의 자녀인 것을 다시 깨달으며 은혜가 더욱 새로워지게 하옵소서. 주를 신뢰하는 이들로 기뻐하게 하시며 주의 이름을 사랑하는 모든 이들로 주 안에서 즐거워하게 하옵소서.

이 시간 말씀을 통하여 진리의 빛, 주의 평화를 내려 주시고, 저희가 주의 은혜를 먹고 사는 존재들임을 다시 한 번 깨닫게 하여 주옵소서. 이 시간 저희들이 교제하는 가운데 혹 말과 생각으로 죄짓지 않게 하시고, 서로에게 기쁨이 되고 힘이 되는 대화를 나눌 수 있게 하옵소서.

저희 구역(속회, 셀) 모임에는 사탄이 좋아하는 일들이 없기를 원합니다. 온전히 성령의 이끌림을 받는 복 있는 모임이 되게 하여 주옵소서. 또한 열매 맺는 모임이 되기를 원합니다. 이 자리에 있는 저희 모두가 각양 받은 은사대로 주님이 원하시는 열매를 많이 풍성히 맺는 삶이 되게 하여 주옵소서.

이 구역(속회, 셀) 모임의 인도자를 늘 붙들어 주시기를 원합니다. 실족하여 넘어지는 일이 없도록 큰 능력으로 함께하여 주옵소서.

사랑이 많으신 예수 그리스도의 이름으로 기도합니다. 아멘

기도를 돕는 한 마디
기도는 내 영혼의 방패요, 기도는 하나님께 드리는 제물이요, 기도는 사탄을 향해 휘두르는 채찍이다. _존 번연

교회를 든든히 세울 수 있게 하소서

　복음을 통하여 이 세상을 구원하시는 하나님의 사랑을 감사드립니다. 하나님의 그 사랑과 그 지혜를 찬양합니다. 오늘 구역(속회, 셀) 모임을 주관하시는 그 은혜에 영광을 돌립니다. 저희의 마음과 정성을 다하여 이 모임을 주님께 드리길 원하오니 기쁘게 받으시옵소서.
　오직 주님의 이름만을 높일 수 있는 자리가 되게 하시고, 오직 주님의 은혜만을 고백할 수 있는 자리가 되게 하여 주옵소서. 말씀을 묵상하다가 주의 거룩하신 품 안에 내가 있음을 다시 한 번 깨닫게 하시고, 성도의 교제를 나누다가 서로를 위한 기도의 제목을 발견하고 함께 기도할 수 있는 시간이 되게 하여 주옵소서.
　주님! 이 구역(속회, 셀) 모임이 주님의 몸 된 교회를 든든히 세우는 데 밑거름이 될 수 있기를 원합니다.
　저희들이 이 구역(속회, 셀) 모임을 가질 때마다 어떻게 하면 섬기는 교회에 유익이 될 수 있을까를 먼저 생각할 수 있게 하시고, 교회의 건덕을 위하여 이 모임을 아름답게 가꾸어 갈 수 있는 성도들이 되게 하여 주옵소서.
　또한 이 구역(속회, 셀) 모임이 구원받지 못한 이들에게 주님을 알릴 수 있는 복음의 전진기지가 되게 하여 주옵소서. 단지 저희들끼리만 모여서 믿음으로 교제하고 신앙의 유익을 나누는 것으로 끝나지 않게 하시고, 많은 이들을 주님 앞으로 돌아오게 할 수 있는 구원과 생명의 공동체가 되게 하여 주옵소서. 이 모임에 말없이 참여하고 계시는 예수 그리스도의 이름으로 기도합니다. 아멘

기도를 돕는 한 마디
두 시간 기도하면 내가 사탄에게 지고 세 시간 기도하면 내가 사탄을 이긴다.
_ 마틴 루터

일꾼을 세워갈 수 있게 하소서

사랑의 하나님 아버지!

오늘 이 모임을 사랑하는 자들이 한 자리에 모였습니다. 주님이 기뻐 받으시는 거룩한 공동체를 세우기 위하여 마음을 쏟고 있는 저희 모두에게 성령의 위로하심과 큰 은혜를 더하실 것을 믿습니다.

세상의 풍속을 좇지 아니하고 이 땅위에 주님의 나라가 온전히 이루어지기를 소원하며 이 구역(속회, 셀) 모임을 갖습니다. 주의 신실한 종들을 통하여 주님의 역사를 이루시옵소서. 이 구역(속회, 셀) 모임이 작은 모임이지만 주님의 몸 된 교회에 봉사자를 세우는 모임이 되기를 원합니다. 충성스러운 성도를 세우는 모임이 되기를 원합니다. 헌신하는 성도를 세우는 모임이 되기를 원합니다. 주님의 몸 된 교회를 위하여 꼭 필요한 모임이 되게 하여 주옵소서. 또한 이 구역(속회, 셀) 모임이 사랑의 공동체가 되기를 원합니다. 치유의 공동체가 되기를 원합니다. 회복의 공동체가 되기를 원합니다. 성령의 능력으로 함께하여 주옵소서. 이 자리에 모인 저희는 이 모임을 가벼이 여기는 일이 없기를 원합니다. 주님이 기뻐하시는 건강한 믿음을 세워가기 위하여 꼭 필요한 모임임을 잊지 않게 하옵소서. 언제나 힘써서 모일 수 있게 하시고, 이 모임을 위하여 늘 기도할 수 있는 지체들이 되게 하옵소서.

오늘 보이지 않는 지체들이 있습니다. 저들의 형편을 주님께서 아시리라 믿습니다. 긍휼히 여겨 주옵소서. 이 구역(속회, 셀) 모임을 위하여 세운 리더를 기억하시고, 어렵고 힘들지라도 은혜로 잘 감당할 수 있게 하옵소서. 모든 것을 다 아시는 예수 그리스도의 이름으로 기도합니다. 아멘

기도를 돕는 한 마디
만왕의 왕께 드리는 기도의 말씨는 엄선한 것이어야지 불손한 혀로 더럽혀진 것이어서는 안 된다. _찰스 스펄전

 ## 말씀 적용을 잘할 수 있게 하소서

자비로우신 하나님 아버지!

주님을 사랑하는 자들이 이 자리에 모였습니다. 바쁜 가운데서도 이 자리에 함께할 수 있는 시간을 주시니 감사합니다. 저희 모두가 구역(속회, 셀) 모임을 더욱 귀하게 여길 수 있게 하여 주시고, 늘 믿음의 행위를 삶의 최우선순위에 놓을 수 있게 하여 주옵소서.

주님! 약하고 미련한 저희들인지라 죄의 유혹을 뿌리치지 못했던 적이 많았습니다. 주님의 한없으신 사랑으로 용서하여 주시고, 십자가의 보혈로 저희의 죄를 씻어주시옵소서. 이 시간도 저희 자신을 앞세우거나 드러내기보다 주님을 높이기를 원합니다. 저희의 모습 속에서 세속적인 모습은 간 곳 없게 하시고, 서로의 신앙을 세워줄 수 있는 믿음의 이야기만 풍성해질 수 있게 하여 주옵소서.

주님! 이 구역(속회, 셀) 모임을 통하여 살아 있는 주님의 말씀을 진지하게 나누는 시간이 되기를 원합니다. 저마다 말씀의 적용을 잘할 수 있는 법을 익힐 수 있게 하시고, 적용되는 말씀마다 주님의 음성이 느껴지게 하옵소서.

주님! 저희 지체들 가운데 여러 가지 문제로 힘들어하는 식구도 있을 줄 압니다. 위로와 평안을 주시고, 언제나 주님이 함께하고 계심을 느낄 수 있도록 그 삶을 만져주시옵소서.

오늘도 이 구역(속회, 셀) 모임을 인도하는 리더를 붙드시고, 힘겹지 않도록 성령의 능력을 더하여 주옵소서. 이 시간 저희 모두가 성령의 감동을 받는 시간이 되게 하실 것을 믿사옵고 예수 그리스도의 이름으로 기도합니다. 아멘

 **기도를 돕는 한 마디**
기도할 때는 임금 앞에서 신하가 아뢰는 것처럼, 사병이 장군 앞에서 보고하는 것처럼 공손히 해야 한다. _탈무드

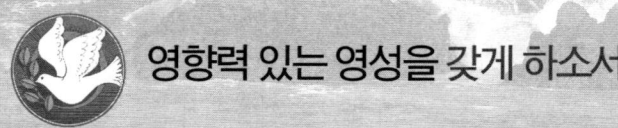

영향력 있는 영성을 갖게 하소서

저희의 정성을 보시는 하나님 아버지!

찬양합니다. 오늘 저희들이 주님의 사랑을 입은 자답게 살기 위하여 주님께서 합당하게 여기시는 구역(셀, 속회) 모임을 갖고자 합니다. 마가의 다락방에 충만히 임하셨던 그 성령님이, 오늘 이 자리에 모인 저희들에게도 충만히 임하실 것을 믿습니다.

저희가 이 모임을 가지면서 하나님의 자녀 된 것에 더욱 감사하게 하시고, 자녀로서 합당한 삶을 살기 위하여 늘 성령님을 의지할 수 있도록 인도하여 주옵소서.

또한 이 자리에서 만나고 교제하는 모든 지체들에게 언제나 성령 충만을 허락하여 주시기를 원합니다. 성령의 충만을 받아 자신의 육욕을 이겨나갈 수 있게 하시고, 세상의 악함을 이겨나갈 수 있는 영성의 소유자들이 되게 하옵소서.

또한 저희 모든 지체들이 영적인 영향을 끼칠 수 있는 그릇들이 되기를 원합니다. 참된 성공자는 영적인 영향을 끼칠 수 있는 사람이란 것을 잊지 않게 하셔서 하나님의 자녀로서 최선을 다하는 삶이 있게 하여 주옵소서. 이 땅에서의 영적 성공이 훗날에 영원한 성공으로 이어지게 하실 것을 믿습니다.

이 구역(속회, 셀) 모임을 위하여 더 많은 수고를 감당하는 손길이 있습니다. 그 수고와 애씀을 다시 받게 하시고 하늘의 상급으로 갚아 주실 것을 믿습니다. 저희 모두가 언제나 식지 않는 믿음과 열정을 가지고 이 모임을 세워나갈 수 있게 하옵소서.

예수 그리스도의 이름으로 기도합니다. 아멘

기도를 돕는 한 마디

기도는 시작한 것만으로 된 것이 아니고 옳게 한 것만으로도 된 것이 아니며 얼마동안 계속하는 것만으로도 된 것이 아니라, 하나님께서 응답하실 줄로 믿고 응답받기까지 확신가운데 계속 하는 것이다. _죠지 뮬러

주님의 섭리하심을 체험케 하소서

영광을 받으시기에 합당하신 하나님 아버지!

오늘도 이곳에 임재하셔서 저희들의 구역(속회, 셀) 모임을 주관하시고 영광을 받으실 것을 믿습니다. 이 모임에 참석한 저희 모두에게 성령님의 위로하심과 넘치는 기쁨이 있게 하실 것을 믿습니다.

이 시간, 여기에 모인 지체들이 성경을 묵상하고 상고할 때에 저희들을 향하신 하나님의 사랑을 피부 깊숙이 경험하는 시간이 되게 하시고, 하나님의 사랑과 능력이 얼마나 놀랍고 위대한지를 다시 한 번 경험하는 시간이 되게 하여 주옵소서.

저희들이 믿음의 교제를 나눌 때에 하나님의 섭리하심과 인도하심을 온몸으로 느낄 수 있는 시간이 되게 하시고, 필요한 기도 제목을 놓고 간구할 때에 뜨거움을 주시고 응답하시는 주님의 능력의 손길을 체험할 수 있게 하옵소서. 땅으로부터 주어지는 기쁨보다 위로부터 주어지는 기쁨이 훨씬 더 좋고, 그 무엇과도 바꿀 수 없음을 모두가 시인할 수 있는 시간이 되게 하옵소서.

우리 주님께서 저희들에게 이 구역(속회, 셀) 모임을 허락하신 것을 늘 기뻐하며 감사할 수 있게 하시고, 영적으로 더욱 건강한 모임을 만들기 위하여 마음을 다할 수 있는 저희 모두가 되게 하여 주옵소서.

오늘의 이 모임에 인간의 그 어떤 간계와 궤계도, 사탄의 그 어떤 역사도 용납지 않으시고 성령의 화염검으로 지키실 것을 믿습니다.

이 구역(속회, 셀) 모임을 위하여 수고하는 인도자와 돕는 손길들에게 크신 위로와 축복을 더하실 것을 믿사옵고 예수 그리스도의 이름으로 기도합니다. 아멘

기도를 돕는 한 마디

기도하지 않는 것은 필요한 것이 아무것도 없다는 선언일 뿐만 아니라 그 필요한 것을 인식하지 못하고 있음을 인정하는 것이다. _이. 엠. 바운즈

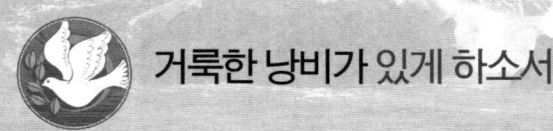

거룩한 낭비가 있게 하소서

소망과 위로의 하나님!

어렵고 힘든 환경 가운데서도 거룩한 모임을 붙드심을 감사드립니다. 사람이 떡으로만 사는 것이 아니라 하나님의 입에서 나오는 말씀으로 사는 것인 줄을 저희가 알기에 구역(속회, 셀) 모임을 갖습니다. 어렵고 힘들수록 거룩함을 좇아 나아갈 수 있는 저희 모든 지체들이 되게 하여 주옵소서.

지금의 주님을 위한 수고로움이 머잖아 기쁨이 되며, 지금의 주님을 위한 거룩한 낭비가 훗날에 귀한 상급으로 채워주실 것을 믿습니다. 끝까지 믿음으로 인내할 수 있는 삶이 되게 하시고, 사랑의 수고를 아끼지 않는 저희 모두가 되게 하여 주옵소서.

주님! 이 복된 시간에 저희가 불필요한 대화나 주제로 시간을 허비하는 일이 없기를 원합니다. 주의 성령께서 저희의 생각과 마음을 온전히 주장하셔서 주님을 향한 길에서 빗나가는 일이 없게 하여 주옵소서. 항상 세속의 때가 묻어나지 않는 거룩한 모임을 만들기 위하여 마음을 다해 노력하는 저희가 되게 하여 주옵소서.

오늘도 저희의 둔한 생각을 어루만져 주셔서 주의 말씀을 진지하게 나눌 수 있게 하시고, 진리의 말씀을 놓치거나 잘못 적용하는 일 없게 하여 주옵소서. 주의 놀라운 은혜를 더 깊이 깨닫게 하시고, 믿음, 소망, 사랑이 저희의 마음속에서 더욱 새로워지는 시간이 되게 하여 주옵소서. 이 구역(속회, 셀) 모임을 위하여 수고하는 지체에게도 합당한 복을 더하실 것을 믿습니다. 저희의 마음을 항상 영원한 가치에 두게 하심을 감사하오며 예수 그리스도의 이름으로 기도합니다. 아멘

기도를 돕는 한 마디
개인기도는 길면 길수록 은혜롭지만 대표기도는 간결할수록 좋다. _ 이. 엠. 바운즈

새로운 가치관을 세워가게 하소서

저희에게 좋은 것을 아낌없이 주셔서 누리게 하시는 하나님!

오늘도 저희 모두가 주님께 영광을 돌려야 할 시간을 잊지 않고 찾게 하여 주시니 감사드립니다. 언제나 주님만을 앙망하는 자마다 새 힘을 얻게 하시고, 부끄럽지 않게 하시고, 수치를 당치 않게 하옵소서. 하나님을 앙망하는 자는 결코 하나님 이외에 다른 어떠한 세력에 의해 좌우되지 않게 하옵소서.

신실하신 주님! 하나님의 영광을 위하여, 주의 거룩한 이름을 위하여 모인 저희들입니다. 이 시간 말씀해 주실 것을 말씀해 주시고, 깨닫게 하실 것을 깨달아 알게 하여 주옵소서.

저희가 함께 기도할 때에 진실한 고백이 되게 하여 주시고, 찬송할 때에도 바울과 실라 같은 찬송이 되게 하여주옵소서. 떡을 뗄 때에도 초대교회의 성도와 같은 모습이 저희에게서 재현되게 하여 주옵소서.

주님! 저희 구역(속회, 셀) 모임의 지체들을 위하여 기도합니다. 항상 모이기에 힘쓰는 지체들이 되게 하시고, 모일 때마다 말씀에 의한 새로운 판단과 가치관을 세워나갈 수 있게 하옵소서. 세상적인 방법보다 하나님의 방법대로 사는 것이 유익하고 복된 삶임을 온몸으로 느낄 수 있게 하옵소서. 저희들의 삶에 이 구역(속회, 셀) 모임이 정말 없어서는 안 될 모임이 되게 하옵소서.

이 모임의 유익을 위하여 더 많이 수고하는 지체들을 기억하시고, 그 마음을 합당한 주의 은혜로 채우실 것을 믿습니다. 이 모임에 주님의 축복이 가득하기를 원하오며 예수 그리스도의 이름으로 기도합니다. 아멘

기도를 돕는 한 마디
마음에 없이 말로만 하는 기도보다 오히려 말은 없어도 뜨거운 마음을 가지고 하는 기도가 더 소중하다. _존 번연

맛보고 느껴지는 모임이게 하소서

저희에게 주신 지극한 은혜를 인하여, 말할 수 없는 주의 은사를 인하여 하나님께 감사합니다. 이 시간이 있기까지 저희의 삶을 만져주시고 축복해 주신 하나님, 오늘도 저희의 허물과 죄를 용서해 주시고 찬송과 영광을 받으시옵소서. 주님을 의지하는 자, 영혼이 잘되며 범사가 잘되고 강건함으로 이끄실 것을 믿습니다.

이 시간도 주님을 더욱 사랑하고 믿음의 교제를 힘써서 나누기를 원하는 저희 모두에게 한량없으신 주의 은혜를 경험하게 하실 것을 믿습니다.

주의 말씀을 상고할 때에 꿀같이 달다고 고백한 시편의 어느 시인과 같이 저희에게 주어진 말씀이 꿀송이와 같이 달게 하여 주실 것을 믿습니다. 찬송을 부를 때에도 입술의 찬송이 아닌 영혼 깊은 곳에서 울려 퍼지는 찬송이 되게 하셔서 저희 모두가 천상의 기쁨과 즐거움을 맛보게 하실 것을 믿습니다. 한마디의 기도를 하더라도 주님의 기도를 닮게 하셔서 서로를 위해서 기도할 때마다 지금도 우리를 위하여 중보 기도를 하고 계신 주님의 뜨거운 사랑이 마음으로 느껴지게 하옵소서.

환난을 당한 자 있습니까? 땅위에서 받는 고난이 잠시인 것을 알아 소망 중에 믿음의 생활을 기쁨으로 해나갈 수 있게 하옵소서. 주님의 몸 된 교회와 주의 사랑하는 가정과 이 자리에 모인 지체들을 기억하셔서 부흥과 성장이 있게 하시고, 안식과 평안이 있게 하여 주옵소서. 이 구역(속회, 셀) 모임을 통하여 주님의 뜻을 더욱 밝히 드러내며, 주님의 제자로 쓰임받기에 합당한 그릇으로 빚으실 것을 믿사옵고 예수 그리스도의 이름으로 기도합니다. 아멘

기도를 돕는 한 마디
내일 기도하자는 생각은 마귀가 주는 생각이다. _김준곤

감사와 감격이 회복되게 하소서

예수 그리스도를 통하여 인류에 대한 놀라운 긍휼과 자비와 사랑을 나타내 보여주신 하나님을 찬양합니다. 여기에 주님의 사랑을 입은 자들이 한자리에 모였습니다.

주님의 말씀을 상고하며 믿음의 교제를 나누고자 여기에 모였사오니, 모인 무리를 기억하시고 허물이 있을지라도 인자와 긍휼로 관을 씌워 주시옵소서.

주님! 이 시간만큼은 세상 근심, 세상 염려에 사로잡히지 않기를 원합니다. 하늘에서 내려주시는 주님의 신령한 은혜에 취할 수 있는 시간이 되게 하여 주옵소서. 주님의 말씀을 살필 때 믿음의 눈이 열리게 하시고, 서로를 위하여 기도할 때 감사와 감격이 넘치고 기쁨이 회복되는 시간이 되게 하여 주옵소서.

성도의 교제를 중요하게 여기시는 주님! 이 시간 지체 간에 아름다운 교제가 있게 하시고, 서로에게 믿음의 덕을 세우고 신앙의 기쁨을 더할 수 있는 교제가 되게 하여 주옵소서.

더욱더 믿음으로 견고해지는 모임이 되기를 원합니다. 더욱더 신앙의 아름다운 덕을 선전할 수 있는 모임이 되기를 원합니다. 구역(속회, 셀) 모임을 성령의 능력으로 굳게 붙드시고 사탄마귀가 일절 틈타지 못하도록 성령의 화염검으로 지켜주옵소서.

구역(속회, 셀) 모임의 인도자를 기억하셔서 실족하여 넘어지지 않도록 지켜주시고, 피곤할지라도 새 힘을 더하시는 주님을 의지하게 하옵소서. 여기에 함께한 지체들의 마음을 받으실 것을 믿사옵고 예수 그리스도의 이름으로 기도합니다. 아멘

기도를 돕는 한 마디
그리스도인으로서 얻은 가장 위대한 발견은 성경을 묵상할 때 더욱 큰 기도의 효과를 얻게 된다는 것이다. _ 죠지 뮬러

사랑의 마음이 깊어지게 하소서

영원하신 하나님 아버지!

저희가 인생길을 걷는 가운데 수많은 만남이 이루어지지만 이 시간 주를 고백하고 섬기는 자들이 복되고 아름다운 만남을 가질 수 있게 하시니 감사드립니다. 오늘도 저희들이 주님께 영광 돌리며 믿음의 교제를 나눌 때에 새벽이슬 같은 주의 은혜를 경험할 수 있게 하옵소서.

주님의 사랑을 입은 저희들입니다. 모임을 가질 때마다 그 사랑을 잊지 않게 하여 주시고, 사랑에 기초하여 세워지는 아름다운 모임이 되게 하여 주옵소서.

주님! 저희들의 구역(속회, 셀) 모임이 횟수가 더해질수록 서로에 대한 사랑의 마음도 깊어지게 하시고, 그 사랑이 교회와 이웃을 위한 사랑으로 나타날 수 있게 하옵소서. 사랑으로 주님의 몸 된 교회를 섬기며 봉사할 수 있게 하시고, 사랑으로 이웃에게 주님의 아름다운 덕을 선전할 수 있는 저희가 되게 하여 주옵소서. 저희가 이 구역(속회, 셀) 모임을 가질수록 사랑의 주님을 닮아가는 모습이 나타나게 하시고, 사랑으로 주님의 형상을 보여줄 수 있는 삶이 되게 하여 주옵소서.

이 시간, 서로 간에 부끄러운 대화가 오고가지 않도록 저희의 입술을 성령의 능력으로 인치시기를 원합니다. 서로 간에 영적인 성숙함이 느껴질 수 있는 자리가 되게 하시고, 서로에 대한 신앙을 인정받으며 존경할 수 있는 자리가 되게 하여 주옵소서.

부득불 참석치 못한 지체들을 기억하시고, 그 안타까운 마음을 위로하여 주옵소서. 저희를 너무도 사랑하시는 예수 그리스도의 이름으로 기도합니다. 아멘

기도를 돕는 한 마디
기도는 신앙의 유모이다. _ 메튜 헨리

 ## 작은 교회임을 잊지 말게 하소서

생명의 주님!

오늘 저희를 이 자리에 불러 주심을 감사드립니다. 늘 저희들이 육신의 일보다는 영적인 일에 우선권을 두고 살아갈 수 있는 삶이 되게 하여 주옵소서. 세상적인 삶에 너무 집착하지 않게 하시고, 영적인 삶에 마음을 쏟을 수 있도록 인도하옵소서. 교회가 아닌 가정에서 갖는 구역(속회, 셀) 모임이지만, 교회 못지않은 경건함이 이 자리에 있기를 원합니다. 가벼운 태도가 없게 하시고, 가벼운 말들을 삼갈 수 있게 하여 주옵소서. 저희가 이 모임을 복되게 할 수도 있고, 불필요한 모임으로 만들 수도 있다는 것을 잊지 않게 하여 주옵소서.

주님! 비록 가정에서 갖는 구역(속회, 셀) 모임이지만 이곳도 교회라는 것을 잊지 않게 하여 주옵소서. 오늘 이 모임의 자리가 교회와 같이 주님의 은혜를 사모할 수 있는 자리가 되게 하시고, 주님을 더 가까이 만날 수 있는 자리가 되게 하여 주옵소서. 작은 교회인 이 구역(속회, 셀) 모임의 질서가 무너지면 교회의 질서도 무너질 수 있음을 기억하여 이 모임을 바르게 세워갈 수 있는 저희가 되게 하옵소서. 구역(속회, 셀) 모임을 통하여 건강한 그리스도인으로 다듬어지게 하시고, 아름다운 영성을 담아낼 수 있는 그릇으로 빚어지게 하옵소서. 드림도 풍성한 모임이 되기를 원합니다. 주님이 모든 것을 내어 주셨던 것처럼, 저희의 모든 것도 주님의 영광을 위하여 드림이 있는 삶이 되게 하여 주옵소서.

무한한 사랑으로 저희를 덮고 계시는 예수 그리스도의 이름으로 기도합니다. 아멘

기도를 돕는 한 마디
기도는 하나님을 보는 거울이다. _힘펠

기도의 좋은 습관이 만들어지게 하소서

전능하신 하나님 아버지!

저희에게 모일 수 있는 시간을 허락하시고, 힘써서 모일 수 있게 하시니 감사합니다. 저희들이 이 땅에 있는 동안 하나님의 은혜를 헛되이 받는 일이 없게 하여 주옵소서. 받은 은사를 따라 착한 양심을 가지고 주의 일에 힘쓰게 하시고, 언제나 주님을 높이는 삶이 되게 하여 주옵소서.

주님! 저희들이 구역(속회, 셀) 모임을 가지면서 세상적 욕심을 채우기 위한 수단으로 기울어지는 일이 없기를 원합니다. 언제나 주의 성령께서 저희의 마음을 붙들어 주셔서 주님의 나라와 그 의를 구하는 모임이 되게 하여 주옵소서. 이 모임을 통하여 주님이 각자에게 주신 은사를 늘 발견할 수 있게 하시고, 잘 활용할 수 있는 방법도 배울 수 있게 하여 주옵소서. 주님의 말씀을 상고할 때나, 떡을 떼며 교제할 때나 주님께 합당한 모습이 되게 하여 주옵소서.

주님! 저희 각자에게는 함께 나눌 기도의 제목들이 많습니다. 이 땅에서 주님의 자녀로 사는 동안 주님의 도우심을 바랄 수밖에 없는 내용들이오니 우리 주님께서 저희의 기도를 들으시고 합당한 은혜로 채우실 것을 믿습니다. 저희가 서로를 위하여 기도할 때에 중언부언하는 일이 없게 하시고, 마음을 담아 정성껏 기도할 수 있게 하여 주옵소서. 이 시간을 통해 서로를 위한 중보기도가 즐거워지게 하시고, 기도하는 좋은 습관이 만들어지게 하옵소서. 이 구역(속회, 셀) 모임의 인도자를 기억하셔서 언제나 성령님께서 위로를 더하여 주옵소서. 저희를 늘 새롭게 하시는 예수 그리스도의 이름으로 기도합니다. 아멘

기도를 돕는 한 마디
기도는 하나님과 자기 영혼과의 대화이다. _ **구마노기꼬**

 ## 하나님 경외하기를 힘쓰게 하소서

위로와 소망의 하나님 아버지!

인생에게 행하신 주의 기이한 일을 인하여 찬송과 영광을 돌립니다. 주를 사모하는 자를 만족케 하시고 주린 영혼에게 좋은 것으로 채워주시는 주님이심을 믿습니다. 여기에 모인 저희들에게 합당한 은혜와 평강의 복을 내려 주시옵소서. 저희 구역(속회, 셀) 모임을 성령의 능력으로 사로잡아 주시고, 저희 모두가 영과 진리 안에서 하나님의 이름에 합당한 모임을 가질 수 있게 하여 주옵소서.

주님! 저희들의 구역(속회, 셀) 모임이 늘 평안한 가운데 든든히 서 갈 수 있게 하옵소서. 성령의 위로가 넘치게 하시고 구원받는 자의 수가 날로 늘어가는 모임이 되게 하옵소서. 또한 생명운동이 전개되게 하시고, 믿음의 터를 더욱 견고히 다질 수 있는 모임이 되게 하옵소서.

주님! 저희가 자신만의 구원을 지켜가는 성도가 아니라 열심을 가지고 주님을 섬기기를 원합니다. 주님 보시기에 신실하고 충성스러우며 변함없이 하나님을 경외하기를 힘쓰는 삶을 살아갈 수 있게 하옵소서. 구역(속회, 셀) 모임을 통해서도 주님의 음성을 들을 수 있기를 원합니다. 사람의 말만 무성한 모임이 되지 않게 하시고, 서로가 주고받는 거룩한 언어 속에서 주님의 음성을 들을 수 있도록 인도하여 주옵소서. 이 구역(속회, 셀) 모임을 더욱 은혜롭게 하기 위하여 앞장서서 수고하는 지체들이 있습니다. 성령의 위로하심이 있게 하시고, 지체들을 섬길수록 주님의 사랑이 가슴으로 느껴질 수 있게 하옵소서.

언제나 저희들에게 사랑을 쏟고 계시는 예수 그리스도의 이름으로 기도합니다. 아멘

 **기도를 돕는 한 마디**
기도는 우리가 믿음으로 발견한 주님의 복음에 들어 있는 보물을 파내는 것이다. _요한 칼빈

 ## 겉과 속이 일치된 믿음이 되게 하소서

자비로우신 하나님 아버지!

오늘도 저희들에게 이 모임을 허락하심을 감사드립니다. 인생이 곁길로 가는 것을 원치 않으시기에 오늘도 저희들을 은혜로운 자리로 불러 모아 주신 줄 믿습니다. 이 시간 사모하는 마음으로 왔든지, 마지못해 억지로 왔든지, 구역(속회, 셀) 모임을 마치고 돌아갈 때는 모두가 주님의 크신 은혜와 축복을 경험하는 마음들이 되게 하여 주옵소서.

주님! 솔직히 삶 가운데 주님을 사모하는 마음과 순종하는 마음이 없었던 저희들입니다. 입술로는 주님을 사모한다고 했지만, 마음으로는 다른 마음을 품고 있었던 저희들입니다. 입술로는 주님께 순종한다고 했지만 마음으로는 순종하기를 부담스러워 했던 저희들입니다. 이 시간 겉과 속이 다른 저희의 모습을 우리 주님이 보고 계시는 줄 믿습니다. 늘 주님을 속이기에 너무나 태연했던 저희의 악함을 용서하여 주옵소서. 저희의 무감각한 마음을 성령의 불로 녹여주셔서 겉과 속이 일치된 모습으로 주님을 기쁘시게 하는 믿음의 삶이 되게 하여 주옵소서. 영적으로 밝지 못한 눈도 열리게 하여 주시고, 좁은 믿음의 시야도 넓어지게 하여 주옵소서. 그리하여 언제나 주님의 주권과 은혜를 고백하는 삶이 되게 하옵소서.

오늘도 이 구역(속회, 셀) 모임을 위하여 마음을 쏟으며 정성을 다하는 지체들이 있습니다. 우리 주님의 크신 위로가 있게 하시고, 지체들을 섬길수록 샘솟는 기쁨을 누릴 수 있게 하옵소서.

은밀한 중에 이 모임에 참여하고 계시는 예수 그리스도의 이름으로 기도합니다. 아멘

 **기도를 돕는 한 마디**
기도는 하나님의 자녀들이 그의 아버지 되시는 하나님과 대화하는 것이다.
_ 클레멘트

하나님의 나라를 구하게 하소서

우주를 통치하시고 다스리시는 하나님 아버지!

저희로 하여금 예수 그리스도를 믿게 하시고 하나님 나라의 비밀을 알게 하심을 감사드립니다. 오늘도 땅에 속한 자들이 아닌 하나님 나라에 속한 자들이 한 자리에 모였습니다. 개인의 이(利)를 구하기 위하여 모인 것이 아니라 하나님 나라의 의(義)를 구하기 위하여 모인 자리입니다. 우리 주님께서 저희들 가운데 함께하시고 이 자리를 친히 주장하여 주시옵소서.

주님! 저희들이 현재의 삶 가운데서 하나님의 나라를 경험하기 원합니다. 그러나 종말의 마지막 때에 이루어질 하나님 나라 또한 간절히 구하며 소망하는 자녀들이 되게 하여 주옵소서. 현실에 발을 디디고 있으되, 미래에 하나님께서 이루실 완성된 하나님 나라를 늘 잊지 않고 깨어 기도함으로 준비하는 자녀들이 되게 하여 주옵소서.

저희들의 구역(속회, 셀) 모임도 하나님께서 이루실 완성된 하나님 나라를 소망하며 준비하는 모임이 되기를 원합니다. 단지 땅의 것을 해결하기 위한 방법이나 처세술을 나누고자 이 모임을 갖는 것이 아니라, 하나님 나라의 백성으로서 천국을 어떻게 준비하며 살아야 하는지를 나눌 수 있는 자리가 되게 하여 주옵소서. 하나님의 나라를 소망하는 자들에게 더욱 크신 은총으로 함께하실 것을 믿습니다. 오늘도 구역(속회, 셀) 모임을 위하여 장소를 제공한 손길을 기억하시옵소서. 손 대접하기를 즐거워하다가 천사를 대접한 아브라함의 축복이 이 가정 위에 있게 하여 주옵소서.

예수 그리스도의 이름으로 기도합니다. 아멘

기도를 돕는 한 마디
기도는 하나님 말씀을 확실하게 듣는 귀요 천국을 보는 눈이다. _정문호

 ## 모든 염려를 주님께 맡기게 하소서

저희에게 날을 허락해주신 하나님 아버지!

오늘도 저희가 그 날 속에서 주어진 일에 최선을 다하며 살다가 이 시간 한자리에 모이게 하심을 감사드립니다. 주의 이름으로 모임을 갖는 저희에게 크신 은총을 내려 주옵소서.

오늘 저희가 이 자리에 모였지만 저희 마음속에는 갖가지 염려로 가득 차 있음을 고백합니다. 주님께 온전히 맡기는 삶을 산다고 고백하면서도 여전히 염려를 놓지 못하고 있는 저희의 연약한 믿음을 긍휼히 여겨 주옵소서. 성령님이 저희 각 사람의 마음을 주장하여 주셔서 능력의 주님을 온전히 의지할 수 있는 믿음이 되게 하여 주옵소서.

마음속에 염려가 찾아올 때마다 예수님의 이름으로 물리칠 수 있게 하시고, 흔들림 없는 믿음으로 모든 염려를 이기는 삶이 되게 하여 주옵소서. 또한 이 시간 저희가 주님의 말씀을 상고하며, 합심하여 기도할 때에 마음속에 자리 잡고 있던 모든 염려가 안개같이 사라지게 하시고, 평안의 복을 더하시는 사랑의 주님을 만나게 하여 주옵소서. 아직도 이 자리에 참석하지 못한 지체들이 있습니다. 혹 염려의 끈을 놓지 못하여 이 자리에 참석하지 못하였다면, 그 염려로 인하여 주님을 멀리하지 않도록 붙들어 주옵소서.

오늘도 구역(속회, 셀) 모임을 위하여 앞장서서 수고하는 손길들이 있습니다. 그 수고와 애씀을 우리 주님이 기억하셔서 좋은 것으로 갚아주실 것을 믿습니다.

이 구역(속회, 셀) 모임을 인도하는 인도자에게도 큰 능력으로 붙드실 것을 믿사옵고 예수 그리스도의 이름으로 기도합니다. 아멘

 **기도를 돕는 한 마디**
기도는 신자의 전 소유 재산이며 영적 생명의 호흡이다. _E. E. 셀햄버

저희의 가정을 붙들어 주소서

저희의 모든 죄를 용서하시고 값없이 은혜를 더하여 주시는 주님!

죽을 수밖에 없는 저희들로 하여금 주님의 은혜로 새 생명을 얻게 하시고, 오늘도 주님의 은총 안에서 살게 하여 주시다가 이 시간에 다시 모일 수 있게 하시니 감사드립니다.

이 시간에 하나님의 영광과 주님을 기쁘시게 할 수 있는 모임이 될 수 있도록 성령 충만을 더하여 주옵소서. 또한 서로 서로 믿음을 세워 줄 수 있는 은혜로운 구역(속회, 셀) 모임이 될 수 있도록 인도하여 주옵소서.

주님! 이 시간에 특별히 저희들의 가정을 위하여 기도합니다. 저희의 가정을 보호해 주시며 식구들을 악으로부터 지켜 주옵소서. 특히 저희의 자녀들을 악으로부터 보호하여 주시고 언제나 주님과 동행하는 삶을 살아갈 수 있도록 붙들어 주옵소서. 각 가정마다의 생업도 붙들어 주시기를 원합니다. 물질 때문에 고통 받는 일이 없게 하시고, 주님의 영광을 가리는 일이 없게 하여 주옵소서. 항상 주님께 감사할 수 있도록 때를 따라 물질의 복을 더하여 주옵소서. 저희의 식구들의 건강도 지켜 주시기를 원합니다. 연약한 육신을 핑계 삼아 성령님을 속이거나 주님을 멀리하는 일이 없게 하시고, 건강하게 주님을 잘 섬길 수 있도록 도와주옵소서.

이 시간 가정을 핑계 삼아 이 자리에 참석하지 못한 지체들이 있습니까? 가정이 주님의 은혜의 자리를 피하는 데 악한 도구로 이용되지 않게 하옵소서. 모든 것을 초월하여 이 자리에 모인 저희의 행사를 책임져 주실 것을 믿사옵고 예수 그리스도의 이름으로 기도합니다. 아멘

기도를 돕는 한 마디
사탄이 가장 두려워하는 것은 기도하는 성도이다. _사무엘 차드윅

주변으로 퍼져가는 사랑이 되게 하소서

사랑과 은혜가 충만하신 하나님 아버지!

호흡하며 생명이 있는 동안 주님을 찬양하고 영광 돌리는 삶을 살게 하시니 감사드립니다.

오늘도 저희의 생명을 주님이 지키시고 보호하셨기에 복 있는 구역(속회, 셀) 모임에 참여하게 된 줄 믿습니다. 저희들이 항상 주님의 크신 사랑을 받고 있는 존재임을 잊지 않게 하옵소서.

오늘도 좋은 날씨를 주심을 감사드립니다. 또한 저희 모두가 함께할 수 있는 좋은 장소도 허락하심을 감사드립니다. 주님의 사랑을 입지 않았더라면 저희들이 굳이 이 자리에 있을 이유도 없었을 터인데, 주님의 사랑을 입은 자들이기에 이 모임을 사랑하게 되었습니다. 저희 모두가 이 모임에 더욱 애정을 가질 수 있게 하시고, 함께한 지체들을 보며 주님의 사랑이 얼마나 큰지를 다시 한 번 느낄 수 있게 하옵소서.

주님! 저희들이 구역(속회, 셀) 모임을 가질수록 주님의 사랑을 닮아가게 하옵소서. 저희들 안에서만 맴도는 사랑이 되지 않게 하시고, 주변으로 퍼져가는 사랑이 되게 하옵소서. 그리하여 저희가 사는 주변에 사랑의 예수님을 느끼는 자들이 많아질 수 있게 하옵소서.

오늘 이 자리에 함께하지 못한 지체들이 있습니다. 그들의 형편을 아시는 주님께서 긍휼히 여기실 것을 믿습니다. 이 구역(속회, 셀) 모임의 인도자도 더욱 붙드시옵소서. 상처받기 쉬운 자리오니 은혜로 감당할 수 있도록 지혜를 더하실 것을 믿습니다. 오늘 이 자리에도 영광중에 함께하실 예수 그리스도의 이름으로 기도합니다. 아멘

기도를 돕는 한 마디
교회가 부흥되고 이 세상의 악이 사라질 때에는, 누군가가 어디에선가 기도하고 있다. _ 피얼슨

쓰임 받는 믿음이 되게 하소서

믿음의 주요 온전케 하시는 주님!

저희들이 달콤한 세상 유혹을 뿌리치고 믿음의 자리로 달려올 수 있게 하심을 감사드립니다. 저희를 강권하셔서 이 자리로 인도하신 이는 성령님이심을 믿습니다. 언제나 성령님의 감동하심과 인도하심을 떠나지 않는 저희의 삶이 되게 하여 주옵소서.

주님! 이 자리에 있는 저희 모두가 주님께 쓰임 받는 믿음의 사람이 되게 하옵소서. 성경에 기록된 수많은 믿음의 사람들처럼 주님께 믿음을 보여줄 수 있는 사람이 되게 하시고, 이 시대에 주님을 위하여 쓰임 받는 믿음의 사람이 되게 하옵소서. 그리하여 과거나 지금이나 주님께서는 믿음의 사람을 통하여 역사하고 계심을 보여줄 수 있게 하옵소서. 저희 믿음이 식어버리거나 흔들리지 않게 하기 위하여 늘 말씀을 가까이 할 수 있게 하시고, 기도생활을 게을리 하지 않게 하여 주옵소서. 주님을 향한 믿음을 보여줄 수 있는 일이라면 그 어떤 대가도 기꺼이 감수할 수 있게 하시고, 주님께 영광이 되는 일이라면 가장 선봉에 설 수 있는 저희의 믿음이 되게 하여 주옵소서.

주님! 저희가 판단할 일은 아니지만 지체들 중에 믿음이 연약한 자들이 있습니다. 그들을 긍휼히 여겨주셔서 세상의 방법대로 사는 것보다 믿음으로 사는 것이 훨씬 더 유익하고 가치 있는 삶임을 깨닫게 하여 주옵소서. 이 모임을 위하여 마음을 다하는 손길이 있습니다. 주님이 그 정성을 받으시고 크신 복으로 함께하실 것을 믿습니다. 특별히 인도자를 기억하여 주셔서 이 모임을 인도할 때마다 새 힘이 넘치게 하옵소서. 예수 그리스도의 이름으로 기도합니다. 아멘

기도를 돕는 한 마디
기도는 하늘 창고의 문빗장을 여는 황금열쇠이다. _고석희

새로운 용기와 능력을 얻게 하소서

때를 따라 은혜를 베푸시는 주님!

오늘도 주님을 구주로 고백하는 자들이 한자리에 모여 주님의 이름을 높이고 믿음의 교제를 나눌 수 있게 하시니 감사합니다. 이 모임이 주님 보시기에 모범적인 모임이 될 수 있도록 최선을 다하는 저희들이 되게 하여 주옵소서. 이 구역(속회, 셀) 모임이 저희의 믿음이 고백되는 자리임을 잊지 않게 하시고, 이곳에서 저희들이 진실한 마음으로 주님을 마주할 수 있게 하여 주옵소서. 말씀을 보고, 찬송을 부르며, 기도하는 모든 순서 속에 마음과 정성과 뜻을 다할 수 있게 하옵소서.

주님! 저희들 가운데 좌절된 심령, 염려와 근심에 찬 심정을 가지고 이 자리에 참여한 지체가 있습니까? 이 시간을 통하여 그리스도의 평안을 얻고 새로운 용기와 능력을 얻게 하옵소서. 묵상과 찬송 중에, 기도와 말씀을 듣는 중에 살아 계신 하나님을 만나며 감사와 감격, 소망과 기쁨으로 충만해질 수 있게 하여 주옵소서.

주님! 저희를 가까이 또는 멀리 대하는 그리스도 밖에 있는 구원받지 못한 영혼들을 기억하옵소서. 저희들에게 영적인 부담을 주셔서 그리스도 밖에 있는 자들에게 사랑과 생명의 주님을 전하게 하시고 주님 앞으로 인도할 수 있게 하여 주옵소서.

오늘 이 시간도 영혼의 소성함과 은혜에 은혜를 더하시는 주님의 사랑을 경험하는 시간이 되게 하옵소서. 특별히 구역(속회, 셀) 모임을 앞장서서 이끌고 있는 인도자를 기억하시고, 날마다 섬기는 기쁨이 더해지게 하여 주옵소서.

예수 그리스도의 이름으로 기도합니다. 아멘

기도를 돕는 한 마디
천국은 두 발로 뛰어가는 길이 아니라 두 무릎으로 기어가는 길이다.
_브레이너드

가정의 우환과 불행을 막아주소서

마음이 가난하고 심령에 통회하는 자들을 권고하시는 하나님!

오늘도 가난한 마음으로 주님의 은혜를 사모하며 이 자리에 나올 수 있게 하시니 감사드립니다. 저희 모두가 진실한 마음과 정성으로, 그리고 주님을 향한 경외심을 가지고 이 모임을 주님께 드릴 수 있게 하옵소서. 이 시간 저희들의 숨 쉬는 호흡까지도 믿음이 묻어나기를 원합니다. 불경건한 모습들이 주님의 영광을 가리지 않도록 저희의 마음을 성령님께서 주장하여 주옵소서.

사람의 뜻과 마음을 아시고 그의 행위대로 갚으시는 주님! 저희들로 하여금 주의 자비로우신 도우심으로 주의 뜻을 행하게 하시고, 말씀을 따르게 하시고, 주의 계명을 지키게 하옵소서. 주의 법을 저희의 마음에 두고 저희 생각에 기록할 수 있게 하옵소서.

주님! 저희의 가정을 보호하시며 모든 우환과 불행을 막아주옵소서. 혹 많은 문제들을 겪을지라도 주께서 도우심으로 잘 이겨나갈 수 있게 하시고, 질병으로 고통 받을지라도 여전히 내 하나님이심을 고백할 수 있는 믿음이 되게 하여 주옵소서. 저희들의 가정이 주의 은총과 축복 속에서 이 한 해를 보내며 의와 평강과 희락이 더욱 풍성해질 수 있게 하옵소서.

저희들의 구역(속회, 셀) 모임을 주장하시는 분은 성령님이심을 믿습니다. 혹 있을지도 모를 저희의 허튼 생각과 마음을 막아주셔서 주님께 기쁨을 드릴 수 있는 모임이 되게 하옵소서.

이 구역(속회, 셀) 모임의 리더도 기억하셔서 항상 성령 충만함을 허락하실 것을 믿사옵고 예수 그리스도의 이름으로 기도합니다. 아멘

기도를 돕는 한 마디
믿음의 기도만이 우주에서 전능하신 여호와를 움직일 수 있는 능력이다. 기도는 최상의 치료제이다. _로버트 홀

나눔과 교제가 기쁨이 되게 하소서

참으로 좋으신 하나님 아버지!
무용지물인 인생을 버려두지 아니하시고 주님의 백성으로 불러주셔서 빛과 진리 가운데로 인도하여 주시니 감사합니다. 오늘도 주의 은총을 입은 자녀들이 한 자리에 모였습니다. 저희들의 구역(속회, 셀) 모임이 단지 모이는 것에 목적을 두는 것이 아니라, 왜 모임을 갖는지를 분명히 깨닫게 하셔서 믿음의 덕을 세우는 저희 모두가 되게 하여 주옵소서.

주님! 저희들 서로 간에 생명의 교제가 있기를 원합니다. 하늘에 속한 언어가 있기를 원합니다. 마음을 다한 나눔이 있기를 원합니다. 이 시간만큼이라도 서로 간에 속화된 모습이 보이지 않게 하시고, 성령님의 지배를 받을 수 있도록 함께하여 주옵소서.

주님! 서로 간에 나누는 것이 기쁨이 되기를 원합니다. 주님의 은혜를 고백하려다 자기 자랑으로 기울어지지 않게 하시고, 자신의 허물을 고백하려다 다른 사람에게 상처 주는 일이 없게 하여 주옵소서. 서로 나누는 대화 속에서 성령님의 위로를 느끼게 하시고, 용기와 희망을 주시는 주님의 음성을 들을 수 있게 하옵소서. 오늘도 이 자리에 보이지 않는 지체들이 있습니다. 그들이 육신의 일만 도모하는 것이 아니라 신령한 것을 좇아 행할 수 있도록 은총을 더하여 주옵소서. 이 구역(속회, 셀) 모임을 위하여 앞장선 자들을 기억하셔서, 주님의 은혜를 앞세워 받은 사명 잘 감당할 수 있도록 붙들어 주옵소서. 저희 모두에게도 맡겨진 사명이 있사오니 각자 받은 대로 최선을 다할 수 있게 하옵소서.

예수 그리스도의 이름으로 기도합니다. 아멘

기도를 돕는 한 마디
당신이 기도에 말할 수 없이 싫증이 나거든 거기에 항복하지 말고 더 이상 기도할 수 없다고 생각될 때까지 기도하기 위해 싸우며 노력하라. _힐더삼

빛의 자녀들처럼 행하게 하소서

은혜가 풍성하신 하나님 아버지!

빛이신 주님을 좇아 살아가게 하시니 감사드립니다. 오늘도 저희를 빛 가운데로 인도하시기 위하여 이 자리로 불러주신 줄 믿습니다. 빛의 자녀들에게만 허락된 이 모임을 더욱 귀하게 여길 수 있게 하시고 사랑할 수 있게 하여 주옵소서.

주님! 저희들이 빛의 자녀들인 만큼 사람 앞에 빛을 비추는 삶이 되게 하여 주옵소서. 저희들의 착한 행실을 보는 사람들이 주님을 기억하게 하시며, 하나님께 영광을 돌리는 역사가 일어나게 하여 주옵소서. 그러기 위해서 저희들이 언제나 빛 가운데 걸어가는 삶이 되게 하시고, 주님께서 인도하시는 그 길을 떠나지 않도록 축복해 주옵소서. 주님을 믿는다고 하면서 어둠을 좋아하지 않게 하시고, 어둠에 속한 자들에게 동화되거나 악한 행실을 닮아가지 않도록 저희의 생활을 지켜주시옵소서.

주님! 지금도 우리 주변에는 어둠속에서 허덕이는 자들이 있습니다. 그들이 가까운 사람이건 멀리 있는 사람이건, 또는 가족이든지 친척이든지 빛이신 주님 앞으로 인도해낼 수 있게 하여 주옵소서.

오늘도 빛으로 인도함을 받은 저희들이 그에 합당한 교제를 나누고, 그에 합당한 기도를 하기를 원합니다. 성령님께서 도우셔서 저희 모두가 빛의 자녀들처럼 행할 수 있게 하옵소서.

이 구역(속회, 셀) 모임을 위하여 마음을 다하는 손길들이 있습니다. 그 수고를 기억하시고 하늘의 상급으로 채워주시옵소서. 빛으로 오셔서 어둠을 물러가게 하신 예수 그리스도의 이름으로 기도합니다. 아멘

기도를 돕는 한 마디 ···

홀로 기도하라. 기도가 아침에는 열쇠가 되며 저녁에는 빗장이 되도록 하라. 죄악을 대항하여 싸우는 가장 최선의 방법은 무릎으로 싸우는 것이다.

_ 빌립 헨리

믿음의 형제를 더욱 사랑하게 하소서

저희들에게 믿음의 형제를 주신 하나님 아버지!

오늘도 그 지체들이 한자리에 모여 하나님을 찬송하며 영광 돌릴 수 있도록 이끄심을 감사드립니다. 저희가 이 자리에 구역(속회, 셀) 모임을 갖게 된 것은 단지 육신의 일을 도모하고자 함이 아니라 신령한 것을 좇아 참된 구원을 이루고자 함이오니 주님이 친히 도우시고 함께 하실 것을 믿습니다.

주님! 저희들에게 믿음의 형제를 주셨사오니 내 몸과 같이 사랑할 수 있게 하시고, 그 누구보다도 서로의 아픔과 어려움을 도울 수 있는 관계가 되게 하여 주옵소서. 또한 서로에게 불편하거나 필요치 않은 말들은 피할 수 있게 하시고, 서로에게 용기가 되고 힘이 되어주는 축복의 말들을 나눌 수 있게 하옵소서. 상대방이 연약한 믿음이라면 은밀하게 기도해 줄 수 있게 하시고, 좋은 믿음이라면 그 믿음을 닮고자 하는 겸손함을 보일 수 있게 하옵소서. 주님의 피로 맺어주신 귀한 믿음의 형제들, 서로 간에 믿음의 덕을 세우기 위하여 마음을 쏟을 수 있게 하시고, 주님의 기쁨과 사랑을 담아내기에 부요한 삶이 되게 하여 주옵소서. 주님! 이 자리에 함께하지 못한 믿음의 형제들이 있습니다. 저희들도 심히 안타까운데 우리 주님은 어떠하시겠습니까? 그들의 사정을 주님께서 아시오니 긍휼히 여겨주시고 믿음의 형제들과 함께할 수 있는 건강한 믿음들이 되게 하여 주옵소서.

특별히 이 모임을 위하여 애쓰고 힘쓰는 손길을 기억하시고, 그 수고를 우리 주님이 갚아주실 것을 믿습니다.

사랑이 많으신 예수 그리스도의 이름으로 기도합니다. 아멘

기도를 돕는 한 마디
기도는 다른 것이 아니라 하나님의 신전의식이다. _형제 로랜스

상한 감정을 치유하여 주소서

독생자 예수 그리스도를 내어주시기까지 저희들을 사랑하시는 하나님 아버지! 오늘도 저희들이 그 사랑 한복판에서 살다가 이 자리에 왔습니다. 마지못해 억지로 왔든지, 자원하여 기쁜 마음으로 왔든지, 이 모임의 소중함을 알기 때문에 왔사오니 저희의 마음을 감찰하셔서 풍성한 은혜를 더하여 주옵소서.

주님! 이 시간은 구역(속회, 셀) 모임을 갖기 전에 상처에 대하여 기도하기를 원합니다. 혹 이 자리에 받은 상처가 너무 커서 괴로워하고 있는 지체가 있습니까? 사랑의 주님이 그 마음을 위로하여 주시고 상한 감정을 치유하여 주옵소서. 그로 인하여 넘어지거나 실족되지 않도록 붙들어 주시고, 화가 변하여 복이 되게 하시는 주님의 은혜를 경험하는 계기가 되게 하옵소서. 상대방을 향한 미움의 감정을 주체할 수 없다면 십자가에 달리신 주님을 바라볼 수 있게 하시고, 그 감정적 상처라는 틈을 통하여 마귀의 공격을 당하지 않도록 더욱 기도할 수 있게 하옵소서. 기도하다가 악을 선으로 갚을 수 있는 능력도 받게 하시고, 불쌍히 여기며 사랑할 수 있는 은사도 받게 하옵소서.

이 시간 저희 모두에겐 크고 작은 상처들이 있는 줄 압니다. 그 상처 때문에 주님을 더 가까이 할 수 있다면 그것이 상처받은 자가 누릴 수 있는 진정한 복임을 기억하게 하옵소서.

이 시간도 저희와 동행하기를 기뻐하시는 성령님이 저희 각 사람 마음에 계시는 줄 믿습니다. 저희들이 참으로 서로의 마음을 헤아릴 수 있는 모임을 가질 수 있게 하여 주옵소서.

예수 그리스도의 이름으로 기도합니다. 아멘

기도를 돕는 한 마디

기독교에서 부과된 의무들 중에 기도보다 더 본질적이고 더 소홀히 되는 것은 없다. 대부분의 사람들은 기도를 고된 의식으로 간주하여 가능한 한 단축하는 것을 정당시한다. _페네론

칭찬하며 칭찬받을 수 있게 하소서

저희를 세워주시는 주님!

저희를 믿음으로 세워주셨기에 이 자리에 나오게 된 줄 믿습니다. 저희를 늘 세워주시는 주님의 사랑을 인하여 감사할 수 있게 하시고, 주님을 높이는 삶이 될 수 있도록 이끌어 주옵소서.

주님! 이 자리에 모인 저희가 서로를 칭찬할 수 있게 하옵소서. 서로에게 부족함과 약함이 보일지라도 주의 은혜로 덮을 수 있게 하시고, 잘할 수 있도록 격려해주며 다독일 수 있는 사랑의 마음을 있게 하옵소서. 또한 칭찬받을 만한 지체가 있다면 시기하지 않게 하시며 마땅히 존중할 수 있게 하시고, 더 잘할 수 있도록 용기를 북돋워 줄 수 있게 하옵소서. 또한 저희 모두가 칭찬받는 주님의 자녀들이 되어서 주님의 이름을 높여 드리기를 원합니다. 저희의 허물로 인해 주님의 영광이 가려지지 않게 하시며 칭찬 받는 자들이 되어서 주님이 기뻐하시는 복 있는 사람으로 살아갈 수 있게 하옵소서. 또한 안 믿는 가족들이나 이웃들에게도 칭찬을 받을 수 있도록 도와주시고, 집에서나 직장에서도 칭찬받는 주님의 자녀로 살아갈 수 있게 하옵소서.

주님! 이 시간을 복되게 하기 위하여 준비한 손길이 있습니다. 주님께서 그 마음을 더욱 기쁘게 받으시고, 마리아와 같이 주님의 큰 칭찬을 받을 수 있는 축복의 사람이 되게 하옵소서. 이 모임을 위하여 앞장서서 일하는 인도자에게도 함께하셔서 기쁨으로 감당할 수 있도록 항상 붙들어 주옵소서.

저희를 칭찬하시기를 기뻐하시는 예수 그리스도의 이름으로 기도합니다. 아멘

기도를 돕는 한 마디

기도는 만능의 갑옷이요 값이 떨어지지 않는 보물이요 고갈되지 않는 광산이며 구름으로도 흐려지지 않는 하늘이다. 이것은 뿌리요 지반이요 한량없는 축복의 어머니이다. _크리소스톰

 ## 겸손하신 주님을 닮아가게 하소서

겸손한 자를 사랑하시는 주님!

오늘도 저희들이 자기의 주장대로 움직이지 아니하고 이 자리에 모일 수 있게 하시니 감사합니다. 먼저 그 나라와 의를 구하는 모습으로 항상 주님을 기쁘시게 할 수 있는 저희의 삶이 되게 하옵소서. 오늘도 이 자리에 꼭 있어야 할 지체들이 보이지 않고 있습니다. 그들의 마음에도 겸손의 은혜를 더하여 주셔서 주님이 기뻐하시는 일을 좇을 수 있게 하옵소서. 혹 저희들이 교만한 마음과 행실로 다른 지체와 이웃들에게 상처를 준 일은 없었는지 돌아보기를 원합니다. 부지중에라도 상처를 준 일이 있었다면 회개하오니 용서하여 주시고, 겸손하신 주님을 더욱 닮아갈 수 있도록 인도하여 주옵소서.

주님! 이 자리에 모인 저희들이 늘 겸손을 앞세우는 삶이 되게 하여 주옵소서. 말씀을 들으면 들을수록, 기도를 하면 할수록, 교제를 하면 할수록 더욱 겸손해질 수밖에 없는 이유들만 고백할 수 있게 하옵소서. 그리하여 겸손한 자에게만 들려주시는 주님의 음성을 듣게 하시고, 겸손한 자를 통하여 일하시는 주님의 손길에 붙들려 사는 삶이 되게 하옵소서.

오늘 이 자리에도 겸손하신 주님이 함께하시는 줄 믿습니다. 저희의 마음이 가식과 위선으로 포장되지 않게 하시고, 온전히 주님의 마음과 인격이 저희들 안에서도 나타날 수 있게 하옵소서. 이 구역(속회, 셀) 모임을 위하여 마음을 다하는 손길을 기억하시고, 지체를 섬기는 기쁨이 주님을 섬기는 기쁨이 되게 하옵소서.

이 모임을 사랑하시는 예수 그리스도의 이름으로 기도합니다. 아멘

 **기도를 돕는 한 마디**

믿음의 기도는 전능하신 여호와가 통치하시는 우주 속에서 유일한 능력이다. 기도야말로 최상의 영약이다. _로버트 홀

 ## 모임의 구성원을 붙들어 주소서

저희의 힘이 되신 여호와 하나님을 찬양합니다. 하나님은 저희의 반석이시요 건지시는 자이시며, 방패시요, 구원의 뿔이시요, 산성이심을 믿습니다. 이 시간 하나님을 의지하는 자들이 한자리에 모였습니다. 저희가 항상 하나님 앞에 합당한 감사와 찬양을 드리며 영광을 돌리게 하여 주옵소서.

전능하신 하나님! 저희들의 모임을 축복해 주옵소서. 이 모임의 구성원들은 하나같이 믿음으로 살고자하는 자들이오니 넘어지거나 실족치 않도록 붙들어 주시고, 주님의 뜻대로 살아갈 수 있도록 인도하여 주옵소서. 세상의 방법대로 사는 것보다 믿음으로 사는 것이 훨씬 더 가치 있고 복 있는 삶임을 보여줄 수 있는 구성원들이 되게 하여 주옵소서. 저희들의 생활도 붙들어 주시기를 원합니다. 생활의 제약을 받아 신앙생활하는 것이 또 다른 부담이 되지 않게 하시고, 기쁨이 샘솟는 신앙생활이 될 수 있도록 도와주시옵소서. 물질적으로도 거룩한 주님의 일에 쓰임 받을 수 있도록 어려움 없게 하시고, 항상 믿음으로 주를 섬기며 사는 것이 행복이 되게 하여 주옵소서.

이 구역(속회, 셀) 모임을 위하여 여러모로 힘쓰고 애쓰는 손길이 있습니다. 우리 주님이 그 수고를 결코 가벼이 보지 않으실 것을 믿습니다. 합당한 은혜를 더하여 주셔서 지체들을 섬기는 것이 즐거움이 되게 하여 주옵소서.

오늘 저희들이 이 구역(속회, 셀) 모임을 가질 때마다 영안이 밝아지게 하시고, 땅에서는 얻을 수 없는 것을 취할 수 있는 시간이 되게 하여 주옵소서.

예수 그리스도의 이름으로 기도합니다. 아멘

 기도를 돕는 한 마디
나로 하여금 하나님을 향하여 불타게 하옵소서! 결국, 하나님께서 지정하신 일 중에, 기도는 최상의 일이다. 아! 나는 기도의 사람이 되었으면! _ 헨리 마틴

모임의 필요성을 깨닫게 하소서

전능하신 하나님 아버지!

저희로 하여금 주님을 따를 수 있는 기회를 주시고, 주님을 섬길 수 있는 날을 주심을 감사드립니다. 또한 믿음의 무리들이 한자리에 모여 주님을 향한 신앙고백을 든든히 세워갈 수 있게 하시니 감사드립니다. 언제나 저희와 함께하시옵소서.

주님! 저희들의 구역(속회, 셀) 모임을 축복해 주옵소서. 모일 때마다 신앙의 모임이 우리의 삶에 왜 필요한지를 강하게 느낄 수 있게 하시고, 신앙생활은 혼자 잘한다고 해서 결코 잘할 수 있는 것이 아님을 깨닫게 하옵소서. 이 모임을 가질 때마다, 우리 주님이 왜 자신을 머리로 하여 저희들을 그 몸의 지체로 엮어주셨는지를 온몸으로 느껴갈 수 있게 하옵소서. 우리의 건강한 믿음을 세워가는 데는 반드시 다른 지체들의 도움이 필요하다는 것을 잊지 않게 하옵소서.

주님! 저희가 저희 자신의 신앙을 위해서도 이 모임을 건강하게 세워갈 수 있게 하옵소서. 말씀의 공동체, 교제의 공동체, 기도의 공동체, 나눔의 공동체로 세워갈 수 있도록 은혜를 더하여 주옵소서. 또한 서로의 믿음을 세워주기 위하여 기꺼이 수고할 수 있는 기쁨을 누리게 하옵소서. 서로가 함께하면 함께할수록 더 큰 보람을 느낄 수 있게 하시고, 서로를 위하면 위할수록 더 큰 행복을 느낄 수 있게 하옵소서.

이 구역(속회, 셀) 모임을 이끄는 인도자를 기억하여 주옵소서. 엎드려 기도할 때마다 응답하시고, 새 힘과 큰 능력을 더하여 주실 것을 믿습니다.

이 모임을 저희에게 허락하심을 다시 한 번 감사하오며 예수 그리스도의 이름으로 기도합니다. 아멘

기도를 돕는 한 마디

온종일 하나님 앞에서 그대가 기도하는 시간을 갖도록 힘쓰며, 종종 하나님 앞에서 늘 신선한 기도의 샘물이 되도록 하라. _페넬수

여호와를 앙망하게 하소서

사랑과 은혜의 하나님 아버지!

저희가 죄악이 들끓고 있는 세상에 살고 있으나 주님의 뜻을 좇아 믿음으로 살고자하는 의지가 있게 하심을 감사드립니다. 오늘도 저희의 의지가 세상으로 기울어지지 않게 하셔서 주님께 영광 돌리는 시간을 비워드릴 수 있게 하시니 감사드립니다. 이 구역(속회, 셀) 모임에 참석한 저희 모두를 축복하여 주시고 하늘의 신령한 은혜로 채워주시옵소서. 여호와를 앙망하는 자는 새 힘을 얻고 능력을 얻어 피곤이나 고단치 않게 하시는 하나님! 저희 온 믿음의 지체들이 항상 여호와 하나님을 앙망하게 하옵소서. 그를 쳐다보며, 바라보며, 의지하며 그의 도움을 구하는 자가 되게 하옵소서. 그리하여 날마다 믿음의 담력을 가지고 살아갈 수 있게 하시고, 믿음으로 승리하면서 살아갈 수 있게 하옵소서. 또한 삶 가운데서 일어나는 모든 염려나 불안이나 초조함을 믿음으로 잘 대처해 나갈 수 있게 하시고, 마땅히 해야만 할 일도 믿음으로 잘 감당할 수 있게 하여 주옵소서.

주님! 저희들을 통한 주님의 선한 계획도 이루시기를 원합니다. 저희들이 언제나 주님의 뜻하심을 이루어가는 삶이 되게 하시고, 주님의 말씀에 순종의 욕구를 충족시켜갈 수 있는 믿음이 되게 하옵소서. 저희의 앞날에 주님의 영광이 넘치게 하실 것을 믿습니다.

주님! 이 자리에 오지 못한 지체들이 있습니다. 그들의 마음을 붙들어 주셔서 항상 하나님을 앙망하는 삶이 되게 하여 주옵소서.

모든 것을 주님께 맡기오며 예수 그리스도의 이름으로 기도합니다. 아멘

기도를 돕는 한 마디
하고자하는 어떠한 일이 생기거나 혹은 내가 해서는 안될 일이 있다면 온전히 기도하라. _작자 미상

Chapter 2

구역, 셀, 속회 목장모임을 위한

주제별에 맞춘
구역예배 대표기도문
②

날마다 부흥하는 모임이 되게 하소서

생명의 주인이 되시는 하나님 아버지!

위험 많은 세상에서 항상 저희들의 생명을 지켜주시고 보호하여 주시는 은혜를 감사드립니다. 저희를 언제나 불꽃같은 눈동자로 살피고 계시는 주님의 보호를 받고 있음을 잊지 않게 하여 주옵소서.

오늘도 저희들이 가정 교회라고 할 수 있는 구역(속회, 셀) 모임에 힘써 참석할 수 있게 하시니 감사합니다. 저희들이 믿음으로 살고자 하는 마음을 주님이 심어주셨기에 오늘 저희들이 믿음의 덕을 세울 수 있는 이 자리에 있게 된 줄 믿습니다. 언제나 주님께 받은 은택을 인하여 감사하며 영광 돌리는 삶이 되게 하여 주옵소서.

주님! 이 구역(속회, 셀) 모임에 새 식구들이 불어나게 하시고, 구원받는 자가 날로 늘어가게 하여 주옵소서. 하나님을 경외하는 신실한 일꾼들이 이 모임에도 많아지기를 원합니다. 구역(속회, 셀)이 부흥하여 또 다른 구역을 확장할 수 있게 하시고, 승법번식이 계속 일어나는 구역이 되게 하옵소서. 초대교회가 날마다 마음을 같이 하여 모이기에 힘쓰고 순전한 마음으로 떡을 떼며 하나님을 찬미할 때 구원받는 숫자를 날마다 더하셨듯이, 저희 구역(속회, 셀)도 초대교회와 같은 모임을 가질 때 구원 받는 숫자를 날로 더하여 주실 것을 믿습니다.

또한 저희들에게 영혼이 잘됨같이 범사가 잘되고 강건함의 복을 더하여 주옵소서. 그리하여 하늘나라의 일꾼으로 사용되기에 부족함이 없게 하옵소서.

이 구역(속회, 셀) 모임을 더욱 부흥케 하실 것을 믿사옵고 예수 그리스도의 이름으로 기도합니다. 아멘

기도를 돕는 한 마디
세상의 어떤 남자나 여자에게 하나님께서 가장 좋은 재능을 주셨다면 그것은 바로 기도의 재능이다. _ 알렉산더 회이트

# 꼭 필요한 일꾼으로 쓰임 받게 하소서

오늘도 저희들의 생명을 연장시켜 주시고 하나님을 경배하는 축복된 시간을 허락하심을 감사드립니다. 이 시간에 저희들이 마음과 정성을 다하여 주님을 높일 수 있게 하시고, 주님의 크신 은혜를 인하여 기뻐할 수 있게 하옵소서.

저희에게 감당할 수 있는 직분과 은사를 주신 주님! 저희 모두가 주님의 몸 된 교회를 위하여 꼭 필요한 일꾼으로 쓰임 받을 수 있게 하옵소서. 주님의 몸 된 교회를 향한 주님의 선하신 계획이 있는 줄 믿사오니 그 계획을 저희들이 이루어 나갈 수 있게 하옵소서. 저희들을 통하여 주님의 몸 된 교회가 든든히 서갈 수 있게 하시고, 성장하고 부흥하는 역사가 일어나게 하옵소서. 주님의 몸 된 교회가 세상을 향한 거룩한 축복의 통로 기능을 감당할 때, 저희들이 그 일에 기꺼이 쓰임 받을 수 있는 충성자들이 되게 하여 주옵소서. 주님의 몸 된 교회를 위한 더 많은 헌신이 필요할 때, 저희들이 그 자리에 있게 하시고, 주님의 몸 된 교회를 위한 더 많은 희생이 필요할 때 저희가 앞장 설 수 있게 하옵소서. 저희들이 구역(속회, 셀) 모임을 갖는 것도, 근본적으로 주님의 몸 된 교회를 위한 것임을 잊지 말게 하시고, 이 작은 모임 속에서도 주님의 몸 된 교회가 세워질 수 있도록 힘을 다하게 하여 주옵소서.

주님! 구역(속회, 셀) 모임을 위하여 마음을 쏟는 손길이 있습니다. 우리 주님께 큰 기쁨과 위로가 되는 손길이 되게 하시고, 때를 따라 주님의 귀하신 복으로 채워주시옵소서.

교회의 앞날에 주님의 영광이 가득하게 하실 것을 믿사옵고 예수 그리스도의 이름으로 기도합니다. 아멘

기도를 돕는 한 마디
당신은 기도한 후에 기도하는 이상의 것을 할 수 있다. 그러나 당신이 기도하기 전까지는 기도하는 이상의 것을 할 수 없다. _ A. J. 고든

성령 충만하게 하소서

성령 충만을 주시는 주님!

저희들을 성령님이 도우시기에 저희들이 구역(속회, 셀) 모임에 참석하게 된 줄 믿습니다. 항상 성령님의 인도를 받는 저희의 삶이 되게 하여 주시고, 성령님을 근심케 하는 삶이 되지 않기 위하여 성령 충만을 구할 수 있게 하옵소서.

주님! 저희가 성령 충만하지 않고는 악이 들끓는 세상에서 믿음을 지키며 살아갈 수 없음을 깨닫습니다. 성령 충만하지 않고는 주님의 일을 기쁨으로 감당할 수 없음도 깨닫습니다. 날마다 저희들에게 성령 충만을 허락하여 주옵소서. 성령 충만함으로 세상을 이기고 육욕을 이겨갈 수 있게 하시고, 성령 충만함으로 성령의 권능을 세상에 쏟아 놓는 주의 일꾼으로 쓰임 받게 하옵소서.

주님! 주님의 몸 된 교회도 늘 성령 충만한 가운데서 섬길 수 있게 하옵소서. 봉사와 섬김을 기쁨으로 감당할 수 있게 하시고, 충성과 희생을 기쁨과 즐거움으로 감당할 수 있게 하옵소서.

저희들이 갖는 이 구역(속회, 셀) 모임도 성령 충만한 모임이 되게 하시고, 언제나 성령 충만을 사모하는 모임이 되게 하옵소서. 성령 충만한 가운데서 구역(속회, 셀) 모임이 날로 새로워지게 하시고, 주님이 기뻐하시는 일들이 넘쳐나는 모임이 되게 하옵소서. 이 구역(속회, 셀) 모임을 주관하시는 이는 성령님이심을 믿습니다. 이 모임의 인도자에게도 함께하시는 이는 성령님이심을 믿습니다. 저희들의 마음을 주장하시는 이도 성령님이심을 믿습니다. 성령님의 역사가 이 자리에 있게 하여 주옵소서.

예수 그리스도의 이름으로 기도합니다. 아멘

기도를 돕는 한 마디
기도하지 않고는 아무도 자신의 진실함을 보증할 수 없다. 기도는 행동화되는 믿음이다. _ 작자 미상

축복을 헤어보며 감사하게 하소서

복의 근원이신 주님!

저희를 축복의 자녀로 삼아주시고, 진정으로 복 있는 삶을 살아갈 수 있게 하시니 감사드립니다. 오늘 이곳에도 주님이 택하신 축복의 자녀들이 한자리에 모였습니다. 주의 크신 은총을 입은 자들이 한자리에 모였사오니 저희와 함께하시고 홀로 영광을 받으시옵소서.

주님! 무엇보다도 저희들이 갖는 구역(속회, 셀) 모임이 주의 축복을 헤어보며 감사하는 모임이 되기를 원합니다. 말씀을 묵상할 때에도 그 말씀 속에 담겨있는 주님의 축복을 헤어보며 감사할 수 있는 저희 모두가 되게 하시고, 믿음의 교제를 나눌 때에도 서로의 고백 속에 담겨있는 주님의 축복을 헤어보며 감사할 수 있는 저희 모두가 되게 하옵소서. 또한 저희들이 주님의 축복을 받은 자답게 살기를 원합니다. 주님의 축복이 담긴 언어로 서로를 축복할 수 있게 하시고, 주님의 축복이 담긴 기도로 서로를 위하여 중보 기도할 수 있도록 도와주옵소서.

이웃을 위해서도 축복할 수 있는 믿음이 되게 하옵소서. 그리하여 많은 사람들이 주의 크신 은총을 입는 자리로 돌아오는 역사가 있게 하시고, 저희들도 이 땅을 살아가는 동안 주님의 축복을 전달하는 축복의 통로로 쓰임 받게 하여 주옵소서.

오늘 이 복된 자리를 비운 지체들이 있습니다. 그들의 사정을 아시는 주님께서 긍휼의 복을 더하여 주시고, 축복의 자녀로 살아갈 수 있도록 인도하여 주옵소서.

이 모임을 인도하는 인도자에게도 크신 복으로 함께하실 것을 믿사옵고 예수 그리스도의 이름으로 기도합니다. 아멘

기도를 돕는 한 마디

사탄의 궤계에 빠지지 않는 길은 순간순간마다 깨어 기도하는 길이다.
_ 여호수아

 ## 서로를 향한 섬김이 있게 하소서

섬김의 본을 보여주신 주님!
　주님의 섬기심이 있었기에 오늘 저희가 구원받은 하나님의 자녀가 되어 새로운 소망을 가지고 살 수 있게 된 것을 믿습니다. 저희도 이 땅을 살아가는 동안 주님을 본받아 섬김의 도를 실천하며 살아갈 수 있게 하옵소서. 오늘도 이 자리에 참여한 저희들이 무엇보다 서로를 섬기고자 하는 마음이 앞서게 하여 주옵소서.
　주님! 서로를 섬김으로 주님의 뜻을 더 깊이 깨닫는 은혜의 모임이 되게 하시고, 서로를 향한 섬김이 있음으로 인해 더 아름답고 더 따뜻한 모임이 되게 하여 주옵소서. 또한 하나님이신 우리 주님이 죄인들을 섬기심으로 영육이 잘되는 구원의 길을 열어주셨듯이, 저희들도 자신의 섬김을 통하여 많은 사람들을 주께로 인도할 수 있는 삶이 되게 하여 주옵소서. 항상 저희의 섬기는 것이 기쁨이 되고, 섬기는 것이 즐거움이 되며, 섬기는 것이 인생의 행복이 될 수 있게 하여 주셔서 생명까지도 내어주신 주님을 온전히 닮아가게 하여 주옵소서. 또한 주님의 몸 된 교회를 위해서라면 그 어떤 대가가 지불된다 할지라도 섬길 수 있게 하시고, 주님이 영광을 받으시는 것이라면 기꺼이 섬김의 자리를 고수할 수 있게 하여 주옵소서.
　오늘도 저희들을 앞장서서 섬기는 손길들이 있습니다. 그 섬김의 모습 속에서 주님이 보일 수 있게 하시고, 섬김을 통하여 많은 사람들을 부요케 할 수 있는 축복의 손길이 되게 하옵소서. 이 시간도 주님만이 영광을 받으실 것을 믿사옵고 예수 그리스도의 이름으로 기도합니다. 아멘

 **기도를 돕는 한 마디**
　우리가 기도의 결실을 얻지 못하는 이유는 기도의 태만 때문이다. _작자미상

모이기에 힘쓰게 하소서

사랑의 주님!

저희에게 믿음으로 모일 수 있는 시간을 주셔서 가정마다 주님께 예배하는 가정 교회를 세워갈 수 있게 하심을 감사드립니다. 주님이 축복하신 이 가정 예배 처소를 소홀히 하지 않는 저희들이 되게 하옵소서. 이 시간 저희 교회에 속한 구역(속회, 셀)을 위하여 기도하기를 원합니다. 시대가 악하여 갈수록 모이기에 힘쓰는 것이 점점 더 둔화되어 가고 있습니다. 주님의 교회도 예배드리는 것이 점점 더 둔화되어 가고 있고, 가정에서 갖는 구역예배와 모임도 빛을 잃어가고 있습니다. "모이기를 폐하는 어떤 사람들의 습관과 같이 하지 말고 오직 권하여 그 날이 가까움을 볼수록 더욱 그리하자"는 주님의 말씀을 생각할 때 너무도 안타깝고 부끄럽습니다.

주님! 악하고 패역한 때에 믿음을 강하게 지키기 위해서 힘써서 모이는 지체들이 되게 하여 주옵소서. 악한 사탄의 꾀에 넘어가지 않도록 성령님의 음성에 귀 기울이는 지체들이 되게 하여 주옵소서.

이 구역(속회, 셀) 모임을 가질 때마다 주님의 사랑과 은혜가 더욱 넘쳐나게 하시고, 주님의 몸 된 교회를 세우고 가정을 세우는 복된 모임이 되게 하여 주옵소서. 특별히 이 모임을 통하여 주변의 믿지 않는 사람들에게 구원의 문이 열리게 하시고, 저희들 모두가 복음 증거에 힘쓰는 뜨거움이 있게 하여 주옵소서. 이 구역을 위하여 앞장서서 일하는 구역의 지도자를 붙드셔서 주님의 사랑으로 지체들을 돌볼 수 있게 하시고, 믿음으로 이끌어 줄 수 있는 지도자가 되게 하여 주옵소서.

이 모임을 사랑하시는 예수 그리스도의 이름으로 기도합니다. 아멘

기도를 돕는 한 마디

아버지께서는 스스로 주시기를 원하고 계신다. 그러기 때문에 내게 구하라 하셨다. _ 바운즈

새 가족을 축복하소서

사랑이 많으시고 거룩하신 하나님 아버지!

죄짓고 불의하고 추악한 저희들이 주님의 은혜로 구원받아 새사람이 되게 하여 주시니 감사드립니다. 오늘 여기에서도 하나님께서 임재하고 계심을 기억하여 주님께 영광 돌리기에 마음을 다할 수 있는 저희들이 되게 하여 주옵소서.

주님! 이 은혜로운 구역(속회, 셀) 모임에 새 가족을 보내주심을 감사드립니다. 이제 저희들과 함께 주님의 몸 된 교회를 섬기며 믿음의 교제를 나눌 때에, 신앙생활의 새로운 기쁨이 주어질 수 있게 하시고, 주님께서 귀히 쓰시는 성숙한 신앙의 사람으로 세워질 수 있게 하여 주옵소서. 그 가정에도 함께하여 주시기를 원합니다. 주님만을 섬기는 가정이 되게 하시고, 주님의 칭찬이 넘치는 가정이 되게 하여 주옵소서. 또한 가정에 어려움이 닥칠 때마다 우리 주님이 막아주실 것을 믿습니다. 자녀들도 붙들어 주셔서 주님의 사랑을 듬뿍 받을 수 있게 하여 주옵소서. 생업도 붙들어 주실 것을 믿습니다. 물질 때문에 고통당하는 일이 없도록 그 가정의 물권을 지켜주옵소서.

또한 이제 교회 봉사에도 관심을 갖게 하셔서 주님이 쓰시는 훌륭한 일꾼이 되게 하여 주옵소서. 날마다 은혜를 더하시는 주님의 사랑을 체험하는 삶이 되게 하실 것을 믿습니다.

주님! 이 구역(속회, 셀) 모임을 인도하는 인도자를 기억하옵소서. 힘들지 않도록 성령의 능력으로 붙들어 주옵소서.

새 가족을 주심을 다시 한 번 감사드리오며 예수 그리스도의 이름으로 기도합니다. 아멘

기도를 돕는 한 마디
기도를 통하여 우리는 성령 충만함을 받을 수 있다. 성령 충만했던 초대교회의 신도들은 모두 기도의 사람들이었다. _작자 미상

각 기관과 부서가 든든히 서가게 하소서

은혜로우신 하나님 아버지!

오늘도 저희들이 이 시간을 잊지 않고 힘써서 모일 수 있게 하시니 감사드립니다. 저마다 바쁜 일들이 있겠지만, 그럼에도 불구하고 이 시간을 주님께 드리며 믿음의 교제를 나누고자 모였습니다. 주님께서 영광을 받으시고 저희들에게 합당한 은혜를 내려 주실 것을 믿습니다.

주님! 교회의 각 기관과 교육부서를 위하여 기도하기를 원합니다. 주님의 몸인 교회에 각 기관과 교육부서를 세우셔서 든든히 서갈 수 있도록 인도하심을 감사드립니다. 더욱더 든든히 서가는 각 기관과 교육부서가 되게 하여 주옵소서.

교회마다 교육부서의 숫자가 점점 줄고 있는 추세입니다. 출산율의 저하 때문이기도 하겠지만, 부흥을 위하여 열심을 내지 않은 까닭도 무시할 수 없음을 깨닫습니다. 교육부서를 맡고 있는 부서장을 비롯하여 교사들이 더욱 열심을 낼 수 있도록 뜨거움을 주시옵소서.

남·여 전도회도 주님의 영광을 위하여 선한 청지기의 삶을 살 수 있도록 인도하여 주시고, 주님의 몸 된 교회를 위하여 최선을 다할 수 있는 회원들이 되게 하여 주옵소서. 특별히 교회의 본질은 전도에 있음을 잊지 않게 하셔서 때를 얻든지 못 얻든지 복음을 전하는 일에 헌신을 드릴 수 있게 하옵소서.

구역(속회, 셀) 모임도 부흥하는 모임이 되기를 원합니다. 날마다 영적으로 부흥하게 하시고, 믿음의 식구들이 많아지게 하옵소서. 또한 구역을 인도하는 자에게 영적인 능력을 더하여 주실 것을 믿습니다.

예수 그리스도의 이름으로 기도합니다. 아멘

기도를 돕는 한 마디
기도의 목적은 하나님의 영광을 나타내는 것이다. _ R. A. 토레이

 ## 선교하는 모임이 되게 하소서

사랑이 풍성하신 하나님 아버지!
  주의 사랑과 은총을 입은 자들이 한 자리에 모일 수 있게 하시니 감사드립니다. 바쁜 가운데서도 시간을 내어 한 자리에 모였습니다. 먼저 장소를 제공한 가정에 크신 복으로 함께하시고 저희들에게도 주님의 크신 은혜를 내려 주옵소서. 열심을 다하여 모일 때에 저희들의 미성숙한 신앙이 성숙해지고, 주님의 크신 경륜을 깨달아 아는 기쁨을 갖게 하실 것을 믿습니다. 저희가 어떤 일이 있든지 항상 이 모임을 사랑할 수 있게 하옵소서.
  주님! 지금 이순간도 세계 각지에서 맞지 않는 기후와 낯선 환경과 싸워가며 복음을 전하는 선교사들이 있습니다. 사명에 붙들리지 않으면 어떻게 그 일을 감당할 수 있겠습니까? 주님께서 항상 그들의 능력이 되어 주시고 힘이 되어 주셔서 받은 사명 잘 감당하게 하실 것을 믿습니다.
  저희 구역(속회, 셀) 모임도 선교하는 모임이 되기를 원합니다. 예배하고 은혜를 나누는 교제 속에서도 선교사들을 위하여 늘 기도하며 복음 증인의 사명을 감당할 수 있게 하옵소서. 저희들이 선교 헌금도 하고 있습니다. 물질이 있는 곳에 마음도 있다고 말씀하셨사오니 주님께 마음을 담아 정성껏 드리는 예물이 되게 하옵소서.
  오늘 이 구역(속회, 셀) 모임을 인도하는 자에게 큰 능력을 더하여 주옵소서. 모임을 위하여 수고하고 애쓰는 모든 믿음의 행위들을 영육간에 크신 복으로 더하여 주실 것을 믿습니다.
  저희들에게도 동일한 은혜로 함께하실 것을 믿사옵고 예수 그리스도의 이름으로 기도합니다. 아멘

 기도를 돕는 한 마디
하나님께서 독생자 예수 그리스도를 우리를 위해서 죽게 하시기까지 우리를 사랑하셨다면 그는 우리의 기도를 응답하셔서 우리의 모든 필요한 것을 채워 주실 만큼 우리를 사랑하신다. _존 하이스

다른 사람에게 본이 되게 하소서

거룩하신 하나님 아버지!

저희들이 예수 그리스도를 통하여 죄 짐을 벗어버리고 구원의 감격과 은혜를 누리는 삶이 되게 하시니 감사드립니다. 저희들이 구원의 감격과 은혜를 홀로 누리는 데만 안주하지 않게 하시고, 하나님의 자녀로서 구원의 복음을 널리 전하는 소임을 다할 수 있게 하옵소서.

오늘 저희들이 구역(속회, 셀) 모임을 갖습니다. 이 자리에 참석한 저희들이 이 순간만큼은 세상 근심을 벗어버릴 수 있게 하시고, 주님의 사랑과 은혜에 잠기는 시간이 되게 하옵소서.

주님! 사도 바울이 젊은 전도자 디모데에게 "남에게 업신여김을 받지 말고 남의 본이 되라"고 한 가르침을 기억합니다.

저희들도 남에게 본이 될 수 있는 신앙생활이 되게 하옵소서. 예배의 본을 보일 수 있게 하시고, 기도의 본을 보일 수 있게 하옵소서. 사랑의 본을 보일 수 있게 하시고, 섬김의 본을 보일 수 있게 하옵소서. 봉사의 본을 보일 수 있게 하시고, 충성의 본을 보일 수 있게 하옵소서. 그리하여 다른 사람이 본을 받고 싶어 하는 믿음의 사람으로 살아가게 하옵소서.

오늘 이 자리에서도 서로에게 본받고자 하는 모습들이 있기를 원합니다. 서로에게 고백하는 말과 행실에서 좋은 믿음의 영향을 끼칠 수 있는 자리가 되게 하여 주옵소서. 또한 이 모임을 위하여 장소를 제공한 손길과 인도자를 기억하옵소서. 그 마음을 더욱 붙들어 주셔서 주님을 위하여 더 큰일을 감당할 수 있게 하옵소서.

언제나 이 모임을 사랑하시는 예수 그리스도의 이름으로 기도합니다. 아멘

기도를 돕는 한 마디

기도는 육신의 눈으로 볼 수 없는 하늘 아버지의 거룩한 교제이며 신성한 대화이다. _ 작자 미상

# 생명 되신 주님을 잘 섬길 수 있게 하소서

오늘도 살아 역사하시는 여호와 하나님께 영광을 돌립니다. 길과 진리와 생명 되시는 예수 그리스도를 영접하여 믿고 따르게 하여 주신 은혜를 감사드립니다. 주님을 구주로 고백하는 자들이 한자리에 모였습니다. 저희들의 작은 정성을 모아 영광과 찬송을 주님께 드리길 원합니다. 저희의 마음을 온전히 주장하여 주옵소서.

주님! 저희들 모두 생명 되신 주님을 잘 섬길 수 있게 하옵소서. 바쁠지라도 핑계치 않고 주님을 잘 섬길 수 있게 하시고, 편안할지라도 나태하지 않고 주님을 잘 섬길 수 있게 하옵소서. 어려움 없을지라도 자만하지 않고 주님을 잘 섬길 수 있게 하시고, 유혹이 있을지라도 요동하지 않고 주님을 잘 섬길 수 있게 하옵소서.

주님! 가난할지라도 불평하지 않게 하옵소서. 질병이 있을지라도 원망하지 않게 하옵소서. 시험이 있을지라도 낙심치 않게 하옵소서. 어떤 형편에 놓여 있든지 주님을 잘 섬기고자 하는 저희들의 마음은 변하지 않게 하여 주옵소서.

주님을 섬기듯 다른 지체들도 섬길 수 있게 하옵소서. 그리하여 저희들 모두가 제자들의 발을 씻어 섬김의 본을 보이신 주님을 닮아가게 하옵소서. 무엇보다 이 구역(속회, 셀) 모임이 섬기는 공동체가 되기를 원합니다. 주님께서 하셨던 섬김이 이 모임 안에 있게 하여 주옵소서.

오늘 장소를 제공한 손길을 기억하시고, 크신 은혜와 복으로 채워주시옵소서. 이 모임을 인도하는 자의 마음을 우리 주님이 강하게 붙드실 것을 믿사옵고 예수 그리스도의 이름으로 기도합니다. 아멘

기도를 돕는 한 마디
바쁠수록 더 기도해야 한다. 왜냐하면 사탄은 그때를 노리고 있기 때문이다.
_빌 하이벨스

# 진리를 좇아 행하게 하소서

만유의 주이신 하나님 아버지!
저희들에게 예수 그리스도로 말미암아 하나님의 자녀가 되는 권세를 주시고 하나님을 아바 아버지라 부를 수 있는 특권을 갖게 하시니 감사드립니다. 저희들 모두가 택함을 받은 하나님의 자녀답게 살아갈 수 있도록 인도하여 주옵소서. 오늘 이 시간, 저희들이 세상 유혹을 뿌리치고 이 모임에 참석할 수 있게 하시니 다시 한 번 감사드립니다.
빛과 어둠이 섞일 수 없듯, 택함을 받은 자와 택함을 받지 못한 자가 결코 섞일 수 없음을 저희로 하여금 늘 기억하며 사는 삶이 되게 하여 주옵소서. 죄악 세상 속에 살고 있지만 죄악과 타협하거나 물드는 일이 없게 하시고, 외롭고 힘들어도 하나님의 자녀 된 권세를 보여주며 진리를 좇아 행할 수 있는 저희들이 되게 하여 주옵소서.
저희들이 이 땅위에서 힘써야 할 가장 큰 의무는 하나님을 기쁘시게 해드리는 것임을 잊지 않게 하시고, 그 어떤 상황 속에서도 굴하지 않고 주님의 영광을 드러낼 수 있는 삶이 되게 하옵소서.
오늘 이 시간, 말씀을 묵상하면서 세상을 이길 힘을 얻게 하시고, 찬송과 기도를 통하여 더욱 담대한 사람으로 세워주시는 주님의 은총을 경험하게 하옵소서. 저희들 모두는 생명 길을 함께 가는 동지들입니다. 언제나 지체의식을 갖게 하여 주셔서 주님 나라 갈 때까지 훌륭한 신앙의 동반자들이 되게 하여 주옵소서.
이 구역(속회, 셀) 모임을 위하여 수고하는 손길을 기억하시고, 맡겨진 일을 감당하기에 조금도 부족함이 없도록 붙들어 주옵소서.
사랑이 많으신 예수 그리스도의 이름으로 기도합니다. 아멘

기도를 돕는 한 마디
기도가 없는 경건 생활이나 경건 생활이 없는 기도는 있을 수 없다. _ 바운즈

더 나은 믿음의 사람이 되게 하소서

믿음의 주요 온전케 하시는 주님!

이 시간 믿음의 지체들이 한자리에 모였습니다. 모이는 것을 기뻐하시는 주님이시기에, 두세 사람이 모인 곳에서도 그들과 함께하기를 원하시는 주님이시기에 오늘 저희들이 이곳에 모였습니다. 저희들의 모임을 기쁘게 받으시고 함께하여 주옵소서.

주님! 이 시간 저희들이 구역(속회, 셀) 모임을 갖고 있지만, 저희들의 믿음은 제각각임을 고백하지 않을 수 없나이다. 용사 같은 믿음을 가진 지체도 있겠지만, 반면에 약한 믿음을 가진 지체도 있을 것입니다. 주님! 용사 같이 강한 믿음이라고 하여 자만하거나 교만하지 않게 하실 것을 믿습니다. 약한 믿음이라고 하여 실족치 않게 하실 것을 믿습니다. 저희가 믿는 하나님은 합력하여 선을 이루시는 하나님이시기에, 그 어떤 믿음을 가졌든지 주님의 뜻을 이루는 데 기꺼이 사용되는 믿음이 되게 하실 것을 믿습니다.

주님께서는 겨자씨만 한 믿음이 있어도 산을 옮길 수 있다고 말씀하셨습니다. 이 자리에 있는 저희 모두는 산을 옮길 수 있는 믿음이 있는 줄 믿습니다. 저희 모두가 더 나은 믿음의 사람이 되기 위하여 마음을 쏟을 수 있게 하옵소서.

주님! 이 시간 서로의 믿음을 굳게 세워주기 위하여 천사도 흠모할 교제가 있게 하시고, 서로가 믿음의 터 위에 굳게 서가는 것을 인하여 기뻐할 수 있게 하옵소서.

구역(속회, 셀) 모임의 인도자를 기억하셔서 성령의 능력으로 붙드실 것을 믿사옵고 예수 그리스도의 이름으로 기도합니다. 아멘

기도를 돕는 한 마디
기도는 하나님과 내가 그리스도로 말미암아 만날 수 있는 유일한 길이며 하늘의 기쁨을 지상에 끌어내릴 수 있는 유일한 통로이다. _작자 미상

 ## 주님을 본받아 더욱 순종하게 하소서

십자가에서 죽기까지 순종하신 주님!

성부 하나님에 대한 성자 예수님의 순종이 있으셨기에 오늘 저희들이 하나님의 자녀가 되는 놀라운 특권을 누리게 된 것임을 믿습니다. 저희들도 성부 하나님께 철저히 순종하신 주님의 순종하심을 본받아 순종의 욕구를 충족시키며 주님을 따라가는 삶이 되게 하여 주옵소서.

주님께 순종을 드리는 삶을 살되 억지로나 마지못해 하는 순종이 되지 않게 하시고, 기쁨과 즐거움으로 할 수 있는 순종이 되게 하옵소서. 더욱 순종하기 위하여 주님의 몸 된 교회를 가까이 할 수 있게 하시고, 주님과의 교제인 기도를 놓치지 않게 하시며, 주님의 말씀을 더욱 사랑하는 저희의 삶이 되게 하옵소서.

생활이 어렵고 힘들어지더라도, 혹은 원치 않는 시련이 닥친다 할지라도 주님이 기뻐하시는 순종의 자리만큼은 피하지 않게 하시고, 더욱 굳센 믿음으로 순종의 욕구를 충족시켜 나갈 수 있는 사람이 되게 하옵소서. 저희들의 순종으로 인하여 이 구역(속회, 셀)이 든든히 서가게 하시고, 주님의 몸 된 교회가 부흥되며 성장하는 역사가 있게 하옵소서.

한 사람의 순종함으로 인류에게 구원의 길이 열렸듯이, 주님의 제자들인 저희들의 순종으로 인하여 더 많은 사람이 주님께로 돌아오는 생명의 역사가 있게 하여 주옵소서.

주님! 이 구역(속회, 셀) 모임의 인도자를 기억하시기를 원합니다. 주님을 위하여 더 큰 믿음의 사람으로 쓰임 받게 하실 것을 믿습니다. 예수 그리스도의 이름으로 기도합니다. 아멘

 **기도를 돕는 한 마디** ······················
기도는 하나님께로부터 새 힘을 부여 받을 수 있는 인간의 최선의 길이다.
_작자 미상

 ## 악의 세력과 싸워 이기게 하소서

오늘도 만유의 회복을 위해 살아 움직이시는 여호와 하나님께 찬양과 영광을 돌립니다. 죄 많은 저희들로 하여금 예수 그리스도의 십자가 밑에서 죄의 짐을 내려놓게 하여 주신 은혜를 진심으로 감사드립니다. 이제 저희들은 하나님의 자녀로서 예수 그리스도의 십자가를 푯대로 삼아 하루하루 이 어둠의 세계를 헤쳐 나가고 있지만 아직도 연약하여 악의 세력에 패하는 경우가 많습니다.

자비로우신 하나님! 연약한 저희의 믿음을 긍휼히 여기시고 좀 더 굳건한 믿음을 주셔서 악의 세력과 싸워 이기는 삶을 살게 하여 주옵소서.

지금 이 시간도 믿음이 연약하여 세상에 마음을 빼앗겨 이 자리에 나오지 못한 지체들이 있습니다. 그들에게도 굳건한 믿음을 더하여 주셔서 세상 유혹과 악의 세력을 담대히 물리치며, 믿음의 본분을 다할 수 있는 삶을 살아갈 수 있게 하여 주옵소서.

주님! 아직도 사탄 마귀는 우는 사자같이 삼킬 자를 찾기 위하여 몸부림치고 있다는 사실을 깨닫습니다. 죄의 노예나 마귀의 밥이 되지 않기 위하여 주님의 피 묻은 십자가를 굳게 붙들게 하시고, 하나님의 전신갑주로 무장하게 하옵소서.

이 시간 저희들이 함께 말씀을 묵상하며, 기도할 때에 일취월장 더 나은 믿음의 사람으로 세워지게 하실 것을 믿습니다. 강력한 영의 지배를 받는 성령의 사람이 되게 하실 것을 믿습니다.

지금도 당신의 사랑하는 제자들이, 믿음의 선한 싸움에서 승리하기를 원하시는 예수 그리스도의 이름으로 기도합니다. 아멘

 기도를 돕는 한 마디
내 교회는 내 눈에서 눈물이 흐르지 않는 동안은 결코 부흥되지 않을 것이다.
_스탄필

죽도록 충성하게 하소서

선하시고 정직하신 여호와 하나님 아버지!

오늘도 주님은 당신을 향한 정직하고 진실한 충성자를 찾고 계시는 줄 믿습니다. 오늘 이곳에 주의 이름으로 모인 저희들이 주님께 충성을 다시 한 번 고백하고 다짐할 수 있는 시간이 되게 하옵소서. 이 땅에서 하나님의 자녀로 살아가는 동안 죽도록 충성할 수 있는 저희가 되게 하옵소서.

저희들이 몸과 마음을 다 바쳐 주님께 충성하고 헌신함으로 주님이 기뻐하시는 거룩한 산제물이 되게 하여 주옵소서. 저희의 두 손으로 주님을 섬기는 데 익숙하게 하시고, 저희의 두 발도 주님의 사업에 빠르게 하옵소서. 저희의 두 눈으로 근심과 낙심 중에 있는 이웃을 볼 수 있게 하시고, 저희의 입으로는 주님을 증거하며 복음을 증거하는 데 쓰임 받게 하옵소서.

주님! 특히 저희들이 남이 기억하지도 않고 알아주지 않는 작은 일에 더욱 충성할 수 있게 하옵소서. 주님도 "이 작은 자 중 하나에게 냉수 한 그릇이라도 주는 자는 내가 진실로 너희에게 이르노니 그 사람이 결단코 상을 잃지 아니하리라(마 10:42)"고 말씀하셨사오니, 남이 알아주지도 않는 작은 충성이 주님께 큰 상을 받을 수 있음을 잊지 않게 하옵소서. 작은 일이라고 가벼이 여기는 마음이 없게 하시고, 하찮은 일이라고 소홀이 여기는 마음이 없게 하옵소서.

오늘도 이 구역(속회, 셀) 모임을 위하여 수고하는 손길이 있습니다. 그 마음을 받으시고 합당한 은혜를 더하실 것을 믿습니다.

예수 그리스도의 이름으로 기도합니다. 아멘

기도를 돕는 한 마디
하나님의 일은 인간이 완전히 포기하거나 절망했을 때부터 시작된다.
_ 작자미상

헌신을 행복의 가치로 삼게 하소서

저희들을 위하여 모든 것을 헌신하신 주님!

주님께서 저희를 위하여 모든 것을 쏟아 부으셨기에 오늘 저희들이 죄 사함을 받고 하나님의 자녀 된 특권과 영광을 누리게 된 줄 믿습니다. 저희들도 살아 있는 동안 주님의 헌신을 본받아 헌신의 욕구를 충족시키며 사는 삶이 되게 하여 주옵소서.

특히 이 구역(속회, 셀) 모임에 속한 지체들이 주님께 헌신하는 것을 삶의 우선순위에 둘 수 있게 하시고, 주님께 기쁨이 되는 헌신의 사람이 되는 것을 진정한 행복의 가치로 여길 수 있게 하옵소서.

주님께 헌신하기 위하여 자신의 모든 것을 깨뜨릴 수 있는 준비가 있게 하시고, 늘 기도로 자신의 신앙을 점검해 나갈 수 있는 겸손이 있게 하여 주옵소서. 그리하여 무엇이든 주님이 필요로 하신 것에 사용됨을 기뻐할 수 있는 헌신의 사람이 되게 하여 주옵소서.

주님을 위한 일이라면 가릴 것 없이 무조건 충성하며 헌신할 수 있게 하시고, 헌신의 기쁨으로 주님의 몸 된 교회를 부요케 하며, 주님을 닮아갈 수 있는 저희 모두가 되게 하옵소서.

이 구역(속회, 셀) 모임에 참여한 지체들의 별명이 '헌신'이 되게 하시고, 저희의 헌신이 주님께 감동이 되며, 주님의 즐거움이 되게 하옵소서.

이 땅을 살아가는 동안 언제나 저희 모두가 주님이 기뻐하시는 거룩한 산제사로 드리기를 소원할 수 있게 하옵소서.

예수 그리스도의 이름으로 기도합니다. 아멘

기도를 돕는 한 마디

슬픔과 고통 중에 쓰러져 있는가? 기도할 것밖에 없고, 근심과 걱정이 당신을 괴롭히고 있는가? 기도할 것 밖에 없고, 죽음이 당신의 집안에 찾아 왔는가? 기도할 것 밖에 없다. _발튼 버처

복음의 전진기지가 되게 하소서

자비로우신 하나님 아버지!

오늘도 저희들이 은혜 중에 모여서 믿음의 교제를 나누며 주님께 영광 돌릴 수 있게 하시니 감사드립니다. 저희가 이 땅을 살아가는 동안 믿음이 약해지지 아니하고, 기쁜 마음으로 주님을 좇을 수 있게 하옵소서. 여전히 저희에게는 허물이 많이 있습니다. 긍휼히 여겨주시고, 주님의 보혈로 정결하게 해주옵소서.

저희의 소망이신 주님! 간구합니다. 저희 중심에 하나님을 사랑함과, 경외함과 감격이 있게 하옵소서. 때로는 저희가 낙심이 되고 피곤을 느낄 때가 있습니다. 그럴 때마다 능력으로 함께하여 주시고, 위로의 손길로 저희를 강하게 하여 주옵소서. 주의 도우심을 힘입어 늘 승리하는 삶을 살게 하여 주옵소서. 주님의 몸 된 교회, 사랑하는 어린이들과 중고등부, 청·장년들을 더욱 사랑해 주시고, 권고해 주셔서 늘 주님 안에 굳게 서게 하시고, 강건하게 하여 주옵소서. 이 구역(속회, 셀) 모임이 생명을 구원하는 구명선의 역할을 감당하기 원합니다. 복음의 전진기지가 되기를 원합니다. 단지 모여서 예배드리고 교제하는 것으로만 끝나지 않게 하시고, 모이면 모일수록 영혼을 사랑하는 마음과 구원코자 하는 뜨거운 열정이 쉼 없이 일어나게 하여 주옵소서.

이 시간 구역(속회, 셀) 모임을 이끄는 인도자를 기억하셔서 피곤치 않도록 주의 능력으로 붙들어 주옵소서. 장소를 제공한 손길에게도 함께하셔서 주님의 큰 칭찬을 받는 믿음의 손길이 되게 하실 것을 믿습니다.

저희에게 믿음의 눈을 밝혀주실 것을 믿사옵고 예수 그리스도의 이름으로 기도합니다. 아멘

기도를 돕는 한 마디
우리가 살아남기 위해 오늘도 기도해야 한다. _ 작자 미상

연약한 믿음을 든든히 세우소서

사랑의 하나님!

저희들을 사랑하시니 감사합니다. 그 사랑 안에 있는 자들이 이 자리에 모였습니다. 사랑의 주님을 더욱 찬양하며 감사할 수 있는 저희들이 되게 하옵소서.

주님! 저희들이 주님의 뜻대로 산다고 했지만, 부끄러운 흔적뿐입니다. 연약함을 용서하여 주시고 크신 긍휼을 베풀어 주옵소서. 저희는 너무나 약하고, 너무나 무능하고, 무지하고 우둔합니다. 저희들을 도와주옵소서. 주님의 도우심이 아니면 부끄러운 인생이 될 수밖에 없사오니 은혜에 은혜를 더하여 주셔서 주님의 자녀로서 부끄럽지 않게 살게 하여 주옵소서. 세상에 빛을 발하고, 그리스도의 향기를 날리며, 소금의 역할을 감당할 수 있는 주님의 자녀로 살아갈 수 있게 하옵소서.

주님! 저희가 어렵고 답답한 환경에 처해질 때, 또한 앞날에 대한 염려와 불안이 엄습할 때 주님의 능력과 도우심을 기억하지 못하여 불안에 사로잡힐 때가 많습니다. 주님의 능력의 손길을 의지할 수 있도록 저희의 연약한 믿음을 든든히 세워주옵소서. 시편기자와 같이 "내 영혼아 네가 어찌하여 낙망하며 어찌하여 내 속에서 불안하여 하는고 너는 하나님을 바라라 그 얼굴의 도우심을 인하여 내가 오히려 찬송하리라"(시42:5)고 고백하는 믿음이 되게 하옵소서.

이 시간에 참석하지 못한 지체들에게도 함께하여 주시고, 인도자에게도 주의 큰 능력을 더하여 주옵소서.

약한 저희의 믿음이 굳게 세워지는 시간이 되게 하실 것을 믿사옵고 예수 그리스도의 이름으로 기도합니다. 아멘

기도를 돕는 한 마디

감사는 능력이다. 내가 하나님께 향한 감사의 기도가 있는 한 내게 승리할 수 있는 힘이 있다. _작자 미상

사랑의 열매를 맺게 하소서

사랑이 풍성하신 하나님 아버지!

지금까지 지내온 모든 것이 주님의 은혜였음을 믿고 고백합니다. 찬양과 영광을 주님께 돌리길 원하오니 홀로 받으시옵소서. 저희가 앞으로 나아갈 길도 주님께서 지키실 줄 확신합니다. 주님을 의지하여 믿음의 발걸음을 쉬지 않는 저희 모두가 되게 하옵소서.

주님! 저희가 사랑의 열매를 많이 맺기를 원합니다. 저희를 잠잠히 사랑하시고, 조건 없이 사랑하시며, 끝이 없는 사랑으로 대하시는 그 깊으신 주님의 사랑을 생각하며, 주님께서 관심을 가지신 모든 것을 사랑할 수 있는 저희들 되게 하여 주옵소서.

한 영혼을 천하보다 더욱 사랑하시는 주님의 사랑을 생각하며 영혼 사랑의 열매를 맺을 수 있게 하시고, 저희가 있음으로 인하여 이웃과 가정 사회와 직장이, 그리고 이 세상이 사랑으로 바뀌어 가는 놀라운 역사가 있게 하여 주옵소서.

주님을 사랑하는 마음으로 모인 이 구역(속회, 셀) 모임도 더욱 사랑하는 저희들이 되기를 원합니다. 함께하는 믿음의 지체들을 사랑할 수 있게 하시고, 사랑의 공동체로 세워갈 수 있는 저희 모두가 되게 하옵소서. 또한 사랑이 결여된 교제와 나눔은 아무런 소용이 없음을 기억하여 사랑 안에서 교제하기에 힘쓰는 저희 모두가 되게 하옵소서.

오늘도 보이지 않는 지체들이 있습니다. 주님의 사랑의 음성을 들을 수 있도록 그들의 마음을 복 있게 하여 주옵소서.

인도자에게도 주의 큰 능력으로 함께하실 것을 믿사옵고 예수 그리스도의 이름으로 기도합니다. 아멘

기도를 돕는 한 마디
항상 깨어 기도로 준비하고 있는 사람에게는 사탄이 들어올 틈이 없는 것이다.
_ 작자 미상

 ## 기도하는 모임이 되게 하소서

피난처와 힘이 되시는 하나님 아버지!

날마다 죽음의 위협이 저희들을 스쳐 지나가는 위험한 세상에 살고 있지만, 저희의 생명을 보호하여 주셔서 위험한 일을 당하지 않게 하심을 감사드립니다. 주님의 은혜를 알고 고백하는 자들이 이 자리에 모였습니다. 주님께 더 깊은 감사와 찬양을 드릴 수 있는 시간이 되게 하여 주옵소서.

주님! 구역(속회, 셀) 모임이 하나님께 대한 예배와 성도의 교제를 든든히 세우기 위한 모임이지만, 기도하는 모임이 되어야 한다는 것도 깨닫습니다. 저희 모두가 모일 때마다 기도를 놓치지 않게 하옵소서. 저희들이 모인 이곳이 기도의 성소가 되게 하시고, 이 시간 저희들이 드리는 기도가 주님의 보좌를 움직이는 기도가 되게 하옵소서.

더 많은 기도와 더 깊은 기도를 드리기 위해서 몸과 마음을 깨뜨릴 수 있는 저희들이 되게 하시고, 기도를 통하여 주님의 무한한 능력과 신비를 체험할 수 있는 저희들이 되게 하옵소서. 또한 저희들이 모일 때마다 민족과 교회, 가정과 자녀, 그리고 생업을 위하여 쉬지 않고 기도하게 하옵소서. 그리하여 기도를 통하여 일하시는 주님을 경험하는 삶이 되게 하옵소서.

저희들이 항상 모일 때마다 기도가 흘러넘치는 모임이 되게 하실 것을 믿습니다. 능력과 응답이 강하게 나타나는 모임이 되게 하실 것을 믿습니다. 이 시간 이 구역(속회, 셀) 모임을 인도하는 인도자에게 성령의 능력으로 함께하실 것을 믿습니다.

예수 그리스도의 이름으로 기도합니다. 아멘

 기도를 돕는 한 마디
당신은 기도하지 않기 때문에 하나님의 자녀로서 마땅히 누릴 축복을 얼마나 많이 잃어버렸는가? _ 작자 미상

# 마귀를 능히 대적하게 하소서

그리스도의 좋은 군사가 되기를 원하시는 하나님!

저희들이 그리스도의 은혜를 힘입어 담대한 믿음으로 살아갈 수 있도록 이끄심을 감사드립니다. 오늘도 세상 가운데서 그리스도의 좋은 군사로 살게 하여 주시다가 주의 이름으로 모이는 이 복된 자리에 참여할 수 있게 하시니 감사합니다. 찬양과 영광을 주님께 돌리오니 홀로 받으시옵소서.

주님! 지금도 사탄 마귀는 우는 사자 같이 두루 다니며 삼킬 자를 찾고 있다는 것을 깨닫습니다. 이러한 마귀를 능히 대적하기 위하여 저희 모두가 하나님의 전신갑주를 입을 수 있게 하여 주옵소서.

저희를 삼키려고 하는 마귀를 절대로 우습게 보거나 가볍게 보는 일이 없게 하시고, 마귀에게 틈을 보이지 않기 위하여 철저하게 말씀으로 무장하게 하여 주옵소서. 쉬지 않고 기도할 수 있는 끈기를 더하여 주시고, 항상 겸손으로 허리를 동이게 하여 주옵소서.

또한 마귀가 좋아하는 것이라면 저희들이 눈을 가리고 귀를 막게 하시고, 마귀가 싫어하는 것이라면 마귀의 사기를 땅에 떨어뜨리기 위하여 힘을 다하여 열심을 낼 수 있게 하옵소서. 저희 모두가 마귀에게 철퇴를 가하고, 마귀의 진을 파하는 강력한 주의 사람으로 살게 하옵소서. 오늘 이 자리에도 사탄 마귀가 일절 틈타지 못하도록 성령의 화염검으로 막아주시고, 저희의 심령마다 성령의 역사하심을 고백하는 은혜의 자리가 되게 하여 주옵소서.

장소를 제공한 이 가정도 항상 성령이 주장하여 주시고, 인도자에게도 항상 성령의 능력을 더하실 것을 믿사옵고 예수 그리스도의 이름으로 기도합니다. 아멘

기도를 돕는 한 마디
우리에게 필요한 것은 하나님의 긍휼이며 우리가 가져야 할 것은 하나님의 은혜이다. _ 작자 미상

은혜의 승리를 보여주는 삶이 되게 하소서

자비로우시고 은혜로우신 하나님 아버지!

저희들에게 구원의 은혜를 베풀어 주시고 하나님의 자녀로 살아갈 수 있는 은총을 베푸심을 감사드립니다. 저희들이 언제나 주님의 은혜를 기억하며 하나님의 자녀로서 합당한 삶을 살아갈 수 있도록 도와주시옵소서.

주님! 오늘도 주님의 은혜 안에 거하는 자들이 한 자리에 모였습니다. 하오나 저희들의 삶을 돌아보면 주님의 은혜를 망각하는 경우가 너무나 많았음을 고백합니다. 겸손하지 못하고 교만하거나 자만할 때가 많았습니다. 감사하지 못하고 불평과 원망을 늘어놓을 때가 많았습니다. 부지런하지 못하고 도리어 게으르거나 나태할 때가 많았습니다. 적극적이지 못하고 도리어 소극적일 때가 많았습니다. 믿음 위에 굳게 서지 못하고 도리어 유혹에 휩쓸릴 때가 많았습니다. 이해하지 못하고 도리어 정죄하거나 판단할 때가 많았습니다. 칭찬하지 못하고 도리어 시기하거나 질투할 때가 많았습니다. 용서하지 못하고 도리어 분노심에 사로잡힐 때가 많았습니다. 기도하지 못하고 도리어 근심할 때가 많았습니다. 전도하지 못하고 도리어 방해꾼이 될 때가 많았습니다.

주님! 저희들이 주님의 은혜로 사는 자들임을 잊지 않게 하여 주옵소서. 그리하여 저희들이 부패한 감정의 지배를 받기보다는 은혜의 승리를 보여주며 사는 삶이 되게 하옵소서.

오늘 이 자리에도 저희들 모두가 은혜로 살아가는 합당한 삶을 위하여 말씀을 나누고 기도하며, 교제하는 자리가 되게 하옵소서.

예수 그리스도의 이름으로 기도합니다. 아멘

기도를 돕는 한 마디

만일 하나님의 긍휼과 은혜가 없다면 우리의 삶과 노력은 완전히 끝날 것이다. 하나님의 긍휼과 은혜는 기도를 통하여서만 우리가 얻을 수 있는 것이다.
_ 작자 미상

# 더욱 큰 은사를 사모하게 하소서

저희들에게 각양 좋은 은사로 채워주시는 하나님 아버지!
　세상의 바람 앞에 쉽게 넘어지고 깨져 버릴 수밖에 없는 질그릇 같은 저희를 택하셔서 다시금 향기 나는 꽃으로 피어나게 하시고, 주님의 영광을 나타내는 그릇으로 사용하심을 감사드립니다. 이 시간, 주님께 쓰임 받는 자들이 구역(속회, 셀) 모임으로 한자리에 모였습니다. 저희가 주님의 영광을 나타내는 믿음의 사람이 되기 위하여 더욱 큰 은사를 사모하기를 원합니다. 저희들 각자에게 은사를 넘치도록 부어주셔서 주님을 위하여 죽도록 충성할 수 있는 일꾼들이 되게 하여 주옵소서. 제일 큰 은사가 사랑인데 저희들에게 사랑의 은사를 부어주셔서, 사랑할 수 없는 사람들까지도 주님의 사랑을 보여줄 수 있는 도구로 쓰임 받게 하옵소서.
　기도의 은사도 필요합니다. 저희들에게 기도의 영을 충만케 하셔서 주님과 더 깊은 교제를 나눌 수 있게 하시고, 기도가 필요한 자들을 위하여도 기도의 헌신을 드릴 수 있는 도구로 쓰임 받게 하옵소서. 전도도 잘할 수 있기를 원합니다. 저희들에게 전도를 잘할 수 있는 은사를 부어주셔서 많은 영혼을 주님께로 돌아오게 하는 영혼구원의 도구로 쓰임 받게 하옵소서.
　물질도 필요합니다. 저희들에게 물질의 은사를 더하여 주셔서 주님 앞에 힘써서 드릴 수 있게 하시고, 도움이 필요한 곳에 주님의 손길을 대신할 수 있는 도구로 쓰임 받게 하옵소서.
　사랑하는 자에게 각양 좋은 은사를 아끼지 아니하시는 예수 그리스도의 이름으로 기도합니다. 아멘

기도를 돕는 한 마디
하나님의 자녀에게 있어서 기도하지 않는 것은 타락하는 것과 동일하다.
_존 라이스

# 고통 받는 이웃을 돌아보소서

할렐루야! 주님을 찬양합니다.

오늘도 저희들의 마음을 붙들어 주셔서 딴 마음을 품지 않게 하여 주시고, 주님이 함께하실 구역(속회, 셀) 모임에 참석할 수 있게 하시니 감사드립니다. 주님께서 기뻐하실 일들은 항상 앞장서서 본을 보일 수 있는 저희들이 되게 하옵소서.

주님! 이 시간은 특별히 원치 않는 고통을 겪고 있는 이웃을 위하여 기도하기를 원합니다. 뜻하지 않은 폭우로 인하여 수마가 삼키고 간 흔적들 때문에 말할 수 없는 고통가운데 놓인 이웃들을 기억하옵소서. 많은 사람들이 생명을 잃었고, 애써서 가꾼 농작물도 사토 속에 묻혀 버렸습니다. 졸지에 모든 재산을 잃고 망연자실한 이웃들을 불쌍히 여기시고 위로하여 주시기를 원합니다. 이번을 계기로 인간이 추구하는 모든 것들이 안개와 같이 덧없음을 깨닫게 하시고, 영원한 생명을 주시고 보호자가 되어주시는 주님을 바라볼 수 있게 하옵소서. 슬픔에 잠긴 이웃을 위하여 선한 사마리아 사람처럼 온정의 손길을 보내고 있는 따뜻한 이웃들을 기억하시고, 고통을 함께 나누는 삶이 얼마나 아름답고 복된 것인지를 피부 깊숙이 경험하는 계기가 되게 하옵소서. 저희들 중에도 고통 가운데 있는 지체들이 있습니다. 실족하지 않도록 그 마음을 붙들어 주시고, 능력의 주님을 의지함으로 화가 변하여 복이 되게 하시는 주님의 사랑과 은혜를 경험하는 계기가 되게 하옵소서. 이 모임의 지체를 섬기는 귀한 손길이 있습니다. 언제나 능력의 손길로 함께하셔서 섬길수록 주님의 은혜가 넘치게 하옵소서.

예수 그리스도의 이름으로 기도합니다. 아멘

기도를 돕는 한 마디
크리스천은 기도생활에 실패하면 인생의 모든 면에서 실패한다. _존 라이스

이 시대의 빛과 소금이 되게 하소서

자비로우신 주님!

오늘도 저희들이 주님의 이름으로 이곳에 모이게 하시고, 주님의 말씀을 나누며 믿음의 교제를 나눌 수 있게 하시니 감사합니다. 이곳에 모인 저희들과 함께해 주옵소서. 주님께 기쁨이 되고 영광을 돌리는 은혜로운 자리가 되게 하옵소서.

주님! 시대가 어려울수록 신앙인들의 책임이 막중함을 깨닫습니다. 저희들이 주님의 참된 자녀로 이 시대에 없어서는 안 될 빛과 소금이 되게 하옵소서. 저희의 완악함과 죄악을 해결하시기 위하여 주님께서 십자가의 고난을 받으시며 진정한 희생이 무엇인지를 보여 주셨듯이, 저희들도 주님의 그 모습을 닮아가는 이 시대의 주님의 제자들이 되게 하옵소서.

주님! 혹 이 자리에 참석한 저희들 중에 믿음이 연약해진 지체가 있습니까? 고통에 시달리는 지체가 있습니까? 주님의 도우심이 절대적으로 필요한 지체가 있습니까? 이 시간에 주님의 말씀을 묵상하고, 기도하며, 믿음의 교제를 나눌 때에 회복케 하시는 주님의 은혜를 경험하게 하옵소서. 외로운 마음들이 위로 받게 하시며, 답답한 마음이 참 평안을 얻게 하옵소서. 확신과 신뢰의 바탕 위에 내일에 대한 소망이 다시금 세워지게 하옵소서. 이 구역(속회, 셀) 모임을 인도하는 인도자를 기억하셔서, 지체들을 섬길 때에 힘들지 않도록 붙들어 주옵소서. 저희 모두가 이 구역(속회, 셀) 모임을 귀하게 여길 수 있게 하시고, 성령께서 역사하시는 모임이 될 수 있도록 기도하게 하옵소서.

사랑이 많으신 예수 그리스도의 이름으로 기도합니다. 아멘

기도를 돕는 한 마디
기도하지 않는 것은 하나님을 무시하는 것이다. _ 작자 미상

북녘의 그리스도의 형제를 기억하소서

사랑과 은혜가 충만하신 하나님 아버지!

저희의 삶이 다하는 그날까지 주님의 거룩하신 이름을 드높이는 자녀로 살게 하시니 감사합니다. 오늘도 저희에게 주님께 영광 돌릴 수 있는 기회를 주시니 얼마나 감사한지요. 주님을 높이는 자리라면 항상 선봉에 설 수 있는 저희의 믿음이 되게 하옵소서.

주님! 이제 한국 교회도 세계 곳곳에 복음을 수출하고 선교하는 교회가 되었지만, 북녘 땅의 내 동포는 아직도 주님께 예배를 드리고 싶어도 자유롭게 예배를 드리지 못하고 있고, 하나님의 성호를 마음껏 찬양할 수 있는 평화도 없습니다. 오늘 저희가 이렇게 자유롭게 신앙의 모임을 갖는 것이 얼마나 복된 것인지를 다시 한 번 깨닫게 됩니다.

주님! 저희들이 늘 북한 동포를 위해서 기도할 수 있게 하옵소서. 특별히 신앙의 자유를 빼앗긴 북한의 믿음의 형제들을 위하여 안타까운 마음으로 기도할 수 있게 하옵소서. 저들에게도 하나님을 마음껏 찬양하고, 하루라도 빨리 주님이 주시는 평안을 누릴 수 있도록 힘을 다하여 기도하는 저희들이 되게 하옵소서.

주님! 오늘 이 자리에 주님의 회복의 은혜가 필요한 지체들이 있습니까? 함께 주님의 말씀을 묵상하고 기도하며, 뜨거운 교제를 나눌 때에 회복케 되는 주님의 은혜를 경험할 수 있게 하옵소서.

이 구역(속회, 셀) 모임을 인도하는 인도자를 성령의 능력으로 붙들어 주셔서 실족하거나 피곤치 않게 하여 주옵소서.

저희 모두가 임마누엘의 하나님을 만나게 하실 것을 믿사옵고 예수 그리스도의 이름으로 기도합니다. 아멘

기도를 돕는 한 마디
주님께 향한 우리의 기도 그리고 하나님의 응답은 우리에게 한없는 기쁨을 안겨준다. 그리고 우리가 기뻐하는 삶을 보시고 하나님도 참으로 기뻐하신다.
_ 작자미상

목사님을 잘 보필할 수 있게 하소서

선한 목자이신 주님!

저희들의 선한 목자가 되어주셔서 푸른 풀밭으로 인도해 주시고 보호해 주심을 감사드립니다. 언제나 목자이신 주님의 음성을 듣고 따라갈 수 있는 저희의 삶이 되게 하여 주옵소서. 오늘도 주의 사랑하는 양 무리들이 한 자리에 모였습니다. 이곳이 저희들의 쉴 만한 물가가 되게 하옵소서.

사랑의 주님! 많은 양떼를 돌보고 계신 목사님을 위하여 기도하기를 원합니다. 고단하거나 피곤치 않게 주의 오른팔과 성령의 능력으로 붙들어 주옵소서. 양떼들을 좋은 꼴로 먹이기 위하여 말씀을 준비하실 때에 하늘의 지혜를 더하여 주시고, 양떼들을 푸른 초장으로 인도하기에 조금도 부족함이 없는 능력의 말씀이 되게 하옵소서. 양떼들을 위하여 기도하실 때도 하나님의 놀라우신 능력이 깃들게 하셔서 모든 양떼들이 그 기도의 축복을 누릴 수 있게 하옵소서.

주님! 저희들도 양떼들을 위하여 모든 것을 쏟아 붓고 계신 목사님을 잘 보필하고 섬길 수 있게 하옵소서. 저희들 때문에 목사님의 목회가 신나고 즐거워지게 하시고, 위로와 보람을 느낄 수 있게 하옵소서. 목사님의 가정도 붙들어 주셔서 필요한 대로 채우시는 주의 은혜가 넘치게 하옵소서.

오늘 이 구역(속회, 셀) 모임을 위하여 장소를 제공한 이 가정에 주님의 축복이 항상 깃들게 하실 것을 믿습니다. 인도자에게도 큰 능력을 더하여 주셔서 이 모임을 인도하기에 어려움 없게 하여 주옵소서. 저희들의 선한 목자이신 예수 그리스도의 이름으로 기도합니다. 아멘

기도를 돕는 한 마디
하나님은 무거운 기도의 짐을 나르는 헌신적인 사람을 찾고 계신다.
_ 딕 이스트만

깨어 있는 믿음이 되게 하소서

믿음의 주요 온전케 하시는 주님!

바쁘고 힘든 삶 가운데서도 주님을 바라보며 믿음으로 살아갈 수 있게 하시니 감사드립니다. 더욱 주님을 의지함으로 믿음으로 늘 승리하는 저희의 삶이 되게 하여 주옵소서.

오늘도 이 시간에 믿음의 권속들이 한자리에 모였습니다. 사람이 떡으로만 사는 것보다 하나님의 말씀으로 사는 것이 더 복 있는 삶임을 알기에, 저희들이 이 시간에 뜻을 모았습니다. 주님께서 함께하실 것을 믿습니다.

주님! 믿음이 식거나 잃어버리기 쉬운 때에 저희들이 살고 있습니다. 저희들이 믿음을 지키기 위하여 늘 깨어 있게 하여 주옵소서. 모이기에 힘쓰게 하시고, 예배를 가까이할 수 있게 하옵소서. 날마다 주님의 말씀을 묵상할 수 있게 하시고, 엎드려 기도할 수 있게 하옵소서. 서로 사랑하기에 힘쓰게 하시고, 주의 복음을 전하기에 힘쓰게 하옵소서. 언제 주님이 오실지 모르는 이때에, 기름 준비를 잘한 지혜로운 다섯 처녀와 같이 언제나 영적으로 잘 준비되어 있는 저희의 믿음이 되게 하옵소서. 이 자리에 오지 못한 지체들이 있습니다. 그들도 육신의 일에만 매여 있지 말게 하시고, 영적으로 잘 준비하는 믿음으로 나아갈 수 있게 하옵소서.

주님! 이 구역(속회, 셀) 모임의 리더를 기억하시기를 원합니다. 주님의 일을 감당할 때마다 잘했다 칭찬하시고 힘주시는 주님의 은혜를 경험하게 하옵소서.

저희들을 더 나은 믿음으로 이끄시길 원하시는 예수 그리스도의 이름으로 기도합니다. 아멘

기도를 돕는 한 마디
세계를 지배하는 손을 움직이는 것은 바로 기도이다. _존 라이스

주님의 일을 힘써서 하게 하소서

저희들의 앉고 서는 것과 활동하며 살아가는 모습을 살피시고, 때마다 필요한 모든 것들을 공급해 주시는 하나님 아버지! 베푸신 모든 은혜를 인하여 감사하오며 영광을 돌립니다. 오늘도 주님의 뜻 가운데서 구역(속회, 셀) 모임을 갖습니다. 저희들에게 향하신 주님의 선하신 계획을 이루어 주실 것을 믿습니다.

주님! 저희들이 이 땅에서 주님의 자녀로 사는 동안 주님의 뜻을 받들어 이루어 드리며 주님과 함께 일하는 주님의 동역자들이 되게 하여 주옵소서. "내 아버지께서 일하시니 나도 일한다(요5:17)"고 말씀하신 주님을 기억하여 저희들도 주님과 함께 힘써서 주의 일을 할 수 있도록 도와주시옵소서. "밤이 오리니 그 때는 아무 일도 할 수 없느니라(요9:4)"고 하셨사오니 밤이 오기 전에, 일할 수 없는 밤, 죽음의 그 밤이 오기 전에 힘써서 일할 수 있도록 도와주시옵소서.

저희들 각자에게 맡겨 주신 은사, 그 달란트를 잘 활용하며 주님께 충성을 다할 수 있게 하옵소서. 저희들 모두가 보람차고 값진 생애를 남길 수 있도록 인도하여 주옵소서.

이 시간에 저희들이 믿음의 교제를 갖습니다. 세속에 매여 있거나 땅에 속한 교제가 아니라, 하늘에 속한 교제를 나눌 수 있도록 주의 성령께서 저희의 마음을 주장하여 주옵소서.

이 구역(속회, 셀) 모임을 인도하는 자의 마음을 굳게 붙드시기를 원합니다. 감당하는 사명이 부담이 아니라 기쁨이 되게 하옵소서. 예수 그리스도의 이름으로 기도합니다. 아멘

기도를 돕는 한 마디
기도가 응답되지 않는가? 먼저 회개부터 하고 부르짖어 간구하라. _작자미상

저희의 약점을 보완해 주소서

전능하신 하나님 아버지!

모든 영광을 하나님께 돌립니다. 참으로 보잘것없는 저희들이지만 놀라우신 구속의 은혜를 누리게 하여 주시고, 생명길을 가게 하심을 감사드립니다. 저희들도 이 땅을 살아가는 동안 주님의 선하신 뜻을 이루어 드리는 복된 삶이 되게 하옵소서. 저희들 개인은 물론 가정과 일터를 통해서 주님이 영광 받으시는 일들이 나타나게 하옵소서.

주님! 저희들은 스스로의 약점을 잘 알고 있습니다. 그 약점들이 믿음으로 살아가는 데 올무가 되지 않도록 붙들어 주옵소서. 저희들의 약점을 보완해 주셔서 주님을 위하여 뜻있는 일을 감당해 낼 수 있게 하옵소서.

주님! 저희들의 삶 가운데 온갖 슬픔과 고통스러운 일들이 끊이질 않고 있습니다. 주님의 말씀이 저희 속에 풍성히 거하게 하여 주셔서, 주님의 섭리하심을 생각하며 인내와 소망 속에서 살 수 있게 하옵소서. 아직도 저희의 마음속에는 불건전한 생각과 불순한 욕망들이 꿈틀거리고 있습니다. 이 모든 것들을 성령의 채로 걸러내어 주셔서 새롭고 온전함으로 주님을 닮아갈 수 있게 하옵소서.

오늘 이 구역(속회, 셀) 모임 속에도 주님의 말씀을 묵상하며 믿음의 교제를 나누는 가운데, 저희의 약점을 강점으로 바꿔주시는 주님의 은혜를 경험하게 하실 것을 믿습니다. 또한 이 구역(속회, 셀) 모임의 인도자를 기억하시옵소서. 자신의 약점을 보지 않게 하시고, 언제나 붙들어 주시는 능력을 주님을 의지할 수 있게 하옵소서.

이 모임을 받으시는 예수 그리스도의 이름으로 기도합니다. 아멘

기도를 돕는 한 마디
우리 아버지, 이 말은 아버지께서 나를 돕기 위해 모든 무한한 지혜와 인내와 사랑을 내게 쏟으신다는 것을 의미한다. _ 앤드류 머피

# 이 나라에 통일을 주소서

살아계신 하나님 아버지!

인생에게 행하신 주의 기이하고도 놀라우신 일을 인하여 찬송과 영광을 돌립니다. 사모하는 자를 만족케 하시고 주린 영혼에게 좋은 것으로 채워주시는 주님의 크신 은혜와 사랑을 생각할 때 감사와 감격할 뿐이옵니다. 주님의 일방적인 은총 속에 사는 저희들, 언제나 주님을 경외하고 높이는 삶이 되게 하여 주옵소서.

주님! 오늘 저희들이 구역(속회, 셀) 모임을 가지면서 이 나라와 민족을 위하여 기도하기를 원합니다. 이 민족은 아직도 분단이라는 아픔을 안고 있습니다. 저희들이 이 나라의 통일을 위하여 기도하고 있지만 반세기가 훨씬 넘도록 이루어지지 않고 있습니다. 오히려 남과 북이 서로가 더 강력하게 대치하는 냉전국면으로 흐르고 있습니다. 살벌한 남과 북의 대치로 인하여 절대로 있어서는 안 될 아픔들이 이 나라에 일어나고 있습니다.

주님! 이제껏 이 나라의 통일을 위하여 눈물 뿌려 기도한 종들의 울부짖음을 기억하시고, 어서 속히 이 민족의 통일을 앞당겨 주옵소서. 이 강산 이 강토에 더 이상 아벨과 같은 억울한 피가 쏟아지지 않도록 막아주옵소서. 영원한 평화가 아침 이슬같이 내려지는 민족이 되게 하옵소서.

오늘 이 구역(속회, 셀) 모임에도 도저히 참석할 수 없는 상황 속에서도 참석한 지체가 있습니다. 사랑의 주님이 그 믿음을 더욱 붙들어 주시고, 이 시간에 주님이 넘치도록 부어주시는 위로를 경험하게 하옵소서. 이 복된 모임을 위하여 장소를 제공한 손길도 기억하옵소서.

예수 그리스도의 이름으로 기도합니다. 아멘

기도를 돕는 한 마디
아버지를 아버지로 알고 구하는 사람의 기도는 응답이 없으면 안 된다.
_ 작자 미상

복된 교회생활이 있게 하소서

전능하신 사랑의 하나님!

예수 그리스도를 통하여 저희들에게 주신 영원한 생명을 인하여 감사합니다. 영원한 생명을 주신 주님께 마음을 다하여 순종하며 섬길 수 있는 저희 모두가 되게 하옵소서.

오늘도 저희들이 구역(속회, 셀) 모임을 갖게 하심을 감사드립니다. 변함없이 모이기에 힘쓰는 저희 모두가 되게 하옵소서.

주님! 저희들에게 복된 교회생활이 있기를 원합니다. 생활에 얽매이지 아니하고 주일성수를 잘할 수 있게 하시고, 다른 예배에도 힘써서 참석할 수 있게 하옵소서. 주님께 드리는 물질도 마음을 담아 정성껏 헌금할 수 있게 하시고, 특히 십의 일조는 주님의 것이오니 생활을 핑계 삼아 손대는 일이 없게 하옵소서.

교회에서 갖는 모임에는 어떤 모임이든지 적극적으로 참석할 수 있게 하시고, 봉사하고 섬기는 일에는 이것저것 가리지 않고 열심을 다할 수 있게 하옵소서. 특히 영혼을 구원하는 전도에는 이유를 불문하고 항상 앞장설 수 있게 하시고, 어려운 이웃을 구제하는 일에도 주님의 손길을 대신할 수 있는 섬김이 있게 하옵소서.

기도생활도 쉬지 않기를 원합니다. 교회와 목사님을 위하여, 교우를 위하여, 이웃을 위하여 쉬지 않고 항상 기도할 수 있게 하옵소서. 저희들의 복된 교회생활이 저희들의 삶으로 이어지는 축복의 통로가 되게 하실 것을 믿습니다.

이 구역(속회, 셀) 모임도 저희들이 복된 모임으로 세워갈 수 있게 하옵소서.

예수 그리스도의 이름으로 기도합니다. 아멘

기도를 돕는 한 마디
성령님은 기도에 있어서 우리의 교사요, 감동을 주시는 분이요, 계시자일 뿐만 아니라 우리 기도의 능력의 척도이다. _ 이. 엠. 바운즈

 ## 믿음의 유익을 더할 수 있게 하소서

하늘에 계신 우리 하나님 아버지!

끊임없이 베풀어 주시는 그 놀라운 은혜와 사랑을 감사하오며 찬양과 경배를 드립니다. 홀로 영광을 받으시옵소서.

오늘도 저희들이 주님께서 허락하신 하루를 살다가 믿음의 자리에 나오게 되었습니다. 믿음의 지체들이 갖는 이 모임이, 주님이 함께하시는 축복된 모임이 되게 하옵소서.

주님! 저희들의 이 구역(속회, 셀) 모임이 주님을 바르게 섬기며 믿음의 유익을 더하는 축복된 모임이 되기를 원합니다. 항상 저희들의 생활을 붙들어 주셔서 이 구역(속회, 셀) 모임을 힘써서 가질 수 있게 하옵소서.

주님을 향한 진실한 신앙고백이 넘쳐나는 모임이 되게 하시고, 서로에 대한 믿음의 유익을 위하여 축복의 언어로 교통할 수 있게 하옵소서. 또한 서로에게 있는 부족함과 약함은 주님의 마음으로 감싸 안으며 기도할 수 있게 하시고, 서로가 실족하여 넘어지지 않도록 든든한 믿음의 후원자 역할을 감당할 수 있게 하옵소서. 저희들이 갖는 이 구역(속회, 셀) 모임이 온전하신 주님의 뜻을 이루며, 합력하여 선을 이루어 나가는 모임이 되게 하실 것을 믿습니다.

주님! 이 복된 장소를 제공한 손길을 기억하셔서, 그 가정에 항상 함께하여 주심으로 주님의 안위와 평안이 넘치는 가정이 되게 하옵소서. 이 구역(속회, 셀) 모임을 인도하는 인도자를 기억하시고, 언제나 주님의 능력으로 강하게 하여 주셔서 사명을 감당하는 것이 행복이 되게 하옵소서.

예수 그리스도의 이름으로 기도합니다. 아멘

 **기도를 돕는 한 마디**
참된 기도란 성령 하나님께서 성부 하나님께 성자 하나님의 이름으로 간구하는 것이다. 그리고 성도의 마음은 성령의 기도실이다. _ 사무엘 즈웨머

 ## 적극적으로 사랑할 수 있게 하소서

　수만 가지 모양으로 저희에 대한 관심과 진정한 사랑을 보여 주시고, 순간순간을 축복하시는 하나님 아버지! 그 은혜를 감사하오며 찬양과 경배를 드립니다. 이 시간, 주의 이름으로 모인 저희들이 주님의 사랑을 더욱 깨달아 알기를 원합니다. 그리하여 하나님을 더욱 사랑하고 형제를 사랑할 수 있게 하옵소서.

　주님은 "나의 계명을 가지고 지키는 자라야 나를 사랑하는 자니 나를 사랑하는 자는 내 아버지께 사랑을 받을 것이요, 나도 그를 사랑하여 그에게 사랑을 나타내리라(요14:21)" 하셨습니다.

　주님! 특별히 저희들이 주님의 계명, 주님의 말씀을 행하고 지킴으로 주님을 사랑하는 자가 되게 하시고, 남달리 하나님의 사랑을 받는 자가 되게 하여 주옵소서.

　원수를 위하여 기도하시며, 용서하시고, 사랑하시기까지 하신 주님! 저희들도 그 사랑을 적극적으로 실천할 수 있도록 도와주옵소서. 또한 진리를 행하는 자를 보고 함께 기뻐할 수 있게 하시고, 행복한 자와 성공한 자를 보고 함께 기뻐할 수 있게 하옵소서.

　저희들이 날마다 사랑을 연습하는 자가 되어서 사랑의 열매를 맺으며, 사랑을 행함으로, 주님의 뜻을 이 땅에 실현시키는 사랑의 사람들이 되게 하옵소서.

　저희들이 갖는 이 구역(속회, 셀) 모임도 더욱 온전한 사랑을 위하여 연습할 수 있는 자리가 되게 하시고, 서로가 사랑하기에 힘쓰는 자리가 되게 하옵소서.

　이 모임에 사랑 꽃이 만발하게 하실 것을 믿사옵고, 사랑이 많으신 예수 그리스도의 이름으로 기도합니다. 아멘

 **기도를 돕는 한 마디**
남을 위해 기도하는 것은 그를 위하여 다른 선을 행하는 것보다 가치가 있다. 이것은 무엇보다 기도하는 일이 가장 큰 사랑이라는 의미이다. **_루터**

은혜를 헛되이 받지 않게 하소서

만 가지 은혜를 받은 저희들이 오늘 이 자리에 모였습니다. 먼저 저희들이 주님의 은혜 가운데 이 복된 모임을 가질 수 있게 하신 하나님께 영광을 돌립니다.

주님! 이 복된 모임을 가질 수 있도록 장소를 제공한 손길을 기억하옵소서. 이 가정에 하나님의 은혜와 평강의 복이 넘쳐나게 하옵소서. 주님이 칭찬하시고, 주님의 사랑을 온전히 받는 가정이 되게 하실 것을 믿습니다.

주님! 저희들도 주님의 은혜를 받는 자들이기에 이 구역(속회, 셀) 모임에 참석하게 되었습니다. 저희 가운데 어느 한사람도 하나님의 은혜를 헛되이 받는 자가 없게 하시고, 행여 주님의 뜻 안에서 벗어나는 불행한 자가 없게 하여 주옵소서. 받은 은혜와 복을 감사하며, 그에 합당한 삶을 살게 하시고, 또 다른 사람을 위하여 평강을 기원하며 축복하고, 베푸는 삶을 살아갈 수 있게 하옵소서.

주님! 저희의 일거수일투족을 주님이 이끌어 주옵소서. 하나에서 열까지, 작은 일에서 큰일까지, 모든 일이 주님의 뜻 안에서 형통케 하여 주시며, 시험에 드는 일이 없게 하옵소서.

이 시간, 상처받고 애통해 하는 지체가 있습니까? 그 상한 마음을 주님의 크신 사랑으로 위로해 주시고, 축복의 말씀으로 용기와 힘을 더하여 주옵소서. 구역(속회, 셀) 모임을 인도하는 인도자를 기억하셔서, 이 모임을 위하여 힘쓰고 구할 때마다 하늘의 상급으로 채우실 것을 믿습니다.

저희들에게 언제나 필요한 은혜를 더하여 주시는 예수 그리스도의 이름으로 기도합니다. 아멘

기도를 돕는 한 마디
하나님이 살아계심을 말할 수 있는 이유는 나는 매일 아침마다 기도로 그와 이야기하기 때문이다. _빌리 그레이엄

믿음의 경주를 잘하게 하소서

능력과 사랑의 하나님 아버지!

저희들에게 믿음을 주셔서 믿음의 주요 온전케 하시는 이인 예수님을 바라보며 살아갈 수 있게 하시니 감사드립니다. 오늘도 믿음을 가진 자들이 한자리에 모였습니다. 믿음으로 살고자하는 저희들을 축복하실 것을 믿습니다.

주님! 저희들이 이 땅을 살아가는 동안 믿음의 경주를 잘할 수 있도록 도와주옵소서. 저희들 앞서 믿음으로 살아간 선진들이 달려갈 길을 다 달려가서, 지금은 경주를 마치고 구름떼 같이 둘러서서, 아직도 이 땅에서 신앙의 경주를 하고 있는 모든 신자들의 경주의 모습을 구경하며 지켜보고 있음을 기억하게 하옵소서. 푯대를 바라보고 상을 얻기 위하여 달릴 수 있게 하옵소서. 오랜 훗날 저희들도 사도 바울의 고백처럼 선한 싸움을 싸우고 달려갈 길을 마치고 믿음을 지켰노라고 환희와 감사에 찬 승전가를 부를 수 있게 하옵소서. 그 옛날 광야의 이스라엘 못지않게 오늘날도 믿음으로 사는 자에게 기이한 일을 수없이 베푸시며, 측량할 수 없는 큰일을 베푸시는 하나님이심을 믿습니다.

오늘도 이 구역(속회, 셀) 모임에 참석하지 못한 발걸음이 있습니다. 저들의 믿음도 붙들어 주셔서 이 땅을 살아가는 동안 믿음의 경주를 잘할 수 있게 하여 주옵소서.

이 시간, 이 구역(속회, 셀) 모임을 인도하는 자에게도 크신 능력을 더하여 주시며 크신 상으로 갚아주실 것을 믿습니다.

장소를 제공한 손길에게도 동일한 은혜를 더하실 것을 믿사옵고 예수 그리스도의 이름으로 기도합니다. 아멘

기도를 돕는 한 마디
하나님은 더 많은 인내와 더 많은 경험과 더 많은 사랑과 소망을 주시기 위해 우리를 '기도'라는 응접실로 초대하신다. _세실

기도로 깨어 있게 하소서

영화로우시고 거룩하신 하나님 아버지!

바쁘고 분주한 삶 가운데서도 이 시간을 잊지 아니하고 믿음의 발걸음을 옮길 수 있게 하시니 감사합니다. 이 시간, 저희들이 믿음의 지체들과 더불어 주님을 예배하며 믿음의 교제를 나누고자 한자리에 모였습니다. 하늘에서 저희의 구역(속회, 셀) 모임을 기쁘게 받으시고 축복하여 주옵소서.

주님! 저희들이 무엇보다도 기도의 사람이 되기를 원합니다. 기도는 주님이 저희들에게 열어놓으신 능력과 축복의 통로임을 기억하여 기도로 주님을 가까이 할 수 있는 저희 모두가 되게 하옵소서. 항상 주님의 몸 된 교회를 위하여 부르짖기를 쉬지 않게 하시고, 이 모임과 지체들을 위해서도 마음을 다하여 기도할 수 있는 저희들이 되게 하옵소서. 또한 저희들의 가족을 위해서도 깨어있어 기도할 수 있게 하시고, 이웃을 위해서도 기도의 겸손한 무릎을 보일 수 있는 저희들의 삶이 되게 하옵소서. 언제나 기도를 쉬지 아니함으로 주님의 보좌를 움직이는 하나님의 사람이 되게 하시고, 주님의 능력이 깃드는 삶을 살아갈 수 있게 하옵소서.

오늘 이 구역(속회, 셀) 모임도 서로를 위한 뜨거운 기도가 있는 모임이 되기를 원합니다. 여기에도 하나님의 응답하심을 경험하는 자리가 되기를 원합니다. 기도로 서로의 마음을 더 깊게 헤아릴 수 있는 시간이 되게 하옵소서. 이 구역(속회, 셀) 모임의 인도자도 능력의 오른손으로 붙드실 것과 그 입술의 기도를 기억하실 것을 믿습니다.

기도의 본을 보이신 예수 그리스도의 이름으로 기도합니다. 아멘

기도를 돕는 한 마디

기도 속에서 그대는 친구에게 말하듯 자연스럽게 가슴의 것들을 털어놓으라. 그 후에야 창조적이며 자유로운 하나님과 성숙한 관계에 이를 것이다. _**콥번**

먼저 그 나라와 의를 구하게 하소서

사랑이 많으신 하나님 아버지!

저희 교회를 사랑하셔서 믿음의 지체들이 서로 돌아보며, 믿음의 교제를 나누고, 주님을 높일 수 있는 구역(속회, 셀) 모임을 갖게 하심을 감사드립니다. 저희가 이 모임을 사랑할 수 있게 하시고, 구역(속회, 셀)을 든든히 세워가는데 마음을 쏟을 수 있게 하옵소서.

특별히 이 모임을 주관하는 인도자를 기억하셔서 힘주시기를 원합니다. 모임의 지체들을 위한 수고와 애씀이 주님께 향기가 되게 하시고, 큰 은혜와 위로로 채워주시옵소서.

주님! 안타깝게도 구역(속회, 셀) 모임에 잘 참석하지 못하는 지체들이 있습니다. 그들이 처한 환경을 이해하지 못하는 것은 아니오나, 모든 것을 주님께 맡기고, 먼저 주님의 나라와 그 의를 구할 수 있는 저들이 되게 하여 주옵소서.

항상 주님께 우선권을 두고 주님을 높이며 사는 자를 우리 주님께서 크신 은혜로 채워주실 것을 믿습니다. 또한 이 자리에 참석한 지체들 중에 어렵고 힘든 가운데서도 참석한 이들도 있습니다. 이 모임이 침체되지 않고 활성화되기를 원하여 희생한 그 마음을 우리 주님이 기쁘게 받으시고 축복하여 주옵소서.

오늘 저희가 구역(속회, 셀) 모임을 가지면서 성령 안에서 모든 교제가 이루어지게 하시고, 서로를 위하여 축복해 줄 수 있는 은혜의 시간이 되게 하여 주옵소서. 무엇보다도 모임의 핵심이 되는 말씀을 앞세우게 하시고, 기도함으로 서로의 짐을 나누어 질 수 있는 복된 자리가 되게 하여 주옵소서.

예수 그리스도의 이름으로 기도합니다. 아멘

기도를 돕는 한 마디
신실한 기도 속에 새로운 느낌, 새로운 의미, 새로운 용기가 주어진다. 기도는 사실 교육이다. _도스토예프스키

Chapter 3

구역, 셀, 속회 목장모임을 위한

계절, 절기, 행사에 맞춘 구역예배 대표기도문

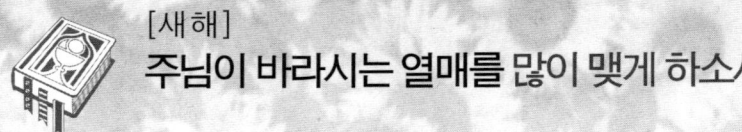

[새해]
주님이 바라시는 열매를 많이 맺게 하소서

희망찬 새해를 허락하신 자비로우신 하나님!

금년 한 해를 다시 시작할 수 있는 은총을 베푸시니 감사를 드립니다. 새해를 맞이하여 믿음의 지체들이 한자리에 모였습니다. 참된 찬양과 경배를 드리기를 원하오니 영광을 받으시옵소서.

새해를 시작하면서 갖게 되는 첫 구역(속회, 셀) 모임입니다. 저희 모두가 이 모임을 사랑하는 마음이 변치 않게 하여 주시고, 끝까지 이 모임을 은혜롭게 이끌어 나갈 수 있도록 도와주시옵소서. 무엇보다도 금년 한 해는 주님이 바라시는 열매를 많이 맺기를 원합니다. 풍성하게 맺기를 원합니다. 허물 많고 연약한 저희를 주님의 강하신 팔로 붙들어 주셔서 참으로 하나님의 영광을 위하여 열매를 풍성하게 맺는 한 해가 되게 하여 주옵소서. 오직 주의 이름의 영광을 위하여 살아드리는 한 해가 되게 하여 주옵소서. 매일 매일의 삶 속에서 하나님을 더 잘 알며, 하나님을 더욱 찬양하며, 더욱 사랑할 수 있게 하시고, 지식과 지혜와 총명과 넓은 마음을 주셔서 주님을 위한 활동의 영역도 더욱 넓힐 수 있게 하옵소서. 주님이 기뻐하시는 모든 사람의 구원을 위하여 저희의 삶을 드릴 수 있게 하시고, 평안한 가운데 교회가 든든히 서 갈 수 있도록 저희의 몸과 마음을 깨뜨릴 수 있게 하옵소서.

이 시간 이 모임을 인도하는 인도자를 성령의 능력으로 강하게 붙들어 주시기를 원합니다. 여러 가지로 마음 써가며 수고하는 그 손길에 우리 주님이 크신 복을 더하실 것을 믿습니다.

사랑의 주님이 이 모임 가운데 늘 함께하실 것을 믿사옵고 예수 그리스도의 이름으로 기도합니다. 아멘

기도를 돕는 한 마디

계속 기도하라. 그리고 하나님의 응답이 당신이 기도한 것보다 더 지혜로움을 하나님께 감사하라. _ 컬버스톤

[새해]
선한 청지기의 본분을 다하게 하소서

저희의 소망이 되시고 빛이 되시는 하나님 아버지!

저희들에게 새로운 해를 주셔서 기쁨 가운데 희망을 갖고 시작하게 하시니 감사드립니다. 주님이 저희들에게 또 다시 복된 새해를 선물로 주셨사오니 주님의 영광을 위하여 저희의 삶을 드릴 수 있는 한 해가 되게 하여 주옵소서.

이 자리에 모인 저희 지체들이 올해에 받은 직분과 직책들이 있습니다. 부족한 저희들에게 주님의 영광을 위하여 봉사하고 섬길 수 있는 기회를 주셨사오니, 감사함으로 잘 감당할 수 있게 하시고, 선한 청지기로서의 본분을 잃지 않게 하여 주옵소서. 주님을 위해서라면 가리는 것이 없게 하시고, 힘을 다하여 충성할 수 있는 저희 모두가 되게 하여 주옵소서. 그리하여 주님이 보시기에 착하고 충성된 종들의 모습이 되게 하시고, 더 많은 것을 맡기시는 주님의 축복을 누리는 저희들이 되게 하여 주옵소서.

이 모임도 우리 주님이 함께하시는 은혜로운 모임이 되게 하기 위하여 저희 모두가 한마음 한뜻을 품게 하시고, 힘을 다하여 참석할 수 있도록 저희의 생각과 마음을 주장하여 주옵소서. 횟수가 더해질수록 영적인 풍요가 넘치는 모임이 되게 하시고, 영적인 기쁨이 충만해지는 모임이 되게 하여 주옵소서. 새해에도 구역(속회, 셀) 모임을 위하여 더 많이 수고하는 손길을 기억하시고, 그 수고와 애씀이 귀한 열매로 맺어질 수 있도록 축복하실 것을 믿습니다.

저희 한사람 한사람마다 주님의 은혜가 끊임없이 공급되는 축복의 새해가 되게 하실 것을 믿사옵고 예수 그리스도의 이름으로 기도합니다. 아멘

기도를 돕는 한 마디
교회나 골방을 찾을 때까지 기도를 미룰 필요가 없다. 당신이 걷는 순간에도 하나님은 듣고 계신다. _맥도날드

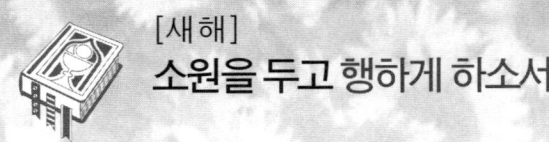

[새해]
소원을 두고 행하게 하소서

거룩하신 하나님 아버지!

새날의 벅찬 감격을 가지고 저희들이 한자리에 모일 수 있게 하시니 감사합니다. 하나님을 사랑하듯 주님의 몸 된 교회를 사랑할 수 있게 하시고, 이웃을 사랑하고, 이 구역(속회, 지체) 모임의 지체들을 사랑할 수 있는 저희 모두가 되게 하여 주옵소서.

올해도 저희들은 한 해를 시작할 때에 저마다 마음이 담긴 간절한 소원을 품고 출발했습니다. 그 소원이 주님의 영광을 위한 것이라면 저희 안에 소원을 두고 행하시기를 기뻐하시는 하나님께서 분명히 이루실 것을 믿습니다. 저희들도 단지 품고만 있는 소원이 되지 않게 하시고, 그 소원을 이루기 위하여 마음을 다하고 힘을 다할 수 있는 한 해를 살아갈 수 있게 하여 주옵소서.

주님! 무엇보다도 올해는 늘 새로움으로 거듭나는 한 해가 되기를 원합니다. 자신을 변화시키는 일에 마음을 쏟을 수 있는 저희들이 되게 하여 주옵소서. 인격이 변하고, 말이 변하고, 삶이 변하고, 인생관과 가치관과, 세계관이 변하는 한 해가 되게 하여 주옵소서. 자신의 연약함을 들어 변화됨을 망설이지 않게 하시고, 더 좋은 주님의 사람으로 나아가기 위하여 변화를 갈망할 수 있는 저희들이 되게 하여 주옵소서. 지난해에 저희들이 다른 이유로 주님이 기뻐하시는 자리를 피한 적이 있습니까? 올해는 핑계를 앞세우지 않게 하시고, 믿음을 앞세워 주님의 마음을 시원케 해드리는 삶이 되게 하여 주옵소서.

이 구역(속회, 셀) 모임을 주관하시고 저희의 미래를 열어주시는 예수 그리스도의 이름으로 기도합니다. 아멘

기도를 돕는 한 마디
기도는 형식이 필요 없다. 깨어지고 부서진 마음의 소리나 한숨이나 속삭임이라도 심령의 맑음과 회개함이 있다면 하늘 길을 찾아낸다. _부룩스

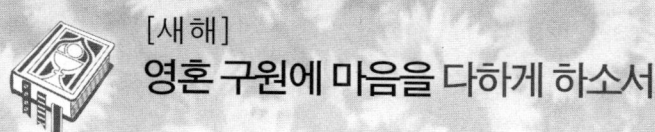

[새해]
영혼 구원에 마음을 다하게 하소서

저희의 영원한 생명을 위하여 독생자 예수 그리스도를 화목제물로 삼으신 하나님 아버지! 그 은혜를 감사드립니다. 이 시간 저희들이 주님의 은혜를 고백하며 믿음의 교제를 나누고자 한 자리에 모였습니다. 저희들의 생각과 마음을 붙들어 주셔서 저마다 믿음의 고백들로 풍성해지는 시간이 되게 하여 주옵소서.

이 시간 참여하지 못한 지체들이 있습니다. 어떻게 하는 것이 주님의 의를 위한 것인지 깨닫게 하셔서, 그것을 좇아가는 발걸음들이 되게 하여 주옵소서.

주님! 저희들이 이 모임을 통해서 주님의 역사를 이루기를 소원합니다. 단지 말씀을 나누고, 떡을 떼며, 교제하는 것으로 끝나지 않게 하시고, 영혼을 구원하는 것에 마음을 다할 수 있는 저희들이 되게 하옵소서. 이 모임의 진정한 정체성은 생명을 구원하고 하나님 나라의 지경을 확장하는 것에 있음을 저희 모두 잊지 않게 하옵소서. 진정으로 생명을 재생산해 낼 수 있는 모임이 되게 하시고, 그것을 위하여 이 모임을 더욱 은혜롭게 세워갈 수 있는 저희가 되게 하여 주옵소서.

주님! 한 해가 다가도록 저희들이 빛 되신 주님의 길에서 결코 떠나지 않는 생활을 할 수 있게 도와주옵소서. 올 한 해 각기 맡은 사명을 잘 감당할 수 있도록 주의 크신 능력으로 함께하여 주옵소서.

주님! 날씨가 매우 춥습니다. 저희 모두의 건강을 붙들어 주셔서 주님의 자녀로 살아가는 데 흐트러짐이 없게 하여 주옵소서.

생명의 주인 되시는 예수 그리스도의 이름으로 기도합니다. 아멘

기도를 돕는 한 마디

어떤 이는 하나님께 자주 기도함이 성가심을 끼치는 줄로 생각한다. 그러나 오히려 기도하지 않는 사람으로 인해 애태움을 받으신다. _D. L. 무디

[봄]
복음의 씨를 파종할 수 있게 하소서

　모든 계절을 통하여 저희들에게 기쁨을 주시고 은혜를 베푸시는 하나님 아버지! 오늘도 저희들이 주님의 지극하신 사랑을 생각하며 이 자리에 모일 수 있게 하시니 감사드립니다. 모여서 주님의 은혜를 고백하며 함께하는 기쁨이 더해지는 시간이 되게 하여 주옵소서.
　이제 엄동설한이 지나고 봄이 왔습니다. 바싹 마른 고목에 따사로운 햇살이 내리는 봄입니다. 마른 나뭇가지에 연두 빛 고운 새싹이 손을 내밀듯 저희들의 고목 같은 심령에도 성령님의 따뜻한 꽃바람이 일어나게 하옵소서.
　미움으로 응어리진 마음들이 사랑으로 꽃피게 하시고, 형제의 실수와 잘못을 용납 못 하는 굳은 마음들이 부드러운 마음으로 변화되게 하옵소서. 골짜기처럼 어둡고 협소한 마음들이 바다같이 넓고, 꽃밭에 내리는 햇살같이 밝고 찬란하게 하시옵소서.
　주님! 생명이 움트는 계절에 발맞추어 영혼을 움틔울 수 있는 저희들이 되게 하옵소서. 또한 농부가 밭 갈고 씨를 파종하듯, 저희들도 복음의 씨를 힘써서 파종할 수 있게 하옵소서. "눈물 흘리며 씨를 뿌리는 자는 기쁨으로 거두리로다(시126:5)"고 하였사오니 울더라도 힘을 다하여 복음의 씨를 뿌릴 수 있는 저희들이 되게 하옵소서.
　오늘 이 구역(속회, 셀) 모임에도 따뜻한 봄날 같은 사랑의 온기가 있게 하시고, 서로 간에 믿음의 지혜를 나누며 덕을 끼칠 수 있게 하옵소서.
　이 모임 가운데 성령께서 친히 운행하심을 믿사옵고 생명의 기쁨을 주시는 예수 그리스도의 이름으로 기도합니다. 아멘

기도를 돕는 한 마디

기도할 때 모든 일이 하나님께만 달려 있다 생각하고 기도하라. 일할 때는 모든 일이 자신에게 달려 있다고 생각하며 일을 하라. _히포

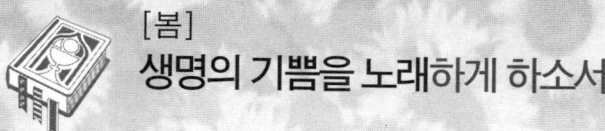

[봄] 생명의 기쁨을 노래하게 하소서

빛이요 구원이신 하나님 아버지!

든든한 주님의 사랑에 기대어 살다가 구역(속회, 셀) 모임을 맞이하여 한자리에 모이게 되었습니다. 저희들의 영혼을 붙들어 주셔서 주님께 영광을 돌릴 수 있게 하옵소서.

주님! 온 땅이 주님의 은혜를 입고 새 생명의 기쁨을 한껏 노래하고 있습니다. 산과 들녘에 푸른 빛깔을 드러낸 이름 모를 잡초까지도 주님의 은총을 노래하고 생명의 축제를 즐기고 있는 것 같습니다. 저희들도 새 생명을 주신 주님을 찬양하고 영광 돌릴 수 있는 삶이 되게 하여 주옵소서.

주님! 주님의 몸 된 교회는 무엇보다도 새 생명이 잉태되고 새 생명의 기쁨을 노래할 수 있는 곳이 되어야 할 줄로 믿습니다. 저희 모두가 주님의 몸 된 교회를 새 생명 축제의 현장으로 만들기 위하여 새 생명을 잉태하는 일에 마음을 쏟을 수 있게 하옵소서. 자신이 구원 받은 것에만 만족하며, 그 구원을 지키기 위한 수단으로만 교회를 찾거나 모임을 갖지 않게 하시고, 생명의 꽃이 만발한 교회와 모임을 가꿀 수 있는 저희들이 되게 하옵소서.

새 생명을 위하여 날마다 전도하게 하시고, 복음을 파종할 수 있게 하옵소서. 그리하여 저희 모두가 생명의 역사를 이루어 가는 하나님의 자녀로 살게 하옵소서. 오늘 이 모임을 위하여 장소를 제공한 손길 위에도 생명의 기쁨이 넘치게 하실 것을 믿습니다. 인도자를 비롯하여 저희 모두에게도 생명으로 이끄시는 주님의 손길을 느끼게 하옵소서.

예수 그리스도의 이름으로 기도합니다. 아멘

기도를 돕는 한 마디

기도해보지 않은 사람은 기도의 맛을 모른다. 기도와 함께 주님과의 사귐이 삶을 변화시킨다. _ 타나

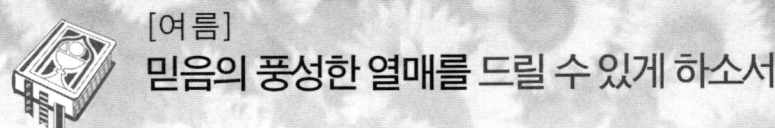

[여름] 믿음의 풍성한 열매를 드릴 수 있게 하소서

찬양 속에 거하시는 하나님 아버지!
오로지 주님의 섭리하심을 찬양합니다. 무더위가 극성을 부리고 장마철의 장대비와 태풍이 몰아칠지라도 저희들의 믿음은 요동치 아니하고 언제나 주님을 우러를 수 있게 하시니 감사합니다. 이 자리에 믿음의 지체들이 모였습니다. 이곳이 주님의 보좌 앞이 되게 하시고, 저희는 향기 나는 제물이 되게 하옵소서.

주님! 이제 금년도 반년이 흘러갔습니다. 하늘나라의 영광스런 직분을 받아 최선을 다한다고 했지만 그에 따른 합당한 열매가 없는 것 같아 참으로 부끄럽습니다. 그러나 지나간 시간들을 되돌아보며 부족함만 곱씹고 주저앉아 있을 것이 아니라, 연말에는 믿음의 풍성한 열매를 주님께 드릴 수 있도록 최선을 다할 수 있게 하옵소서.

주님! 장마철이 되면 해마다 홍수로 인하여 많은 피해가 발생하고 있습니다. 땀 흘려 가꾼 농작물이 물에 잠기는가 하면 가옥이 침수되고 인명 피해까지 발생하고 있습니다. 바라옵기는 올해는 이런 안타까운 일들이 발생하지 않도록 주님의 크신 능력으로 막아주시기를 원합니다. 적당량의 비를 내려주셔서 자연을 주관하시는 주님의 손길을 느끼며 감사할 수 있게 하옵소서.

주님! 오늘 이 자리에 삶에 지친 지체들이 있습니까? 그 심령을 어루만져 주시며, 안식과 평안의 복을 더하여 주옵소서. 신앙의 새 힘을 얻고자 하는 지체에게는 새 능력을 공급받을 수 있는 축복의 시간이 되게 하옵소서.

이 모임을 축복하시는 예수 그리스도의 이름으로 기도합니다. 아멘

기도를 돕는 한 마디
종종 하나님께서는 우리를 보다 나은 존재로 만드시기 위해 시련을 도구로 이용하시기도 한다. _비처

[여름]
더위에 나태해지지 않게 하소서

고마우신 하나님 아버지!

저희들을 항상 주님을 사모할 수 있는 자리로 이끄심을 감사드립니다. 생명 다하는 그날까지 주님을 앞세우는 삶이 되게 하여 주옵소서. 오늘 저희들이 마음을 다하여 주님을 찬양하며 말씀과 교제를 나눌 때에 저희들 가운데 임재하시며 주님의 영광을 보게 하옵소서.

주님! 무더운 여름이 시작되었습니다. 더운 날씨로 인하여 마음의 평안을 잃어버리기 쉽고, 나태해지기 쉬운 계절입니다. 사탄 마귀는 이런 기회를 절대로 놓치지 않는다는 사실을 기억하여 저희 모두가 영적인 게으름에 빠지지 않도록 깨어있게 하옵소서. 날씨를 탓하며 주님의 자녀 된 본분을 망각하지 않게 하여 주시고, 저희들 각자에게 맡겨진 신앙의 본분을 잘 지켜 행할 수 있게 하옵소서. 기도의 자리, 봉사의 자리를 힘써서 찾을 수 있게 하시고, 한결같은 모습으로 주님을 기쁘시게 할 수 있게 하옵소서.

주님! 교육부서의 여름행사가 시작되었습니다. 교육부서의 여름행사를 다 마치기까지 구역(속회, 셀)의 모든 지체들이 힘을 다하여 기도할 수 있게 하시고, 협력하고 도울 일이 있으면 가리지 않고 도울 수 있게 하여 주옵소서. 특별히 여름행사를 맡은 지도자와 교사를 기억하셔서 건강을 잃거나 지치지 않도록 주님의 강하신 손으로 붙들어 주옵소서. 또한 안전사고가 발생하지 않도록 모든 위험에서 막아주실 것을 믿습니다.

오늘 이 모임이 천국으로 향하는 믿음의 계단이 되게 하실 것을 믿사옵고 예수 그리스도의 이름으로 기도합니다. 아멘

기도를 돕는 한 마디
예수 그리스도의 이름으로 기도한다는 것은 우리가 예수 그리스도께서 무한한 예금을 해 놓으신 천국은행에 가는 것과 같다. _로레이

[가을]
이 가을에 열매 맺는 구역이 되게 하소서

기쁨의 절기를 허락하신 하나님 아버지!

이 땅에 오곡백과가 영글게 하셔서 창조의 은총을 다시금 깨닫게 하시니 감사합니다. 찬란하고 밝은 이 은혜의 계절에 저희의 눈은 주님의 창조의 솜씨를 바라보게 하시고, 저희의 혀는 지금도 살아계셔서 역사하시는 주님의 진리의 말씀만을 말하게 하여 주옵소서.

이 시간, 저희들의 마음을 주님께 엽니다. 주님과의 친밀한 교제와 만남이 이루어지게 하옵소서.

주님! 오곡이 무르익어가는 계절에 특별히 열매 맺는 구역(속회, 셀) 모임을 위하여 기도하기를 원합니다. 이 가을에 주님이 기뻐하시는 열매를 풍성하게 맺을 수 있는 구역(속회, 셀)이 되게 하여 주옵소서. 기도의 열매, 전도의 열매, 봉사의 열매, 헌신의 열매를 풍성히 맺을 수 있는 구역(속회, 셀)이 되게 하옵소서.

또한 구역(속회, 셀) 모임을 가질 때마다 주님의 사랑과 은혜가 넘쳐나게 하시고, 주님의 몸 된 교회를 세우고 가정을 세우는 모임이 되게 하옵소서. 교회에서나 가정에서나 모임을 가질 때 모든 지체들이 모임의 열매를 맺기에 인색함이 없게 하시고, 적극적으로 모일 수 있게 하여 주셔서 주님의 열심을 닮아갈 수 있게 하옵소서. 저희 모임에 속한 가정들도 주님의 영성으로 충만한 가정이 되게 하셔서 가정 같은 교회, 교회 같은 가정의 아름다움을 보여줄 수 있게 하옵소서.

오늘도 이 모임의 인도자를 성령의 능력으로 붙드셔서 이 모임을 앞장서서 섬길수록 더 귀한 주님을 느끼게 하옵소서.

예수 그리스도의 이름으로 기도합니다. 아멘

기도를 돕는 한 마디

예수 그리스도의 이름으로 드리는 기도는 그리스도와 하나 된 자의 마음이 그리스도의 마음이며 소원이 그리스도의 소원이며, 목적이 그리스도의 목적인 기도이다. _사무엘 채드윅

[가을]
고개 숙일 줄 아는 신앙이 되게 하소서

저희를 찾으시는 하나님 아버지!

되돌아보면 주님의 부르심의 은혜에 바르게 응답하지 못한 경우가 얼마나 많았는지 모릅니다. 영육이 연약하여 늘 세상으로 끌려가기만 하는 저희들을 불쌍히 여기시고, 주님의 부르심에 응답하는 삶으로 나아갈 수 있도록 인도하여 주옵소서.

주님! 이제 온 땅에 주님의 섭리로 흠뻑 젖은 열매들이 풍요롭습니다. 울긋불긋한 새 옷으로 몸치장을 하는 나무들, 허리가 휘도록 겸손을 떠는 벼 이삭들, 온대지를 뒤덮은 풍요가 살아계신 주님의 활동하심을 더더욱 피부로 느끼게 합니다.

주님! 이 가을에 고개를 더욱 숙일 줄 아는 열매들을 보며, 저희들도 고개 숙일 줄 아는 겸손의 신앙을 갖게 하여 주옵소서. 주님의 겸손과 희생 위에 세워진 교회를 저희의 교만으로 덧칠함이 없게 하여 주시고, 언제나 겸손이 살아 있는 교회로 세워갈 수 있게 하옵소서. 겸손으로 기도의 무릎을 꿇을 수 있게 하시고, 겸손으로 두 손을 높이 들어 주님을 찬양하게 하옵소서. 겸손으로 주님의 말씀을 받을 수 있게 하시고, 겸손으로 서로를 섬길 수 있게 하옵소서.

이 가을에, 저희 구역(속회, 셀)원 모두가 겸손으로 하나님의 뜻을 이루신 주님을 온전히 닮아갈 수 있게 하시고, 믿음의 길을 달려가는 동안 겸손으로 승리할 수 있게 하옵소서.

이 시간, 구역(속회, 셀) 모임을 인도하는 인도자와 저희들 가운데 성령의 위로하심과 교통하심이 있게 하실 것을 믿사옵고 예수 그리스도의 이름으로 기도합니다. 아멘

기도를 돕는 한 마디
예수 그리스도의 이름으로 기도할 때, 그것은 그리스도 자신이 기도하신 것과 같은 기도이다. _ 딕 이스트만

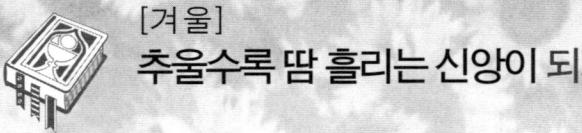

[겨울]
추울수록 땀 흘리는 신앙이 되게 하소서

언제나 저희들과 함께하시는 하나님 아버지!

저희들에게 끊임없는 사랑과 은혜를 베푸셔서 어렵고 힘든 삶 가운데서도 믿음의 길을 걸어갈 수 있게 하심을 감사드립니다. 오늘도 주님의 사랑과 은혜를 입은 자녀들이 한자리에 모였습니다. 이 모임을 주님이 주장하여 주옵소서.

주님! 추운 겨울이라서 그런지 저희들의 신앙도 다소 움츠러 있음을 깨닫습니다. 계절을 타는 신앙이 되지 않기를 원합니다. 꽁꽁 얼어붙은 자연 속에서도 생명 있는 것들은 숨 쉬며 봄을 준비하고 있음을 잊지 않게 하옵소서. 저희들도 언제나 내일을 준비하는 신앙인이 되게 하옵소서. 혹한이 몰려와 살이 에이는 듯 할지라도 주님을 만나는 그 복된 자리를 외면치 않게 하시고, 더욱 활기찬 신앙으로 달려갈 수 있는 저희 모두가 되게 하옵소서.

특히 주님이 분부하신 명령은 계절을 타지 않음을 깨닫습니다. 영혼을 구원하는 일에 최선을 다할 수 있게 하시고, 구원의 복된 소식으로 이웃을 부요케 할 수 있는 저희 모두가 되게 하옵소서. 주님의 몸 된 교회를 섬기는 일에도 게을러지지 않기를 원합니다. 추울수록 땀 흘리기까지 봉사하며 섬길 수 있는 저희 모두가 되게 하옵소서.

또한 구역(속회, 셀) 모임에도 힘을 다하여 참석할 수 있게 하옵소서. 추운 겨울이라고 해서 신앙의 잠을 잘 수 있는 것이 아님을 기억하여 핑계치 아니하고 열심을 다할 수 있게 하옵소서.

언제나 저희들이 뜨거운 신앙으로 최선을 다하기를 바라시는 예수 그리스도의 이름으로 기도합니다. 아멘

기도를 돕는 한 마디
기도를 들으시는 것은 하나님의 속성이요 그의 성품의 일부분이다. 하나님은 사랑이시다. _존 라이스

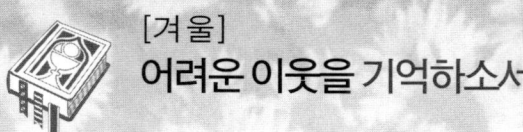

[겨울]
어려운 이웃을 기억하소서

은혜로우신 하나님 아버지!

죄에 빠진 저희들을 부르셔서 구원의 확신을 주시고 진리의 말씀을 따라 살 수 있게 하시니 감사합니다. 항상 구원을 주신 주님을 경배하며 영광 돌리는 삶이 되게 하옵소서. 오늘 이 모임을 저희들에게 허락하심을 다시 한 번 감사드립니다. 저희들이 핑계치 아니하고 열심을 다하여 참석할 수 있게 하옵소서.

사랑의 주님! 추운 겨울입니다. 특별히 어려운 이웃을 위하여 기도하기를 원합니다. 그 어느 때보다도 더욱 추위를 느낄 수밖에 없는 가난한 이웃들을 기억하시옵소서. 양식이 풍부한 이때에 아직도 굶주린 배를 움켜쥐고 하루하루를 힘겹게 살아가는 이웃들이 있습니다. 그들에게 주님의 따뜻한 손길을 내밀 수 있는 저희들이 되게 하옵소서. 저희들의 헤아리는 손길이 있음으로 인하여 이 추운 겨울이 더욱 따뜻해지게 하시고, 뼛속까지 파고드는 그들의 시린 고통이 훈훈함으로 사라지게 하옵소서. 특별히 독거노인들을 기억하시기를 원합니다. 고독한 말년을 보내고 있는 그분들에게 따뜻한 벗이 되어줄 수 있는 교회와 저희 지체들이 되게 하옵소서.

주님! 겨울이지만 저희들의 신앙만큼은 뜨거워지기를 원합니다. 항상 뜨거운 신앙으로 하나님의 자녀로서의 본분을 다할 수 있는 저희들이 되게 하옵소서. 이 모임의 인도자를 기억하시기를 원합니다. 모임에 속한 지체들을 위하여 수고할 때마다 능력의 주님이 크신 복을 더하실 것을 믿습니다.

저희들의 삶을 이끄시고 주장하시는 예수 그리스도의 이름으로 기도합니다. 아멘

기도를 돕는 한 마디
믿음은 기도의 생명이다. _ 루비델 보우거

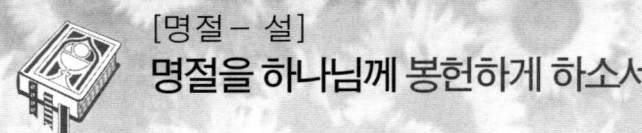

[명절 – 설]
명절을 하나님께 봉헌하게 하소서

언제나 가까이 계시는 사랑의 주님!

어둠 속에서 부패해 가던 저희를 사랑해 주셔서 구원을 받을 수 있게 해주시고, 주님을 의뢰할 수 있는 삶을 살아갈 수 있게 하시니 감사합니다. 오늘도 주님이 불러주신 믿음의 지체들이 한자리에 모였습니다. 사랑의 주님, 구원의 주님을 찬양할 수 있게 하옵소서.

주님! 이번 주간에 저희 모두는 민족의 대 명절인 설날을 맞이하게 됩니다. 벌써부터 고향을 찾을 생각으로, 또는 보고 싶은 사람을 만날 생각으로 마음이 설레고 있음을 느낍니다. 하오나 저희들은 명절의 위험성을 너무나 잘 알고 있습니다. 자칫 잘못하면 사탄이 쳐 놓은 덫에 걸려 넘어지기 쉬운 때가 명절이 아닙니까? 주의 성령께서 저희를 강하게 붙들어 주셔서 우상의 행사에 동참하는 일이 없게 하시고, 죄 짓는 일이 없게 하옵소서. 명절을 하나님께 온전히 봉헌할 수 있는 저희 모두가 되게 하여 주옵소서.

믿지 않는 가족이나, 친척들에게는 구원자이신 주님을 소개할 수 있는 계기가 되게 하여 주시고, 복되고 유익한 언어로 마음껏 축복할 수 있는 날이 되게 하여 주옵소서. 고향을 찾지 못하는 심령들을 위로하시고, 고향보다 주님의 전을 지키는 성도가 더욱 복된 하나님의 사람임을 느끼게 하여 주옵소서.

오늘 명절을 앞두고 구역(속회, 셀) 모임을 갖습니다. 믿음을 충전하는 시간이 되게 하옵소서.

이 모임을 인도하는 인도자에게 성령의 충만을 부어주실 것을 믿사옵고 예수 그리스도의 이름으로 기도합니다. 아멘

기도를 돕는 한 마디
말씀공부 없이는 참된 기도가 있을 수 없고 기도 없이는 참된 말씀공부를 기대할 수가 없다. _ 로레이

[명절 – 추석]
하나님의 섭리와 은혜를 나눌 수 있게 하소서

풍성한 결실이 있게 하시는 하나님 아버지!

저희가 지금까지 지내 온 모든 것이 주님의 은총이었음을 고백합니다. 감당하기 어려운 일들도 많았사오나 그때마다 극복할 수 있는 지혜와 용기가 있었던 것은 주님의 도우심이었음을 깨닫습니다. 언제나 그와 같은 모습으로 저희와 함께하시는 주님이심을 믿습니다. 오늘도 그 사랑 앞에 저희들이 모였사오니 주님의 은혜를 한껏 높이게 하여 주옵소서.

주님! 이번 주에는 저희들이 민족 고유의 명절인 추석을 맞습니다. 처음 딴 과일과, 새로 수확한 햇곡식을 맛보며 온 가족이 기쁨을 나눌 수 있게 하시니 얼마나 감사한지요. 주님만이 명절의 진정한 주인이심을 믿습니다. 이 좋은 명절을 우상에게 절함으로 마귀에게 내어주는 일이 없게 하시고, 오직 하나님께만 감사하며 영광 돌릴 수 있는 명절이 되게 하여 주옵소서.

모처럼 모이는 가족들이 하나님의 섭리와 은혜를 나눌 수 있는 자리가 되기를 원합니다. 서로 간에 아픔이 되는 이야기들은 피할 수 있게 하시고, 유익한 이야기들로 서로의 마음을 위로하며 격려할 수 있는 자리가 되게 하여 주옵소서.

특히 명절이 되어도 찾을 고향이 없는 교우들이 있습니다. 우리 주님이 그 마음의 설움과 안타까움을 잊지 않으실 것을 믿습니다.

오늘도 이 자리에 모인 각 사람의 마음에 성령께서 함께하실 것을 믿습니다. 특별히 인도자를 붙드셔서 주님이 주신 사명을 기쁨으로 감당할 수 있게 하옵소서.

예수 그리스도의 이름으로 기도합니다. 아멘

기도를 돕는 한 마디
먼저 회개하고 기도하는 것이 참으로 유익하다. _D. L. 무디

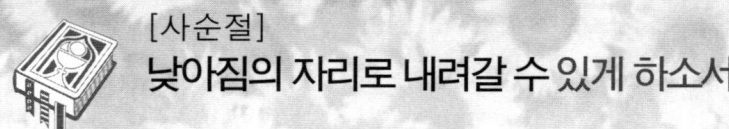

[사순절]
낮아짐의 자리로 내려갈 수 있게 하소서

은혜가 풍성하신 하나님 아버지!

아름다운 봄날을 저희에게 주시고 따사로운 햇살로 어루만지시는 주님의 손길 아래 무릎을 꿇습니다. 이 좋은 계절에 천지를 주관하시는 하나님을 찬양하게 하시니 감사합니다. 영광을 홀로 받으시옵소서.

주님! 저희들이 사순절 기간을 맞았습니다. 십자가를 지신 주님을 생각한다 하면서도 언제나 육신의 것을 보는 것으로 낙을 삼았던 저희들입니다. 부끄러운 마음을 회개하오니 용서하여 주옵소서.

사순절 기간만큼이라도 고난을 받으신 주님을 생각하며 기도와 묵상 속에서 보낼 수 있게 하여 주옵소서. 주님의 피 묻은 십자가를 생각하며 욕구와 욕심을 절제할 수 있게 하시고, 용서를 실천할 수 있게 하시며, 낮아짐의 자리로 내려갈 수 있게 하여 주옵소서.

사순절 기간에 저희 구역(속회, 셀) 식구들 모두가 십자가의 사람으로 거듭나고 십자가의 삶을 사는 데에도 더욱 익숙해질 수 있는 계기가 되게 하옵소서. 주님의 몸 된 교회와 구역(속회, 셀) 모임도 항상 주님의 십자가 보혈의 공동체가 되게 하옵소서.

혹 영적으로 게으름에 빠진 지체들이 있습니까? 사순절을 통하여 십자가의 주님을 만날 수 있게 하시고, 다시금 부지런함으로 주님을 섬길 수 있도록 회복의 은혜를 더하여 주옵소서.

오늘 저희가 이 모임을 주님이 사랑하시고 인정하시는 믿음의 공동체를 가꾸어갈 수 있게 하옵소서.

예수 그리스도의 이름으로 기도합니다. 아멘

기도를 돕는 한 마디

하나님께 요구하며 몸부림치는 것을 사막을 걷는 낙타의 네 발에 비유한다면, 감사와 찬송은 그 위를 높이 떠서 광활한 푸른 하늘을 마음껏 휘저어 쏜살같이 날아가는 독수리의 날개와 같다. _휴겔

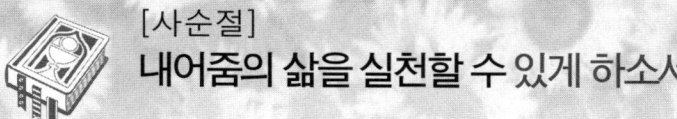

[사순절]
내어줌의 삶을 실천할 수 있게 하소서

천지의 주재이신 하나님 아버지!

이 땅의 구속 사역을 완성하시기 위하여 친히 오심을 감사드립니다. 십자가의 보혈로 구원을 얻은 저희들이 그 은혜를 힘입어 이 자리에 모였습니다. 영원토록 주님 안에 거하는 저희 모두가 되게 하옵소서.

주님! 저희들이 사순절 기간을 보내고 있습니다. 이번 사순절 기간 동안 저희를 위하여 고난을 받으시고, 겸손하게 낮아지신 주님을 본받을 수 있게 하옵소서. 자기를 부인할 줄 아는 신앙의 사람으로 다듬어질 수 있게 하시고, 저희에게 맡겨진 십자가를 지고 주님을 좇을 수 있게 하옵소서. "누구든지 제 목숨을 구원코자 하면 잃을 것이요 누구든지 나를 위하여 제 목숨을 잃으면 찾으리라"(마16:25) 하셨사오니 주님의 희생하심을 본받아 내어줌의 삶을 조금이라도 더 실천할 수 있는 사순절이 되게 하옵소서.

주님의 피 묻은 십자가를 생각할 때마다 새로운 감동이 밀려올 수 있게 하시고, 고난도 기쁨으로 여길 수 있는 저희 모두가 되게 하옵소서. 또한 이번 사순절 기간에 형식적인 기도 생활에서 벗어나 주님처럼 진액을 짜내는 기도를 실천할 수 있게 하시고, 영혼을 사랑하사 죽기까지 사랑하신 주님의 사랑을 본받아 영혼 사랑에 마음을 쏟을 수 있는 저희 모두가 되게 하옵소서.

이 시간, 저희들이 주님의 고난 받으심을 생각하며 이 모임을 갖기 원합니다. 십자가 안에서의 진정한 교제로 서로의 연약한 믿음을 세워 줄 수 있는 시간이 되게 하옵소서.

예수 그리스도의 이름으로 기도합니다. 아멘

기도를 돕는 한 마디

열망하는 마음을 뜨거운 물처럼 아버지의 보좌 앞에 쏟아 부으라. 겟세마네 동산에서 주님의 땀방울이 핏방울같이 흘러 내렸던 것처럼… _작자 미상

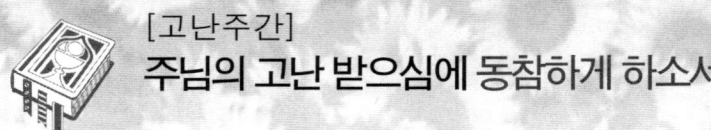

[고난주간]
주님의 고난 받으심에 동참하게 하소서

　구원의 주님! 주님께서 수난 받으심으로 저희가 새 생명을 얻게 되어 하나님의 자녀로 영생의 축복을 누리게 하심을 감사드립니다. 이 시간, 큰 사랑을 입은 하나님의 자녀들이 한 자리에 모였습니다. 모인 저희들이 고난을 받으시고 십자가에 달리셨던 주님을 기억하고 주님의 위대하신 사랑 앞에 늘 감격하며 주님을 사모하는 자들이 되게 하여 주옵소서.

　주님! 저희들이 주님께서 고난의 쓴 잔을 받으신 고난주간을 보내고 있습니다. 이번 한 주간이 저희들에게는 슬픔의 주간인 것을 깨닫습니다. 한 주간만큼이라도 주님의 고난 받으심에 동참하는 마음으로 말을 아끼게 하시고, 불평과 원망의 언어를 입술에 담지 않게 하옵소서. 꼭 하고 싶은 것이 있을지라도 절제할 수 있게 하시고, 먹고 싶은 음식이 있을지라도 절제할 수 있게 하옵소서. 분노할 일이 있어도 참을 수 있게 하시고, 기쁘고 즐거운 일이 있을지라도 고난 받으신 주님을 생각하며 자제할 수 있게 하옵소서. 꼭 가고 싶은 곳이 있을지라도 함부로 발걸음을 옮기지 않게 하여 주시고, 오직 험한 십자가를 지신 주님만을 깊이 생각하며 보낼 수 있는 한 주간이 되게 하여 주옵소서.

　고난주간을 맞아 특별히 금식을 하는 성도들이 있습니다. 굳건한 믿음으로 채워주셔서 주님의 험한 십자가를 바라보며 고난의 유익을 누릴 수 있도록 붙들어 주옵소서.

　이 시간, 저희 모두가 다시 한 번 주님의 험한 십자가를 바라볼 수 있게 하실 것을 믿사옵고 예수 그리스도의 이름으로 기도합니다. 아멘

기도를 돕는 한 마디
전심으로 기도하는 열정에 사로잡힐 때만 생명을 주는 불은 내려온다.
_ 작자 미상

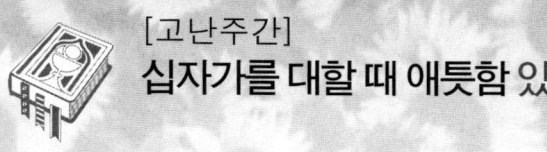

[고난주간]
십자가를 대할 때 애틋함 있게 하소서

사랑의 주님!

오늘도 주님의 크신 사랑으로 맺어주신 지체들이 한자리에 모일 수 있게 하시니 감사합니다. 주님의 사랑을 깨닫고 알기에 저희들이 이 자리에 모이게 되었습니다. 생명 다하는 그날까지 주님께로부터 받은 사랑을 실천할 수 있는 삶을 살아갈 수 있게 하옵소서.

주님! 저희들이 주님의 수난 받으심을 기억하며 그 고난 받으심에 동참하는 마음으로 한 주간을 보내고 있습니다. 저 험한 십자가에 달렸어야 할 장본인은 주님이 아니라 죄인 된 저희들임을 깨닫습니다. 주님을 십자가의 고통으로 밀어 넣은 이 못된 죄인들을 용서하여 주옵소서. 저희들이 주님이 짊어지신 십자가를 바로 안다면 이 고난 주간에 마음을 다하여 그 고난에 동참할 수 있게 하옵소서. 어쩔 수 없이 때우기 식으로 주님의 고난에 동참하는 불경한 모습이 없게 하시고, 주님의 고난 받으심을 가슴 저미도록 느끼며, 주님의 피 묻은 십자가를 대하는 애틋한 절규가 있게 하옵소서.

주님! 지금도 저희들에게는 보이지 않는 골고다 언덕이 있음을 기억하게 하옵소서. 주님이 몸을 찢으셔서 보혈을 뿌리신 피의 길을 저희도 걸어야 한다는 사실을 잊지 않게 하옵소서. 또한 이 구역(속회, 셀) 모임도 주님이 피로 사신 공동체임을 잊지 않게 하옵소서. 주님이 저희들을 위하여 희생제물이 되셨듯이, 저희들도 영혼구원을 위하여 드릴 수 있는 희생제물이 되게 하옵소서. 오늘 이 시간도 주님의 피 묻은 십자가만 보이게 하옵소서.

예수 그리스도의 이름으로 기도합니다. 아멘

기도를 돕는 한 마디

그리스도 왕국에 있어서 가장 강한 자는 가장 잘 두드리는 자이다. _ 바운즈

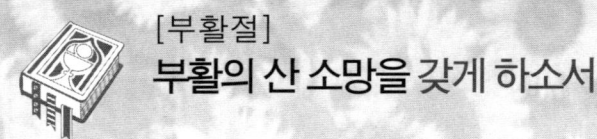

[부활절]
부활의 산 소망을 갖게 하소서

저희들에게 산 소망을 주신 주님!

부활의 주님을 찬양하며 영광 돌립니다. 주님의 부활로 온 세계 만민들이 기뻐하고 있습니다. 죄와 죽음을 이기신 일이 분명한 역사적 사건임을 믿습니다. 이 시간 저희 모두가 다시 한 번 부활의 소망을 주신 주님을 찬양하게 하옵소서.

주님! 십자가의 고난 뒤에는 반드시 영광스러운 부활이 있다는 진리의 말씀을 믿으며, 이 세상 사는 동안 어떠한 역경과 환난 속에서도 부활의 소망을 가지고 낙심하거나 좌절하지 않게 하옵소서. 사울이 부활하신 주님을 만난 후에 변하여 바울이 되었듯이(행9:1~22) 저희들도 부활하신 주님을 체험함으로 변화된 삶을 살게 하옵소서.

전도를 할 때마다 썩을 것으로 심지만 썩지 아니할 것으로 다시 살아나며, 욕된 것으로 심지만 영광스러운 것으로 다시 사는 부활의 복음을 증거할 수 있게 하옵소서.

저녁이 되고 아침이 밝아올 때에 부활의 의미를 깨닫게 하시고, 만물이 소생하는 봄이 되어서 꽃이 피고 싹이 움트는 것을 보고, 부활의 신비스러움을 느낄 수 있게 하옵소서. 매일의 생활 속에서 새로운 하루를 시작하는 아침이 될 때마다 부활의 기쁨을 누리면서 하루하루를 승리하게 하옵소서.

주님! 저희들이 모이는 이 구역(속회, 셀) 모임도 진정한 부활의 공동체가 되기를 원합니다. 부활의 산 신앙을 갖고 능력 있게 모일 수 있게 하시고, 각자 맡은 역할을 잘 감당할 수 있게 하옵소서.

부활의 산 소망을 주신 예수 그리스도의 이름으로 기도합니다. 아멘

기도를 돕는 한 마디
열심이 없는 기도는 죽은 개로 벼룩을 사냥하는 것과 같고 눈먼 매로 빈대를 잡으려는 것과 같다. _작자미상

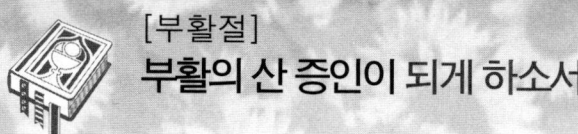

[부활절]
부활의 산 증인이 되게 하소서

할렐루야! 부활의 주님을 찬양합니다.

이 시간 부활의 은총을 누리는 자들이 한 자리에 모여 부활의 첫 열매가 되신 주님을 인하여 기뻐할 수 있게 하시니 감사합니다.

주님! 저희들이 주님의 부활하심을 단지 기뻐할 것만이 아니라, 주님의 부활하심을 더욱 힘써서 증언하며 나타낼 수 있게 하옵소서. 도망쳤던 제자들이 부활하신 주님을 만난 이후로 그 기쁨의 좋은 소식을 전하기에 주저하지 않았듯이, 저희들도 주님을 담대하게 증거할 수 있는 삶이 되게 하옵소서.

주님의 부활을 담대하게 증거할 수 있는 종으로 쓰임받기 위하여 성령 충만을 사모하며 간구할 수 있게 하시고, 이 땅에서 저희의 생명을 다하는 그 날까지 부활의 증인으로서의 삶을 살기에 날마다 힘쓸 수 있는 저희들이 되게 하여 주옵소서. 어렵고 힘들다고 하여 증인의 자리를 회피하지 않게 하시고, 바쁘고 피곤하다고 하여 증인의 사명을 게을리 하지 않는 저희들이 되게 하옵소서.

주님이 부활하셨기에 저희들이 가장 복된 자들임을 깨닫습니다. 주님의 부활이 없었다면 저희같이 불쌍한 자들이 또 어디에 있겠습니까? 때를 얻든지 못 얻든지 복된 자의 의무를 다할 수 있는 저희가 되게 하여 주옵소서.

또한 구역(속회, 셀) 모임도 언제나 부활의 기쁨을 나눌 수 있는 소망의 모임이 되게 하시고, 저희들의 가정과 생업도 부활의 기쁨으로 충만하게 채워진 소망의 터전이 되게 하옵소서.

부활의 첫 열매가 되신 예수 그리스도의 이름으로 기도합니다. 아멘

기도를 돕는 한 마디
이루어질 때까지 쉬지 말고 기도하라. 기도는 그렇게 하는 것이다. _존 낙스

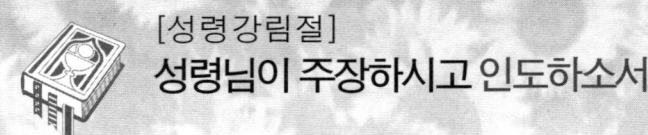

[성령강림절]
성령님이 주장하시고 인도하소서

약속하신 성령을 보내주신 주님!

저희를 향하신 주님의 인자하심에 감사드리오며 찬송과 영광과 존귀를 주님께 드립니다. 성령께서 그 안에 거하시는 자들이 한 자리에 모였습니다. 보혜사 성령께서 늘 저희의 마음을 주장하여 주셔서 날마다 성령의 사람으로 살게 하여 주옵소서.

이 시간, 저희가 성령 안에서 기도하고 찬송하며, 말씀을 묵상하고 교제할 때에 은혜 받게 하시며, 의로운 인격을 갖추고 새사람으로 살아갈 수 있게 하여 주옵소서. 또한 성령님의 간섭하심과 주장하심 속에서 저희의 신앙도 살찌게 하시고, 주님의 거룩하신 뜻을 실현할 수 있는 삶이 되게 하여 주옵소서. 저희의 생각과 계획도 미리 아시는 성령께서 저희들의 전 생활 영역이 성령님의 역사와 인도하심을 따라 사는 권세 있는 삶이 되게 하여 주옵소서.

주님의 이름으로 모이는 이 구역(속회, 셀) 모임도 성령의 권능으로 세우셨사오니, 구역(속회, 셀) 모임에 참석하는 지체들마다 성령의 능력을 체험케 하시고, 주님의 은혜를 더욱 사모하는 각 심령마다 성령을 충만하게 부어 주시고자 하시는 주님의 은총을 깨닫게 하옵소서.

성령님을 의지하며 사모하는 심령들이 넘쳐날 때 이 구역(속회, 셀) 모임이 질과 양적인 모든 면에서 날마다 부흥되며, 주님의 살아계심을 온누리에 나타낼 수 있는 능력의 공동체가 되게 하실 것을 믿습니다.

언제나 성령의 충만함으로 함께하시기를 원하시는 예수 그리스도의 이름으로 기도합니다. 아멘

기도를 돕는 한 마디
우리는 일어서서도, 걸어가면서도, 누워서도 기도할 것 밖에 없다.
_ 몽테규 어거스터스

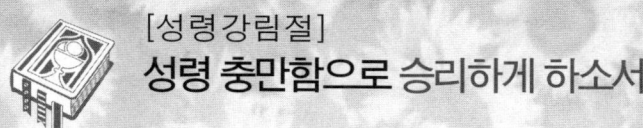

[성령강림절]
성령 충만함으로 승리하게 하소서

오순절 성령으로 임하시는 하나님!

진리와 권능으로 저희를 찾아와 주시니 감사드립니다. 오늘도 성령님의 인도를 받는 지체들이 한자리에 모였습니다. 이 모임을 복되게 하실 것을 믿습니다.

주님! 저희들에게 항상 성령 충만함을 주옵소서. 그리하여 각자 받은 사명을 잘 감당하며 주님을 높일 수 있는 삶이 되게 하여 주옵소서. 성령 충만함으로 모이기에 힘쓰게 하시고, 성령 충만함으로 주님의 몸된 교회를 잘 섬길 수 있게 하옵소서. 또한 성령 충만함으로 육신의 정욕을 이길 수 있게 하시고, 악한 권세를 이겨나갈 수 있게 하옵소서. 언제나 저희 모두가 성령 충만함으로 선한 싸움의 승리자가 될 수 있게 하옵소서.

주님! 지금 육체적으로나 정신적으로, 또는 여러 가지 문제로 고통당하는 지체들도 있습니다. 그들의 각 심령마다 성령님께서 충만하게 임하셔서 모든 고통에서 자유함을 얻게 하여 주시고, 기쁨으로 주님을 찬양할 수 있게 하옵소서. 이 시간, 저희들이 성령 안에서 찬송하고 기도하며 말씀을 묵상할 때에 더욱더 성령의 충만을 받는 시간이 되게 하시고, 성령 안에서 교제하며 떡을 뗄 때에 성령님의 위로하심을 경험할 수 있게 하옵소서.

오늘도 구역(속회, 셀) 모임을 위하여 수고하는 손길을 기억하옵소서. 언제나 성령의 사람으로 지체들을 섬길 때에 주님의 마음을 시원케 하는 복 있는 사람이 되게 하옵소서.

예수 그리스도의 이름으로 기도합니다. 아멘

기도를 돕는 한 마디
매순간 매순간마다 기도하는 자에게는 사탄이 유혹하거나 시험할 겨를이 없다. _ 작자 미상

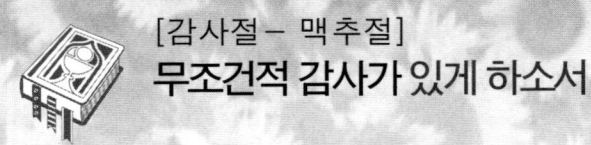

[감사절 – 맥추절]
무조건적 감사가 있게 하소서

전능하신 하나님 아버지!

어둠 속에 있던 저희들에게 진리의 빛을 밝히셔서 바른 길을 갈 수 있도록 인도하신 하나님께 찬양과 영광을 돌립니다. 오늘도 주님의 인도하심이 있었기에 저희들이 이 자리에 나온 줄 믿습니다. 저희 각 사람의 마음을 굳게 붙들어 주셔서 언제나 믿음에서 흐트러지지 않는 길을 걸어갈 수 있게 하옵소서.

주님! 저희들이 맥추감사주일을 앞두고 있습니다. 지난 일들을 돌이켜보면 주님께 감사해야 함에도 불구하고 원망과 불평으로 일관했던 저희들입니다. 용서하여 주옵소서. 이제는 저희들에게 원망하고 불평하는 어리석음이 없게 하여 주시고, 언제나 주님의 은혜에 늘 감사의 고백을 드릴 수 있는 삶이 되게 하여 주옵소서.

조건적 감사만이 아니라 한 걸음 더 나아가 무조건적 감사를 표현할 수 있는 저희가 되게 하여 주옵소서. 즐겁고 기쁠 때도 감사하게 하시고, 어렵고 힘들어도 감사할 수 있게 하옵소서. 모든 것 다 얻어도 감사하게 하시고, 모든 것 다 잃어도 감사할 수 있게 하옵소서. 저희의 살아가는 삶의 모습이 언제나 감사가 될 수 있게 하옵소서.

혹, 이 자리를 찾은 지체들 중에 감사를 잃어버린 자가 있습니까? 이 시간, 주님께 예배를 드리며 믿음의 교제를 나눌 때 감사할 수 있는 마음을 회복할 수 있게 하옵소서. 이번 맥추감사주일에는 저희 모두가 주님께 절대적인 감사를 표현할 수 있는 마음이 되게 하옵소서. 저희의 살아가는 모습이 감사가 되기를 원하시는 예수 그리스도의 이름으로 기도합니다. 아멘

기도를 돕는 한 마디

육신의 부모님께 구체적으로 나의 필요를 요청하듯이, 하나님 아버지께도 구체적으로 기도하라. _ 작자 미상

[감사절 – 추수감사절]
감사의 사람으로 쓰임 받게 하소서

비교할 것 없이 좋으신 우리 주님!

수많은 사람들 중에 저희들을 특별히 택하여 주셔서 주님의 자녀를 삼아주시고, 마음을 다하여 주님을 찬양하고 경배하며 영광 돌릴 수 있는 삶을 살게 하시니 감사드립니다.

오늘도 주님께 택함을 받은 자들이 한자리에 모였습니다. 저희들에게 모일 수 있는 마음을 주시니 다시 한 번 감사와 찬양을 주님께 올립니다.

주님! 저희들이 추수감사주일을 앞두고 있습니다. 지금까지 지내온 것 주님의 크신 은혜임을 고백합니다. 저희들이 절기 때만 주님의 은혜를 기억하며 감사하는 것이 아니라 범사에 감사할 수 있게 하여 주옵소서. 또한 이유 있는 감사이기보다는 이유 없는 무조건적인 감사를 주님께 드릴 수 있게 하시고, 잃어버린 것이 많을지라도 주님의 함께 하심을 인하여 감사할 수 있는 저희 모두가 되게 하여 주옵소서.

주님! 감사가 없는 까닭에 세상이 점점 흉흉해지고 있습니다. 불평과 원망의 소리들이, 뽀얀 먼지가 되어 곳곳을 덮은 이 세상을 감사로 청소해낼 수 있는 저희 모두가 되게 하여 주옵소서. 저희가 가는 곳에 불평이 변하여 감사의 꽃이 피게 하여 주시고, 원망이 변하여 감사의 향기가 진동할 수 있게 하여 주옵소서. 어디를 가든지 무엇을 하든지 감사의 사람으로 쓰임 받을 수 있게 하실 것을 믿습니다. 이제 올해도 얼마 남지 낳았습니다. 감사로 한 해를 잘 마무리할 수 있게 하옵소서.

예수 그리스도의 이름으로 기도합니다. 아멘

기도를 돕는 한 마디
위험을 피하기 위해 기도하지 말고 그 위험을 두려움 없이 맞을 수 있도록 기도하라. _라빈드라나스 타골

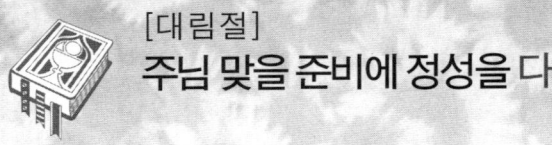

[대림절]
주님 맞을 준비에 정성을 다하게 하소서

왕의 왕 되신 주님을 찬양합니다.

오늘도 저희들이 찬양을 받으시기에 합당하신 주님께 영광을 돌리오니 계신 곳 하늘에서 받으시고, 영광 중에 저희들 가운데 임재하시옵소서. 저희들이 마음과 뜻과 정성을 모았습니다. 심령을 감찰하시는 주님께서 저희들의 중심을 기억하실 것을 믿습니다.

주님! 저희들이 대림절 기간을 보내고 있습니다. 그리스도를 맞이하기 원하는 대림절 기간에 예수님의 구원의 말씀으로 충만하게 하여 주시기를 원합니다. 생명의 말씀을 들을 때에 듣는 것으로 그치지 아니하고 듣는 대로 전파할 수 있게 하옵소서. 그 말씀에 응답하는 제자의 삶이 되기를 바랍니다. 또한 주님을 맞을 준비에 정성을 다하는 저희 모두가 되게 하여 주옵소서.

주님! 그 어느 때보다도 사랑이 필요한 계절입니다. 저희에게 주님의 사랑을 전할 수 있는 손길이 있게 하시고, 어둡고 그늘진 곳에 구원의 기쁜 소식을 알릴 수 있는 성령 충만이 있게 하옵소서.

주님! 판단치 않으려고 하나 오늘 이 자리에도 참석하지 못한 지체들이 있습니다. 연말을 맞이하여 더욱 바쁘고 분주한 줄 압니다. 그러나 허탄한 데 마음을 빼앗겨 이 자리에 참석하지 못한 지체들이 있다면 불쌍히 여기시고, 그 어느 자리보다 믿음의 자리를 소중히 여길 줄 아는 마음을 갖게 하옵소서.

이 시간, 저희들의 심령에 평화의 주님이 강림하실 것을 믿사옵고 예수 그리스도의 이름으로 기도합니다. 아멘

기도를 돕는 한 마디
하나님을 구하지 않는 사람들의 눈에는 하나님이 존재하지 않는다. 하나님을 구하라. 그리하면 그대들 앞에 나타나시리라. **_톨스토이**

[성탄절]
성탄절의 의미가 바로 세워지게 하소서

언제나 저희를 사랑하시는 주님!

오늘도 주님의 사랑이 저희를 향하고 있기에 구역(속회, 셀) 모임을 갖게 된 줄 믿습니다. 이 자리에 있는 저희들, 주님의 그 깊으신 사랑을 생각하며 이 모임을 가질 수 있게 하시고, 찬양과 감사를 주님께 올릴 수 있게 하여 주옵소서.

주님! 이제 교회 밖에는 주님의 나심을 알리기 위하여 곳곳마다 휘황한 불빛을 비추고 있고 캐럴을 크게 틀어놓고 있습니다. 그러나 과연 주님을 모르는 자들이 얼마나 주님의 오심을 축하하며 기뻐할 수 있겠습니까? 주님께서 왜 죄악된 이 세상에 육신의 몸을 입고 오셔야 했는지를 아는 저희들이오니 단지 기뻐하고 즐거워할 것만이 아니라, 주님의 희생하심에 뜨거운 감사와 감격의 찬양을 드릴 수 있는 성탄절이 되게 하여 주옵소서. 이 땅의 곳곳에 진정한 성탄의 의미가 뿌리내리기를 원합니다. 죄로 죽을 수밖에 없는 인간을 찾아오신 주님의 사랑을 깨닫고 그 앞에 엎드리기를 원합니다. 이 땅을 고쳐 주옵소서.

주님! 교육부서가 주님의 오심을 축하하기 위하여 성탄절 행사를 준비하고 있습니다. 교사들과 어린 심령들의 마음을 붙드셔서 진정한 성탄의 의미가 담겨진 내용들로 준비할 수 있게 하옵소서.

저희들도 구역(속회, 셀) 모임을 가질 때 성탄절을 준비하는 마음으로 가질 수 있게 하시고, 동방박사와 같이 아기 예수님께 드릴 예물도 정성껏 준비할 수 있게 하옵소서.

지금 이 시간, 저희들 가운데 주님의 함께하심을 믿사옵고 예수 그리스도의 이름으로 기도합니다. 아멘

기도를 돕는 한 마디
주님은 우리에게 대가를 지불할 준비가 되어 있는지를 물으신다. 그 대가란 우리 자신을 완전히 그리고 철저히 부인하는 것이다. _ 앤드류 머레이

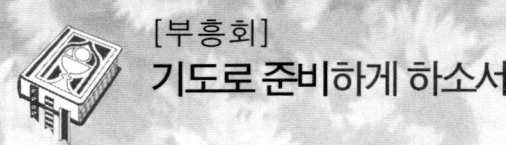

[부흥회]
기도로 준비하게 하소서

어제나 오늘이나 영원토록 살아계신 전능하신 하나님 아버지!
영적 기근의 시대를 살아가는 저희들에게 구별된 삶을 살고자 하는 열망을 갖게 하시고, 소망을 하나님께 두며 이 세대를 본받지 않게 하시니 감사드립니다. 오늘도 하나님께 소망을 둔 자들이 한자리에 모였습니다. 지금 저희들과 함께하실 것을 믿습니다.

주님! 이 시간에 특별히 부흥성회를 위하여 기도하기를 원합니다. 식어버린 저희의 심령에 성령의 충만을 허락하시기 위하여 심령 부흥회를 갖게 하심을 감사드립니다. 또한 성령 충만한 강사 목사님도 보내주심을 진심으로 감사드립니다.

주님! 저희들이 이번 부흥집회에 더 큰 하나님의 은혜를 경험하기 위하여 기도로 준비할 수 있게 하옵소서. 준비하는 자에게 성령님이 바람같이, 불같이, 생수같이, 임하실 것을 믿습니다. 상한 마음이 위로를 받고, 육신의 문제로 고통 받는 것들이 해결되며, 고질적인 질병이 치료를 받는 역사가 있게 하실 것을 믿습니다. 또한 가정과 사업과 생활에 뒤엉켜있는 모든 문제들이 근본적으로 해결되는 축복의 시간이 되게 하실 것을 믿습니다.

이 시간, 일신상의 문제로 인하여 구역(속회, 셀) 모임에 참석하지 못한 지체들이 있습니다. 육신적인 문제에 얽매여 영적인 일을 등진 지체들을 불쌍히 여겨주옵소서. 또한 이 복되고 은혜로운 자리에 참석하고 싶어도 부득불 참석하지 못한 지체들도 있습니다. 어디에서 무엇을 하든지 성령께서 동행하여 주옵소서.

찬양을 받으실 주님을 경배하오며 예수 그리스도의 이름으로 기도합니다. 아멘

기도를 돕는 한 마디
편안한 삶을 위해 기도하지 마라. 강한 사람이 되도록 기도하라. 당신의 능력에 합당한 사명을 위해 기도하지 마라. 오히려 당신의 사명에 합당한 능력을 구하라. _ 필립스 브룩스

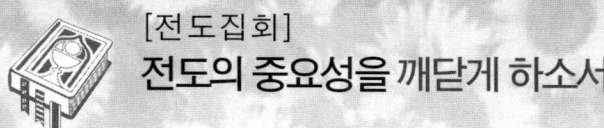

[전도집회]
전도의 중요성을 깨닫게 하소서

찬양과 경배를 받으시기에 합당하신 하나님 아버지!

오늘도 저희들이 한자리에 모여 주님을 찬양하며 영광을 돌릴 수 있게 하시니 감사합니다. 계신 곳 하늘에서 영광을 받으시고 크신 은총을 내려 주옵소서.

한 영혼을 천하보다 귀하게 여기시고 사랑하시는 주님! 이 시간에 특별히 전도집회를 앞두고 기도하기를 원합니다. 그 동안 저희들이 전도의 중요성을 알면서도 영혼을 구원하는 일에 마음을 쏟지 못했던 것은 아닌지요. 바쁘고 시간이 없다는 것을 핑계 삼아 복음 전하는 일에 아예 관심을 접으려고 했던 것은 아닌지요.

주여! 주님의 크신 사랑과 은혜로 용서하여 주옵소서. 저희의 간사함과 완악함을 성령의 불로 녹여 주시고 성령 충만을 허락하여 주옵소서. 이번 전도집회를 통하여 영혼구원의 중요성을 다시 한 번 깨달을 수 있게 하시고, 전도에 대한 열정이 강하게 회복되는 시간이 될 수 있게 하옵소서. 전도의 미련한 것으로 믿는 자들을 구원하시기를 기뻐하시는 주님의 마음을 온몸으로 깨닫고 느낄 수 있는 계기가 되게 하여 주옵소서.

오늘 이 복된 자리에 참석하지 못한 지체들이 있습니다. 이 구역(속회, 셀) 모임을 가볍게 여기지 않도록 주의 성령께서 그 마음을 주장하여 주옵소서. 이 시간, 이 모임을 인도하는 인도자를 기억하셔서 성령의 능력으로 강하게 붙드시기를 원합니다.

이 모임이 끝나기까지 육신의 피곤함이 엄습하지 않도록 도우실 것을 믿사옵고 예수 그리스도의 이름으로 기도합니다. 아멘

기도를 돕는 한 마디
너무 바쁘다고 기도하지 않는 사람은, 너무 바쁘다고 자신의 건강을 돌보지 않는 사람과 같다. _ 작자 미상

계절, 절기, 행사에 맞춘 **구역예배 대표기도문**

[총동원전도주일]
영혼구원에 총력을 기울일 수 있게 하소서

영혼을 사랑하시기에 온몸을 던지신 주님!

저희들이 그 사랑을 입은 자들이기에 이 자리에 모였습니다. 주님의 사랑이 저희들을 이 자리로 강권하신 줄 믿습니다. 항상 그 사랑을 좇아 사는 저희들이 되게 하옵소서.

주님! 저희들이 총동원전도주일을 앞두고 있습니다. 이 시간에 그 행사를 위하여 기도합니다. 주님이 분부하신 복음전도의 명령을 조금이라도 더 힘써서 감당하고자 총동원전도주일로 지키게 되었사오니, 영혼구원의 열매를 맺기 위하여 마음을 쏟고 있는 저희들에게 큰 능력을 더하여 주옵소서.

정해진 기간이라 조급한 마음이 앞서있는 것은 사실이지만 행사에 그치는 전도주일이 되지 않기 위하여 기도하며 영혼구원의 사역에 총력을 기울일 수 있게 하여 주옵소서. 영혼구원의 열매를 맺은 성도들에게 주님의 칭찬과 위로가 있게 하실 것을 믿습니다. 생업의 결실도 풍성히 맺을 수 있도록 인도하실 것을 믿습니다.

주님! 저희들이 이번 행사 때 뿐 아니라 매일 영혼구원을 위하여 마음을 쏟을 수 있는 삶을 살아가게 하옵소서. 때를 얻든지 못 얻든지 항상 영혼 구원에 힘쓰게 하시고, 영혼구원의 결실을 맺는 귀한 축복의 삶이 되게 하여 주옵소서. 이 시간, 저희들이 구역(속회, 셀) 모임을 가지면서 특별히 영혼구원에 대하여 함께 고민할 수 있게 하시고 정보를 나눌 수 있게 하시며, 기도할 수 있게 하옵소서. 지금도 한 영혼이라도 구원받기를 원하시는 예수 그리스도의 이름으로 기도합니다. 아멘

기도를 돕는 한 마디
기도는 모든 신자를 왕 되신 하나님의 존전으로 이끌고 올라가는 승강기일 뿐만 아니라 또한 하나님께로 나아갈 수 있는 동등한 자격을 주는 평형장치가 된다. _ 작자 미상

[특별새벽기도회]
새벽의 사람으로 거듭나게 하소서

은혜가 풍성하신 하나님 아버지!

언제나 주님의 은혜의 손길이 저희들 붙들고 계신 줄 믿습니다.

오늘도 주님의 은혜를 받은 자들이 구역(속회, 셀) 모임을 갖습니다. 주님의 은혜를 더욱 풍성하게 나눌 수 있는 복된 자리가 되게 하여 주옵소서.

자비로우신 하나님 아버지! 교회적으로 특별새벽기도회를 하고 있습니다. 이 시간에 특별히 특별새벽기도회를 위하여 기도하기를 원합니다. 그 동안 저희들은 세상의 안일만을 추구하는 데는 바빴어도 주님께 엎드려 기도하는 데는 한없이 게으르고 인색했었습니다. 솔직히 영적인 일에 너무나 나태했던 저희들입니다.

주님! 이번 특별새벽기도회를 통하여 새롭게 변화 받기를 원합니다. 성령의 단비를 내려 주셔서 빈들의 마른풀이 단비를 맞아 소생하듯이, 저희들의 영육이 새롭게 변화되어 소생케 되는 역사가 있게 하여 주옵소서. 특별히 이번 특별새벽기도회를 통하여 새벽기도가 훈련되게 하시고, 새벽잠을 희생하고서라도 기도해야 한다는 절박한 마음을 갖게 하셔서, 계속적으로 주님 앞에 새벽기도를 드릴 수 있는 저희 모두가 되게 하여 주옵소서. 이번 기회에 확실한 새벽 사람으로 거듭나는 역사가 있게 하여 주실 줄 믿습니다.

오늘 이 모임 속에서도 기도가 회복되며 기도의 불길이 활활 타오르기를 원합니다. 성령 충만한 마가의 다락방이 되기를 원합니다. 저희들에게 풍성한 은혜를 내려 주옵소서.

예수 그리스도의 이름으로 기도합니다. 아멘

기도를 돕는 한 마디

우리는 사탄에게 저항하고 그 권세를 뒤엎을 능력을 갖고 있으며 하나님은 그렇게 하도록 우리 손에 무기를 쥐어 주셨는데 그것이 바로 기도이다.

_ 작자 미상

[교육부서 여름행사]
어린 심령의 신앙이 든든히 세워지게 하소서

저희를 감싸시고 사랑하시는 하나님 아버지!

무더운 날씨 속에서도 저희들이 해야 할 일들을 할 수 있게 하시고, 이 시간 구역(속회, 셀) 모임을 가질 수 있게 하시니 감사드립니다. 무덥고 뜨거운 여름이지만 뜨거운 신앙으로 주님을 섬길 수 있기를 원합니다.

저희들에게 여름의 계절을 허락하신 것은 주님을 향한 뜨거운 신앙을 잃지 말 것을 교훈하시기 위함임을 깨닫습니다. 피곤할지라도, 지칠지라도 주님을 향한 뜨거운 열정이 식지 않게 하여 주옵소서.

주님! 무더운 여름이지만 하절기를 맞이하여 교육부서에서 여름행사를 준비하며 진행하고 있습니다. 매년 하고 있는 여름행사라고 하여 틀에 박힌 행사가 되지 않게 하시고, 어린 심령들의 신앙이 든든히 세워지고 천국의 지경이 확장되는 축복의 행사가 되게 하여 주옵소서. 특별히 교육부서의 여름행사를 위하여 도움의 손길을 주는 성도들도 있습니다. 어린 심령들은 사랑을 먹고 크는 존재들임을 기억하여서 아이들을 지극히 사랑하는 마음으로 봉사할 수 있게 하여 주시고, 섬김과 사랑을 통하여 천국의 기쁨을 누릴 수 있게 하여 주옵소서.

또한 교육부서의 교역자와 교사들의 수고를 기억하셔서 피곤치 않도록 새 힘과 새 능력을 더하여 주시고 수고의 땀을 흘린 대가가 반드시 나타나게 하여 주옵소서.

오늘도 이 모임 가운데 바람같이 임하시는 성령의 역사를 경험하게 하실 것을 믿사옵고 예수 그리스도의 이름으로 기도합니다. 아멘

기도를 돕는 한 마디
기도 가운데 하나님께 담대하게 나아가는 자가 역사의 흐름을 바꿀 수 있다.
_ 작자 미상

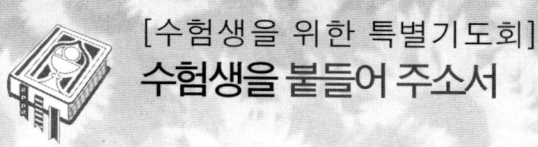

[수험생을 위한 특별기도회]
수험생을 붙들어 주소서

높고 맑은 하늘을 볼 수 있게 해주신 하나님!

주님의 크신 사랑을 인하여 감사와 영광을 돌립니다. 아름답게 물들어 가는 산하를 통하여 하나님의 나라를 보듯, 저희의 삶과 이해(理解)를 통해 믿음의 세계가 더욱 깊을 수 있도록 도와주옵소서. 이 시간도 구역(속회, 셀) 모임을 갖습니다. 이곳에 주님의 나라가 임하는 시간이 되게 하여 주옵소서.

주님! 이제 수능시험이 얼마 남지 않았습니다. 교회에서도 수능생을 위한 특별기도회를 하고 있습니다. 이 시간에 특별히 수능생을 위한 특별기도회를 위하여 기도합니다. 이 자리에 참석한 지체들 중에도 수능시험을 보는 자녀를 둔 부모들이 있습니다. 먼저 수험생을 두고 있는 부모들에게 함께하여 주옵소서. 이제껏 수능시험을 준비하는 자녀를 위하여 안쓰러운 마음과 안타까운 마음으로 기도하며 수발해 온 줄 압니다. 그 모든 수고와 그 마음의 간절함이 헛되지 않도록 은총을 더하여 주옵소서. 또한 수능생들을 기억하시고, 그 마음을 헤아려 주시기를 원합니다. 자신의 열심과 쌓은 지식을 의지하기보다 주님을 의지하고 의뢰하는 것이 지혜의 근본임을 믿습니다. 그 동안 학업에 전념하며 꾸준히 힘써 온 시험 준비를 기도로 잘 마무리 할 수 있도록 도와주시옵소서. 기쁨과 소망의 열매를 거둘 수 있게 하시고 낙심과 절망이 밀려오지 않도록 평안과 담대함을 주옵소서. 마지막까지 최선을 다할 수 있도록 용기와 힘을 더하여 주옵소서.

오늘도 이 모임을 인도하는 인도자를 기억하셔서 성령의 능력으로 붙드시고 저희들과 함께하실 것을 믿사옵고 예수 그리스도의 이름으로 기도합니다. 아멘

기도를 돕는 한 마디
기도는 위기에 처한 우리가 해야 할 가장 진지하고 올바른 일이다. _바운즈

교회력에 관한 짤막한 상식

(1) **강림, 대림절(Advent)**_ 11월 30일에 가장 가까운 주일에 시작하여 성탄절 전까지 4주간이고, 예수 그리스도의 오심을 기쁨으로 기억하며 재림을 소망하는 절기입니다.
(2) **성탄절(Christmas Tide)**_ 12월 25일부터 1월 5일까지이고, 예수 그리스도의 탄생과 성육신을 축하하는 절기입니다.
(3) **주현절(Epiph-ani)**_ 1월 6일부터 성회수요일까지이고, 처음에는 그리스도의 세례를 기념하다가 후에는 그리스도께서 이방인에게 나타나심을 기념하기 위하여 절기를 지켰습니다.
(4) **성회수요일(Ash Wednesday)**_ 부활주일 전날로부터 평일만 거꾸로 계산하여 40일째 되는 수요일이고, 사순절이 시작되는 첫 번째 날로 고난과 부활에 대한 준비일입니다.
(5) **사순절(Lent)**_ 성회수요일부터 부활절 전날까지 평일만 40일이고, 예수 그리스도의 고난을 기억하며 금식과 자기 회개의 기회를 삼기도 하고 구제와 사회봉사를 강화하여 신앙훈련의 기간으로 삼기도 합니다.
(6) **수난주간(Passion Week)**_ 사순절의 마지막 한주간이며, 부활절 전 주, 즉 종려주일부터 시작하여 부활절 전날까지입니다. 예수님의 입성, 죽음, 장사되기까지의 사건들을 기념합니다.
(7) **종려주일(Palm Sunday)**_ 수난주간의 첫날(주일)이고, 예루살렘의 입성을 기념하는 주일입니다.
(8) **수난일(Good Friday)**_ 수난(고난)주간의 6일째 날이고 예수님의 죽으심을 기념합니다.
(9) **부활주일(Easter day)**_ 수난일 후 첫 주일이고, 예수님의 부활하심을 기념하는 주일입니다.
(10) **성령강림절(Whitsunday)**_ 부활주일 후 일곱 번째 주일이고, 성령의 강림하심을 기념하는 주간입니다.
(11) **오순절(Pentacost)**_ 성령강림절 후 9월 마지막 주일까지이고, 성령강림 후 그 역사를 기념하는 기간입니다.
(12) **왕국절(Kingdom)**_ 10월 첫 주부터 대강절(대림절) 전까지이고 그리스도인들의 사회적 책임을 깨닫게 하는 절기입니다.

Chapter 4

구역, 셀, 속회 목장모임을 위한

주제별에 맞춘 구역 헌금 기도문

자원하여 드리게 하소서

　하늘과 땅의 주인이시며 저희 모든 소유의 주인이신 하나님 아버지!
　저희가 세상에 아무것도 가지고 온 것이 없었으나 오늘까지 일용할 양식을 주신 은혜를 감사드립니다. 그러나 저희에게 주신 물질을 하나님의 뜻대로 바로 쓰지 못한 죄와 허물을 용서하여 주옵소서.
　주님! 저희가 받은 모든 은사를 사용하되 낭비하거나 허비하거나 오용하거나 묻어두는 잘못을 범하지 않게 하여 주시고, 시시때때로 주님께서 원하시는 일을 위하여 힘써서 바치며, 주의 복음을 위하여 더욱 풍성히 사용할 수 있게 하여 주옵소서.
　저희의 생애를 통하여 주님의 몸 된 교회를 부요케 하고, 주님 나라를 부요케 할 수 있는 도구로 쓰임 받게 하여 주옵소서.
　이 시간 저희들이 주님께 예물을 드렸습니다. 마음을 담아 정성껏 예물을 드린 손길을 기뻐하시며 흠향하실 것을 믿습니다. 저희가 주님께 예물을 드릴 때 항상 준비된 예물을 드릴 수 있게 하시고, 인색함이 아닌 자원하여 드릴 수 있는 마음이 되게 하여 주옵소서.
　저희가 쓸 물질의 창고는 비어 있을지라도 주님께 드릴 물질의 창고는 항상 넉넉하게 하여 주옵소서.
　중심을 보시는 예수 그리스도의 이름으로 기도합니다. 아멘

기도를 돕는 한 마디
　기도는 시내 관광 여행을 위한 산뜻한 세단이 아니다. 기도는 창고로 직행하여 집으로 돌아오는 화물차다. _존 라이스

 ## 주님을 섬기는 일에 사용되게 하소서

자비로우신 주님!

이 시간 저희가 드린 예물과 정성을 받으시옵소서. 비록 저희의 정성과 예물이 미미하고 부족할지라도 저희 피조물의 속성을 아시는 주님께서 허물이 있는 예물로 여기지 마시고 정성스럽게 바친 예물로 여기셔서 기쁘게 받으시기를 원합니다.

주님! 주님께서 저희들에게 주신 물질을 육신의 정욕과 이생의 안목을 위해서만 사용치 않게 하시고 주님을 섬기는 일에 기꺼이 사용할 수 있는 물질이 되게 하여 주옵소서. 저희들이 드린 물질을 통하여 주님의 몸 된 교회가 든든히 서갈 수 있게 하시고, 천국의 지경이 확장될 수 있도록 도와주옵소서.

또한 주님께 힘을 다하여 드림으로 사람이 떡으로만 사는 것이 아님을 깨달아 알게 하시고, 하늘에 보물을 쌓아두는 기쁨과 보람을 느낄 수 있게 하옵소서.

주님께 드리고 싶어도 물질이 없어 드리지 못한 지체가 있습니까? 그 마음을 위로하여 주시고, 주님께 힘써서 드릴 수 있도록 물질의 복을 더하여 주옵소서. 주님께 드리는 물질이 부담이 되어 구역(속회, 셀) 모임에 참석하는 것도 부담이 되지 않게 하옵소서. 필요한 대로 채우시는 주님의 은혜를 경험하며 살아갈 수 있도록 인도하실 것을 믿습니다.

저희의 드린 예물을 향기로 받으시고 축복하시기를 원하시는 예수 그리스도의 이름으로 기도합니다. 아멘

 **기도를 돕는 한 마디**
나는 기도의 필요성을 여러 번 절실히 느꼈다. 왜냐하면 나 자신의 지혜 또는 내 주위에서 얻을 수 있는 지혜로는 불충분하기 때문이다. _아브라함 링컨

 ## 물질의 주인은 주님이심을 믿습니다

제단에 놓는 예물만이 아니고, 예물을 드린 자의 마음속 중심과 정성까지도 보시는 하나님 아버지!

저희 안에 믿음과 사랑과 하나님을 경외하는 마음을 더해 주시옵소서. 주님께 드리는 헌금, 이 봉헌의 예물이 정성 어린 값진 예물이 되기를 원합니다.

주님! 저희들이 주님께 드리는 예물이 가벼운 손끝에서 나오는 예물이 되지 않기를 원합니다. 항상 주님께 드릴 예물을 먼저 준비해 놓고 드릴 수 있는 저희의 중심이 되게 하옵소서.

주님! 저희의 물질을 주님이 주관하시는 것을 믿습니다. 주님이 도와주시지 않으면 저희의 경영하는 모든 것이 허사인 것을 믿습니다. 언제나 물질의 주인은 주님이심을 잊지 않게 하셔서 내 것이라 고집하며 사는 교만함이 앞서지 않게 하옵소서. 모든 것을 주님께 맡길 수 있는 저희의 믿음이 되게 하옵소서.

주님! 항상 마음을 담아 정성껏 드린 예물이 저희의 손길을 통하여 하나님께 드려질 수 있게 하시고, 또한 이 땅위에 주님의 뜻을 이루고 하나님의 나라를 건설하는 일에 뜻있게 사용될 수 있도록 도와주시옵소서.

이 시간 예물을 드린 손길마다 은혜를 더하시고 축복의 손길로 함께 하실 것을 믿사옵고 예수 그리스도의 이름으로 기도합니다. 아멘

 **기도를 돕는 한 마디**
내가 기도하기를 하루 게을리한다면 나의 능력의 상실을 자각하게 될 것이다. 이틀 게을리하면 나의 능력 상실을 다른 이들이 느낄 것이며, 기도하기를 삼일 게을리하면 세상이 나의 능력 상실을 알게 될 것이다. _피니

 ## 온전한 예물이 되게 하소서

사랑의 주님!

이 시간 저희들이 순서에 따라 주님께 예물을 드렸습니다. 저희들이 드린 예물에 부족함이 있을지라도 책망치 마시고 기쁘게 받아주시옵소서.

주님! 저희에게 있는 모든 것은 주님께서 주신 것이오며 주님의 것임을 믿습니다. 그러나 주님의 것을 가지고 저희가 사용하면서도 주님의 뜻대로 사용하지 못하고, 또한 마땅히 하나님께 구별하여 드려야 할 부분까지도 드리지 못하는 저희들을 용서하여 주옵소서.

주님! 저희들이 주님께 예물을 드릴 때마다 헌금하는 좋은 습관이 길러지기를 원합니다. 처음에는 인색한 마음으로 드렸을지라도 차차 기쁨으로 자원하여 드릴 수 있는 마음으로 바뀔 수 있게 하시고, 온전한 예물이 되게 하여 주옵소서.

또한 헌금 속에 감추어진 주님의 놀라우신 비밀을 깨달아 갈 수 있게 하시고, 헌금을 통하여 약속하신 주님의 축복을 받아 누릴 수 있는 삶이 되게 하옵소서. 헌금은 소비나 낭비가 아니라 믿는 자에게만 허락하신 주님의 축복의 통로임을 믿습니다.

주님! 이 시간 저희들이 드린 헌금이 물질뿐만 아니라 저희의 마음까지도 주님께 드린 모습이 되기를 원합니다. 주님은 헌금의 액수를 보시는 것이 아니라, 드린 자의 중심을 보신다는 것을 잊지 않게 하옵소서.

저희의 드린 예물을 언제나 향기로 받으시고 합당한 복으로 채워주시기를 원하시는 예수 그리스도의 이름으로 기도합니다. 아멘

 **기도를 돕는 한 마디**
기도는 영혼의 성실한 욕망이요, 가슴속에서 떨고 있는 숨겨진 불꽃의 운동이다. _몽고메리

 ## 사랑과 정성이 담긴 예물이 되게 하소서

"먼저 그 나라와 그의 의를 구하라 그리하면 이 모든 것을 너희에게 더하시리라"고 말씀하신 주님!

저희가 모든 염려를 다 주님께 맡기면 주님께서 권고하신다는 약속과 보장을 받고 있으면서도 시시때때로 염려하고 근심하는 불신앙의 죄를 범하며 살아온 저희들을 용서하여 주옵소서.

신실하시고 능력이 한이 없으신 하나님 아버지! 저희가 주님의 약속을 믿고 믿음으로 살아가는 경건한 백성들이 되게 하시고, 때를 따라 드리는 봉헌 예물에 주님을 향한 사랑과 정성이 담길 수 있도록 항상 도와주시옵소서.

이 시간 각자가 마음을 다하여 주님께 드린 봉헌 예물을 받으시기를 원합니다. 혹 인색함으로 드린 손길이 있다면 한없으신 사랑으로 덮어 주시고, 즐겨내는 손길이 될 수 있도록 변화의 축복을 허락하여 주옵소서.

또한 자원하는 마음으로 정성껏 드린 손길이 있습니까? 은혜 위에 은혜를 더하여 주실 것을 믿습니다. 물질로 인하여 어려운 일을 당치 않도록 막아주실 것을 믿습니다. 항상 주님께 넉넉히 드릴 수 있는 손길로 세우실 것을 믿습니다.

저희가 드린 예물이 주님의 몸 된 교회를 위하여, 그리고 주님의 손길이 필요한 곳에 값지게 사용되게 하실 것을 믿습니다.

즐겨 내는 자를 사랑하시고 더 크고 놀라운 것으로 되갚아주시는 예수 그리스도의 이름으로 기도합니다. 아멘

 **기도를 돕는 한 마디**
나는 전쟁 중에도 매일 성경을 읽고 기도를 했다. _마이크 클라크

 ## 주님의 영광을 위하여 쓰이게 하소서

날마다 저희의 삶을 지키시고 일용할 양식을 끊임없이 공급해 주시는 하나님 아버지!

오늘도 저희가 주님께서 주신 물질을 깨뜨려 순서에 따라 예물을 드립니다. 저희가 주님께 받은 바 은혜와 사랑과 축복의 극히 적은 한 부분을 드린 것 같아 심히 부끄러운 마음이 앞섭니다. 하오나 모든 것을 사랑으로 감싸시고 덮으시는 하나님께서 저희의 드린 예물을 향기롭게 받으실 것을 믿습니다.

원하옵기는 이 시간 주님께 드린 물질이 쌓여가기만 하는 물질이 되지 않기를 원합니다. 주님의 영광을 위하여 쓰이며 주님의 뜻을 따라 사용될 수 있는 물질이 되게 하옵소서. 주님의 사랑과 의를 나타내는 데 사용되는 물질이 되게 하옵소서.

이웃을 구제하는 일에, 선교하는 일에 사용될 수 있는 물질이 되게 하옵소서. 또한 주님의 몸 된 교회를 든든히 세우는 일에, 복음을 전하고 영혼을 구원하는 일에 사용될 수 있는 물질이 되게 하옵소서.

주님! 예물을 드린 손길도 기억하옵소서. 주님께 드리는 것이 부담이 되지 않도록 때를 따라 물질을 공급하여 주시고, 땀 흘려 수고한 대로 거둘 수 있는 복을 허락하여 주옵소서. 많은 것은 못 드릴지라도 마음을 담아 정성껏 드리는 예물은 항상 준비되어 있는 생활이 되게 하옵소서.

이 시간, 주님께 예물을 드린 손길마다 그 삶을 능력의 오른손으로 굳게 잡아주실 것을 믿사옵고 예수 그리스도의 이름으로 기도합니다. 아멘

 **기도를 돕는 한 마디**

기도하지 않아도 될 만큼 작은 짐은 없다. 그리고 너무 커서 기도해도 소용이 없는 문제도 없다. _페트릭

 ## 좀 더 풍성히 드릴 수 있게 하소서

저희에게 일용할 양식을 끊임없이 공급해 주시는 하나님 아버지!

오늘 저희가 주님께 드리는 봉헌을 받으시옵소서.

주여! 이 헌금, 이 예물은 주님의 것이요, 저희가 받은 것을 드리는 것뿐임을 깨닫습니다. 심히 적고 부족할지라도 주님께 드리기 원하오니 기쁘게 받아주시옵소서. 이후로는 좀 더 준비되고 정성스러운 예물을 풍성히 드릴 수 있기를 원합니다. 저희의 마음을 온전히 주장하여 주셔서 정성이 담긴 예물을 주님께 드릴 수 있게 하옵소서.

이 시간 마음을 다하여 드리지 못한 손길도 긍휼히 여겨주시옵소서. 이 땅을 살아가는 동안 물질 때문에 어려움 당하는 일이 없도록 은총을 더하여 주시고, 주님 앞에 즐거운 마음으로 드릴 수 있도록 때를 따라 채워주시옵소서.

주님! 저희가 드린 예물이 심히 적고 부족할지라도 주님의 나라와 그 의를 위하여 사용되는 예물이 되기를 원합니다. 천하보다 귀한 영혼을 구제하고 살리는 일에 사용되게 하시고, 하나님 나라의 지경이 확장되는 곳에 사용되는 예물이 되게 하옵소서. 특별히 재정을 맡아 관리하는 분들을 기억하시기를 원합니다. 그 마음에 정직한 영을 허락하여 주셔서 재정을 보는 것이 시험이 되지 않게 하시며, 주님께 큰 칭찬을 들을 수 있는 깨끗함을 가질 수 있게 하여 주옵소서.

교회의 재정을 보는 것을 통하여 주님의 더 큰 은혜를 경험할 수 있는 계기가 되게 하실 것을 믿습니다.

이 시간 마음을 다하여 정성껏 드린 손길마다 만 배로 갚으실 것을 믿사옵고 예수 그리스도의 이름으로 기도합니다. 아멘

 **기도를 돕는 한 마디**
기도를 안 하는 자는 하나님을 속이는 자가 아니다. 자신을 기만하는 자이다.
_ 휄링

 ## 선한 사업에 쓰이게 하소서

저희의 드리는 예물을 향기로 받으시기를 원하시는 하나님!

이 시간 저희들이 드리는 예물을 받아주시옵소서. 저희 모두가 예물을 드릴 때에 인색한 마음으로 드리지 아니하고 즐거운 마음으로 드린 줄 믿습니다. 마음을 담아 정성껏 드린 손길을 더욱 붙드셔서 주님의 영광을 드러낼 수 있게 하옵소서.

주님께 드려진 이 물질이 사용되는 곳에 주님의 영광만 나타나게 하시고, 주의 선한 사업에 귀하게 사용될 수 있는 예물이 되게 하여 주옵소서.

혹, 물질로 인해 시험 든 지체가 있습니까? 그 형편을 돌아보셔서 주님의 크신 긍휼을 베풀어 주옵소서. 물질로 인한 어려움에 신앙의 발목을 잡히지 않도록 도와주실 것을 믿습니다.

혹, 마지못해 억지로 드린 손길이 있습니까? 성령 충만하게 하여 주셔서 주님을 사랑함이, 정성껏 준비해서 드리는 예물로 표현되게 하여 주옵소서.

주님께 더욱 힘써서 드리는 모습이 저희의 평생 습관이 되게 하옵소서. 어렵고 힘들어도 주님께 은혜 받은 것을 물질로 표현할 수 있는 믿음이 있게 하여 주옵소서. 주님께서는 "너희 보물 있는 곳에는 너희 마음도 있느니라(눅12:34)"고 하였사오니, 거짓이 없는 진실한 마음을 물질에 담아낼 수 있는 믿음이 되게 하옵소서.

이 순간도 저희의 행위를 감찰하고 계시는 예수 그리스도의 이름으로 기도합니다. 아멘

 **기도를 돕는 한 마디**
쉬운 인생을 기도하지 말기 바랍니다. 강한 자가 되기를 위하여 기도하시기 바랍니다. 자신의 능력에 맞는 일감을 달라고 기도하지 말고 일감에 맞는 능력을 갖기를 기도하시기 바랍니다. _브룩스

 ## 영원한 것에 가치를 두게 하소서

사랑의 하나님!

이 시간 저희들이 드리는 예물을 받아 주시옵소서. 비록 정성이 부족하고 적은 것이라 할지라도 긍휼히 여기사 기쁘게 받아 주시기 원합니다. 저희들에게 좀 더 정성이 깃든 예물을 드릴 수 있도록 성령의 충만함을 허락하여 주시고, 물질로 주님의 몸 된 교회를 섬기기에 최선을 다할 수 있는 삶이 되게 하여 주옵소서.

주님께 예물을 드리면서 물질에 매여 있는 삶이 아니라 물질을 다스릴 수 있는 삶으로 바뀔 수 있게 하옵소서. 물질보다 항상 주님이 우선인 삶이 되게 하여 주옵소서. 또한 세속에 집착하는 삶으로부터 자유를 얻게 하시며, 신령한 것, 영원한 것에 가치를 두는 삶이 되게 하여 주옵소서.

주님! 이 시간 정성을 다하여 드린 손길 위에 주님의 은혜가 더욱 넘쳐나게 하실 것을 믿습니다. 선한 일에 복되게 사용될 수 있는 예물이 되게 하시고, 주님의 영광을 드러내는 일에 사용될 수 있는 예물이 되게 하여 주옵소서.

주님! 일정한 소득이 없어 드리지 못한 손길도 기억하옵소서. 그 가정의 형편을 헤아리셔서 물질 때문에 어려움 당하거나 시험에 드는 일이 없게 하시고, 주님 앞에 드리는 것도 기쁨이 될 수 있게 하여 주옵소서. 주님만이 물질의 주인이심을 믿습니다. 주님이 채우시는 위로와 축복이 항상 저희들 가운데 넘쳐나게 하실 것을 믿사옵고 물질의 진정한 주인이 되시는 예수 그리스도의 이름으로 기도합니다. 아멘

 **기도를 돕는 한 마디**
기분에 따라 기도하지 말고 주님과 약속된 기도 시간을 잘 지키시기 바랍니다.
_붐

 **기쁨으로 드리게 하소서**

은혜의 주님!

구역(속회, 셀) 모임을 가질 수 있게 하신 하나님께 영광을 돌립니다. 이 시간, 저희들이 은혜의 말씀을 다함께 나누고 순서에 따라 주님께 연보를 드렸습니다.

저희들의 삶을 돌이켜보면 알게 모르게 주님이 베풀어 주신 축복이 얼마나 많습니까? 저희들이 단지 깨닫지 못할 뿐이고 알지 못할 뿐이옵니다. 이 같은 주님의 축복을 온몸으로 받고 있는 저희들이 가진 것 중에서 일부만 떼어서 드린다고 하니 부끄러움이 앞섭니다. 주님께 받은 축복을 물질로도 풍성하게 표현할 수 있는 저희 모두가 되게 하옵소서.

주님! 주님께 드린 예물이 액수에 관계없이 주님께 칭찬받는 일에 사용되기를 원합니다. 주님이 뜻하시는 일에 아름답게 사용되는 예물이 되게 하여 주옵소서. 또한 교회를 운영하고 든든히 세우는 일에 복되게 사용되는 예물이 되게 하옵소서.

주님! 저희들이 주님께 예물을 드릴 때에 항상 넉넉함 가운데 드릴 수는 없지만, 억지로 드리거나 또는 인색함으로 드리는 예물이 되지 않기를 원합니다. 연보의 액수를 떠나서 언제나 기쁨으로 자원하여 드릴 수 있는 예물이 되게 하여 주옵소서.

이 시간, 형편이 어려워 마음만 드린 손길도 있습니다. 주님 앞에 늘 빈손 인생이 되지 않도록 때를 따라 채워주시고, 드림의 기쁨을 누릴 수 있도록 은총을 더하여 주옵소서.

복의 근원이 되시는 예수 그리스도의 이름으로 기도합니다. 아멘

 **기도를 돕는 한 마디**
재단사가 옷을 만들고 수선공이 구두를 고침이 주 업무라면 그리스도인의 주 업무는 기도이다. _ 마틴 루터

교회에 보탬이 되게 하소서

자비로운 하나님 아버지!

오늘 저희들이 복되고 은혜로운 모임을 가질 수 있게 하시니 감사드립니다. 항상 이 모임을 사랑하고 정성을 다할 수 있는 저희 모두가 되게 하옵소서. 오늘도 순서에 따라 주님 앞에 예물을 드렸습니다. 성근 정성일지라도 저희의 마음을 표현한 것이오니 기쁘게 받아 주옵소서.

주님! 특별히 어려운 환경 가운데서도 주님께 예물을 드린 손길이 있습니다. 부자가 드린 연보보다 과부가 드린 두 렙돈을 더 크게 보신 우리 주님께서 그 심령을 더욱 복되게 하시고, 주님이 채우시는 위로가 넘쳐나게 하시옵소서. 또한 마음만 드린 손길도 있습니다. 그 마음이 어느 것보다 크게 하시고, 물질의 어려움을 당하지 않도록 그 삶을 어루만져 주옵소서.

주님! 저희가 드린 예물이 주님의 몸 된 교회가 든든히 서 가는 데 조금이라도 보탬이 되기를 원합니다. 교회가 선한 사업에 힘쓰기 위하여 세운 예산에 유익이 될 수 있게 하시고, 복음이 확장되고 주님의 영광을 나타내는 데 사용될 수 있는 예물이 되게 하옵소서.

주님! 저희가 주님께 드리는 예물이 천국에 보물을 쌓아두는 것이 되게 하실 것을 믿습니다. 이 땅을 살아가는 동안 땅의 것에 매여 있는 삶이 아니라 천국을 부요케 하고 천국을 경험하는 삶이 되게 하여 주옵소서.

저희들이 구역(속회, 셀) 모임을 가질 수 있도록 인도하시고 예물을 드릴 수 있게 하신 예수 그리스도의 이름으로 기도합니다. 아멘

기도를 돕는 한 마디

나는 망원경을 통하여 수천만 미터를 볼 수 있다. 하지만 무릎을 꿇고 하나님께 기도함으로 망원경보다 확실하게 천국을 보고 하나님께 가까이 할 수 있다.
_뉴턴

 ## 사랑의 소금이 될 수 있게 하소서

사랑이 많으신 하나님 아버지!

오늘도 저희들에게 주의 이름으로 모일 수 있는 시간을 허락하여 주셔서 주님의 말씀을 묵상하며 믿음의 교제를 나눌 수 있게 하시니 감사드립니다.

이 시간, 순서에 따라 주님 앞에 귀한 예물을 드렸습니다. 저희들이 주님께 드리는 예물이 물질보다 주님을 더욱 사랑하는 신앙고백이 될 수 있게 하여 주옵소서.

주님! 저희들이 주님 앞에서 물질관을 바로 세우기를 원합니다. 주님이 세우시지 아니하시면 세우는 자의 수고가 헛되듯이, 물질도 주님이 붙드시지 않으면 저희는 얼마든지 궁핍해질 수 있고, 물질이 있다하여도 죄악된 일에 사용될 수 있다는 사실을 항상 잊지 않게 하옵소서.

저희들이 물질에 항상 거룩함이 깃들게 해달라고 간구할 수 있게 하옵소서.

주님! 이 시간 저희들이 드리는 예물이 주님의 영광을 나타내는 데 사용되기를 원합니다. 작은 물질이지만 선한 사업에 도움이 되는 예물이 되게 하여 주옵소서. 빵 한 조각 없는 가난한 이웃을 돌아보고, 주님을 모르는 불쌍한 영혼을 구원하는 일에 사용되게 하옵소서. 또한 양심을 썩게 만드는 죄악의 독성을 무력화시키는 일에 사랑의 소금이 될 수 있는 예물이 되게 하옵소서. 작은 예물도 충분히 주님의 영광을 드러낼 수 있는 복 있는 예물이 되게 하실 것을 믿습니다.

저희들의 진심이 스며있는 예물을 주님께서 기쁘게 받으실 것을 믿사옵고 예수 그리스도의 이름으로 기도합니다. 아멘

 **기도를 돕는 한 마디**
나이가 들어갈수록 더 많이 기도하라. 그래야 신령한 일이 냉랭해지지 않는다.
_조지 뮬러

 ## 주님께 칭찬을 듣게 하소서

은혜로우신 주님!

오늘 저희들이 구역(속회, 셀) 모임을 가졌습니다. 주님의 은총을 입은 자들이 한자리에 모여 믿음의 시간을 갖게 하신 것을 감사드립니다. 저희에게 이 모임이 건강한 신앙생활을 세워나가는 데 꼭 필요한 모임이 되게 하옵소서.

주님! 순서에 따라서 저희들이 주님께 정성껏 예물을 드렸습니다. 저희들이 예물을 드릴 때마다 물질의 주인이 주님이심을 잊지 않게 하옵소서. 저희들이 이 시간뿐 아니라 언제나 주님 앞에서 물질을 잘 깨뜨릴 수 있는 삶이 되게 하여 주옵소서. 주님이 주신 것이오니 주님을 위하여 깨뜨리는 것은 지극히 당연한 것임을 믿습니다. 물질을 잘 깨뜨려 주님께 칭찬을 들은 마리아 같이, 그리고 어느 과부와 같이, 저희들도 주님께 칭찬을 들을 수 있게 하옵소서. 주님께 힘써서 드리기를 기뻐하는 자, 감사가 넘치는 생활이 되게 하실 것을 믿습니다.

주님! 저희들이 드린 예물이 뜻있게 사용되기를 원합니다. 주님의 몸된 교회와 주님의 나라를 위하여 귀하게 사용될 수 있도록 축복하여 주옵소서. 또한 복음이 전파되는 곳에도 귀하게 사용될 수 있는 예물이 되게 하여 주옵소서.

주님! 이 시간 예물을 드리지 못한 지체들이 있습니까? 그러나 마음은 드린 줄 믿사오니 중심을 보시는 주님께서 합당한 은혜와 축복을 더하실 것을 믿습니다.

물질의 주인이 되시며, 즐겨내는 자를 사랑하시고 축복하시는 예수 그리스도의 이름으로 기도합니다. 아멘

 기도를 돕는 한 마디
하나님의 자녀는 기도로 모든 것을 정복할 수 있다. 사탄이 그리스도인에게 이 기도의 무기를 빼앗거나 그것을 사용하지 못하도록 최선을 다하는 것은 이상한 일이 아니다. _앤드류 머레이

# 물질을 다스리는 지혜가 있게 하소서

사랑의 주님!

오늘도 저희 구역(속회, 셀) 식구들이 마음을 같이하여 이 가정에서 모임을 가질 수 있게 하시니 감사드립니다. 구역(속회, 셀) 인도자의 인도 아래 주님의 귀한 말씀을 나눌 수 있게 하시고, 저희 모두가 다시 한 번 말씀에 대한 깨달음이 있게 하심을 감사드립니다. 깨닫는 것으로만 끝나지 않게 하시고, 삶의 현장에서 적용할 수 있는 말씀이 되게 하여 주옵소서.

주님! 이 시간, 순서에 따라 예물을 드렸습니다. 인색함이나 억지로 드린 손길이 없는 줄 믿습니다. 모두가 자원하는 마음으로 힘을 다하여 드린 예물인 줄 믿습니다. 이 예물을 향기로운 제물로 받아주시옵소서.

또한 주님께 드린 이 예물이 주님의 영광을 위하여 사용되기를 원합니다. 선한 사업과 영혼을 살리는 일에 쓰이는 예물이 되게 하여 주옵소서.

축복하시기를 즐겨하시는 주님! 저희 모든 구역(속회, 셀) 식구들에게 더 많은 축복을 내려 주시기를 원합니다. 저희의 가정과 일터와 노동력을 지켜 주셔서 하나님의 나라의 건설에 크게 기여하는 복된 삶이 되게 하여 주옵소서. 또한 물질을 온전히 다스릴 수 있는 지혜를 주셔서 주님을 사랑하는 마음을 물질에 빼앗기지 않도록 이끌어 주옵소서. 언제나 물질이 주님보다 앞서지 않게 하시고, 수고의 열매가 맺혀질 때마다 열매 맺게 하시는 주님의 은총을 깨닫게 하옵소서.

물질의 주인 되시는 예수 그리스도의 이름으로 기도합니다. 아멘

기도를 돕는 한 마디
하나님의 백성이 기도할 때 마귀를 물리치면 물리칠수록 더 그들의 생애 문제에 있어 성령의 자유함을 맛보게 될 것이다. _페리맨

 ## 옥합을 깨뜨린 여인의 심정이 되게 하소서

사랑의 주님!

오늘 이 시간 주님의 사랑을 받은 자들이 한자리에 모여 주님을 찬양하며 예배하였습니다. 두세 사람이 모인 곳에도 함께하시겠다는 주님의 약속을 믿고 예배하였사오니, 모인 숫자와 관계없이 함께하신 줄 믿습니다.

주님! 이 시간에 저희들이 순서에 따라 연보를 드렸습니다. 이 자리에 있는 저희 모두에게 마음의 감동을 주셔서 정성을 다하여 힘껏 드리게 하신 줄 믿습니다. 항상 저희들이 주님께 드리는 연보가 옥합을 깨뜨린 여인의 심정이 되게 하시고, 진실하고 신앙고백이 묻어나는 예물이 되게 하여 주옵소서.

자비로우신 주님! 이 예물이 사용되는 곳마다 많은 열매가 있기를 원합니다. 삶이 고달픈 사람들을 헤아릴 수 있는 예물이 되게 하시고, 복음이 전파되고 영혼을 구원하는 일에 사용될 수 있는 주님의 향기가 되게 하옵소서. 선교지에도 사용될 수 있는 예물이 되게 하시고, 구역이 든든히 서가는 일에도 사용되는 예물이 되게 하여 주옵소서.

이 시간, 주님께 정성껏 드린 손길마다 30배, 60배, 혹은 100배의 결실을 맺을 수 있도록 축복하실 것을 믿습니다. 물질의 어려움을 당하는 지체가 있습니까? 그 삶을 주님의 능력의 손으로 만져주셔서 물질로 인한 시험을 당하지 않게 하여 주옵소서.

남은 순서에도 성령님이 함께하실 것을 믿사옵고 예수 그리스도의 이름으로 기도합니다. 아멘

 **기도를 돕는 한 마디**
은밀한 기도에는 내 마음의 골방에 하나님의 은밀한 역사가 따른다.
_ 딕 이스트만

 **아벨의 제물처럼 축복하소서**

저희를 변함없이 사랑하시고, 끊임없이 다스리시는 주님!

오늘도 저희들이 주님의 이름으로 복된 모임을 가질 수 있게 하시니 감사드립니다. 이 시간을 통하여 저희들 한 사람 한 사람을 믿음으로 굳게 세우시려는 주님의 사랑을 다시 한 번 깨닫습니다. 저희들이 언제나 주님의 사랑 안에 거하는 삶이 되게 하여 주옵소서.

주님! 순서에 따라 주님께 예물을 드렸습니다. 이 예물을 자비로이 받으시고, 아벨의 제물처럼 축복하셔서 주님의 뜻을 이루는 데 복되게 쓰임 받게 하옵소서. 비록 작은 예물일지라도 주님의 이름으로 쓰이는 곳에는 큰 역사가 나타나게 하실 것을 믿습니다. 축복의 역사가 있게 하실 것을 믿습니다.

주님! 저희들 한 가정 한 가정을 기억하시옵소서. 물질적인 결핍이 없도록 도와주셔서 언제나 주님께 부끄러운 손이 되지 않게 하여 주옵소서. 더 많이 드리고 힘써서 드릴 수 있도록 각 가정의 물질을 주장하여 주옵소서. 또한 저희들이 물질이 있을 때에 형제와 이웃을 긍휼히 여길 수 있는 마음을 가질 수 있게 하옵소서. 자신의 필요를 채우기 위한 수단으로만 물질을 사용치 않게 하시고, 주님께서 저희를 도우심같이 저희들도 형제를 돕고 이웃을 도울 수 있는 물질로 사용할 수 있게 하여 주옵소서. 작든 크든 물질에 의를 담아내고자 하는 마음을 우리 주님께서 칭찬하시고 더 큰 은혜와 복으로 함께하실 것을 믿습니다. 저희가 이 땅을 살아가는 동안 입술의 고백만이 아니라, 물질에도 믿음의 고백이 묻어 있게 하실 것을 믿사옵고 예수 그리스도의 이름으로 기도합니다. 아멘

 **기도를 돕는 한 마디**

언제나 주를 멀리 떠나려는 우리를 당신은 가까이 찾아 오셔서 우리를 조용히 기다리시며 당신의 얼굴을 뵙고 당신의 음성을 듣게 하소서. _제인 멀르

 ## 선하고 아름답게 뿌려지게 하소서

사랑의 하나님 아버지!

때를 따라 필요한 양식을 공급해 주시며 쓸 것을 채우시는 은혜에 감사를 드립니다. 저희들이 이 땅 위에서 나그네로 사는 동안 가난에 처할 줄도 알고 풍부에 처할 줄도 알아 모든 일에서 주님의 섭리하심에 감사하며 자족할 수 있는 삶이 되게 하여 주옵소서. 보리떡 다섯 개와 물고기 두 마리를 가지고도 감사하신 주님의 모본을 저희들도 배울 수 있게 하옵소서.

이 시간에 구역(속회, 셀) 모임을 가지면서 예배 순서에 따라 연보를 드리게 되었습니다. 주님께 마음을 담아 성의껏 드린 손길마다 복을 더하여 주실 것을 믿습니다. 가정과 생업에도 함께하여 주셔서 주님께 드리는 그 물질이 항상 기쁨이 되고 즐거움이 되게 하여 주옵소서.

주님! 저희들이 드린 연보가 사용되는 곳이 있을 것입니다. 선하고 아름답게 뿌려질 수 있는 예물이 되게 하시며, 주님이 기뻐하시고 영광을 받으시는 곳에 쓰일 수 있는 예물이 되게 하옵소서.

주님! 저희들이 연보를 드리는 것 외에도 주님의 영광을 위해서라면 항상 물질을 깨뜨릴 수 있는 믿음이 되게 하여 주옵소서. 주님의 피 묻은 십자가의 은혜 앞에서 너무 계산을 앞세우지 않게 하시고, 옥합을 깨뜨려 향유를 부은 여인과 같이, 귀하고 소중한 것도 기꺼이 깨뜨리고 쏟아 부을 줄 아는 삶이 되게 하여 주옵소서.

주님 앞에 마음을 다하여 힘써서 드리는 손길을 언제나 붙드시고 책임져 주실 것을 믿사옵고 예수 그리스도의 이름으로 기도합니다. 아멘

 기도를 돕는 한 마디
합심기도는 하나 된 마음의 역사다. 마음을 합하여 하나님께 간구한 하나 된 기도는 하늘 보좌를 움직이는 힘이다. _작자 미상

 ## 제 것인 양 주장하지 않게 하소서

　수만 가지 모양으로 저희에 대한 관심과 진정한 사랑을 보여 주시고 순간순간을 축복하시는 사랑의 주님!
　저희들에게 하나님을 향한 고마움과, 사랑의 감정과, 구원의 기쁨을 표현할 수 있는 길을 열어주시니 감사드립니다. 오늘도 주님의 뜻 가운데서 구역(속회, 셀) 모임을 가졌습니다. 예배를 드리며 하나님을 찬양했고, 말씀을 묵상하며 은혜의 시간을 가졌습니다. 그리고 순서에 따라 각자 준비한 예물을 주님께 드렸습니다. 저희들 모두가 믿음으로 드린 예물인 줄 믿습니다. 기쁘게 받아주시옵소서.
　주님! 저희들이 주님께 예물을 드릴 때마다 주님께서 주신 것 가지고 드리는 것뿐임을 잊지 않게 하옵소서. 혹여 저희들의 것인 양 주장하는 일이 없게 하시고, 인색함이나 억지로 드리는 모습이 없게 하여 주옵소서. 항상 감사함으로 자원하여 드릴 수 있는 저희 모두가 되게 하옵소서.
　주님! 범사에 하나님의 은혜를 인정하며 사는 자를 축복하실 것을 믿습니다. 부족함을 채우시고 필요를 따라 공급해 주실 것을 믿습니다. 항상 넉넉하여 부족함 없는 삶으로 이끄실 것을 믿습니다.
　주님! 이 물질이 쓰이는 곳에 주님의 사랑이 묻어나기를 원합니다. 주님의 영광이 드러나기를 원합니다. 교회를 든든히 세우고, 선한 사업에 쓰임 받는 예물이 되게 하옵소서.
　이 시간, 미처 예물을 준비하지 못한 손길도 기억하셔서 그 마음을 위로하여 주실 것을 믿사옵고 예수 그리스도의 이름으로 기도합니다. 아멘

기도를 돕는 한 마디
기도는 하나님으로 하여금 일하시게 하는 인간의 유일한 방법이다. _ 여호수아

신령한 제물로 받으소서

신령과 진정으로 예배하는 자를 찾으시는 하나님!

이 시간, 저희들이 한자리에 모여 주님을 높이며 믿음의 교제를 나누게 하심을 감사드립니다. 먼저 하나님께 예배하며 예물을 드립니다. 저희들이 드린 예물을 기쁘게 받아주시옵소서.

주님! 저희들이 세상의 것만을 생각지 않게 하시고, 신령한 것, 영원한 것을 추구하며, 저희의 마음을 항상 영원한 가치를 가진 것들 위에 두게 하옵소서. 또한 영원히 썩지 않을 양식을 위해서 일하게 도와주시고, 이 땅 위의 소유를 영원한 보물로 바꾸는 지혜로운 삶을 살게 하시옵소서. 지금 저희들이 바친 예물을 신령한 제물로 받으실 것을 믿습니다. 정성으로 바친 손길 위에 주님의 풍성한 은혜가 넘치게 하실 것을 믿습니다. 하나님께 드리는 저희의 예물이 더욱 풍성할 수 있도록 은혜를 베풀어 주옵소서.

주님! 이 예물이 주님의 영광을 위하여 쓰일 수 있기를 원합니다. 먼저 주님의 몸 된 교회를 든든히 세워 가는 데 사용될 수 있는 예물이 되게 하옵소서. 또한 신령한 일을 나타내는 데 사용될 수 있게 하시고, 주님의 사랑과 능력을 보여주는 데 사용될 수 있는 예물이 되게 하옵소서. 더욱이 안타까운 이웃을 헤아리며 구제하는 선한 사업에도 사용될 수 있게 하옵소서.

이 시간 물질의 연약함을 안고 있는 지체가 있습니까? 주님이 도우셔서 때를 따라 부어주시는 주님의 은혜를 누릴 수 있게 하옵소서. 저희의 예물을 향기로 받으실 것을 믿사옵고 예수 그리스도의 이름으로 기도합니다. 아멘

기도를 돕는 한 마디
누구나 하나님의 뜻을 알지 못하면 하나님의 뜻 안에서 기도할 수 없다.
_존 라이스

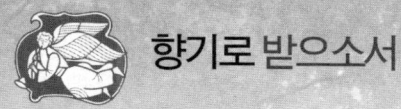

향기로 받으소서

지극히 자비로우신 하나님 아버지!

오늘도 저희의 삶을 주장하셔서 신령한 것을 추구하게 하시니 감사합니다. 또한 예배의 복을 누리게 하셔서 구역(속회, 셀) 모임을 가질 때마다 예배할 수 있게 하시니 감사드립니다. 이 시간은 저희들이 순서에 따라 주님께 예물을 드렸습니다. 저희들에게 향하신 주님의 은혜와 사랑을 생각하면 너무나 보잘것없는 예물입니다. 하오나 주님께서는 예물의 많고 적음을 보시는 것이 아니라 중심을 보시기에, 마음을 담아 정성껏 드렸사오니 향기로 받아주시옵소서.

주님! 저희들 평생에 주님께 예물을 드리는 것이 기쁨과 즐거움이 되게 하여 주옵소서. 저희들이 드리는 예물이 지극히 보잘것없는 것이지만, 이 작은 것도 주님의 몸 된 교회와 주님의 나라를 위하여 사용될 수 있게 하시니 얼마나 감사하고 복된 일입니까? 믿음의 연수가 더해질수록 주님께 드리는 예물도 더욱 풍성해질 수 있게 하시고, 드림의 축복을 누리며 사는 저희들이 되게 하옵소서.

오늘, 주님께 드릴 기회를 얻지 못한 지체가 있습니까? 그 마음을 위로하옵소서. 능력의 주님께서 그 삶을 만져 주셔서 물질 때문에 고통당하거나 어려움 당하는 일이 없게 하시고, 일평생 주님 제단을 기쁘게 섬길 수 있도록 신령한 복과 땅의 기름진 것으로 채워주시옵소서.

주님! 이 예물이 쓰이는 곳에 주님의 사랑이 깃들기를 원합니다. 주님의 평화가 깃들기를 원합니다. 믿음의 문이 열리는 은혜의 역사가 있기를 원합니다. 축복하여 주옵소서. 저희들에게 일용할 양식을 끊임없이 공급해 주시는 예수 그리스도의 이름으로 기도합니다. 아멘

기도를 돕는 한 마디

주의 뜻 안에서 기도한다는 것은 더 작게 구하는 것이 아니라 더 크게 구하는 것을 뜻한다. _존 라이스

 ## 거룩한 물질이 되게 하소서

사랑의 주님!

이 시간 저희들이 예배를 통하여 기쁨과 즐거움으로 하나님을 찬양하게 하시고, 귀한 말씀을 받게 하심을 감사드립니다. 받은 말씀이 저희의 마음을 주장하게 하시고, 새롭게 함을 받게 하옵소서.

주님! 저희들이 예배의 순서에 따라 주님께 연보를 드렸습니다. 주님께 드릴 수 있는 물질이 있게 하시니 감사드립니다. 항상 주님께 드릴 예물이 준비되어 있는 저희의 삶이 되게 하여 주옵소서.

주님! 저희들에게 주신 물질을 주님의 뜻대로 바로 쓰지 못한 적이 많았음을 솔직히 고백하지 않을 수 없습니다. 물질의 주인은 주님이신데, 제 것인 양 생각하여 맘대로 사용한 적이 많았사오니 용서하여 주시기를 원합니다. 주님이 채워주시고 맡겨주신 물질, 저희의 욕심을 채우는 일에만 허비하지 않게 하시고, 시시 때때로 주님이 원하시는 일에 사용하며 바칠 수 있는 물질이 되게 하여 주옵소서. 또한 주님의 의를 나타낼 수 있는 거룩한 물질이 되게 하여 주시고, 많은 영혼을 구원하고 살리는 물질이 되게 하여 주옵소서.

주님! 저희들은 주님이 맡기신 것을 단지 관리하는 청지기임을 한시라도 잊지 않게 하여 주옵소서. 주님이 쓰시고자 할 때는 언제라도 내어드릴 수 있는 청지기로서의 자세가 있게 하여 주옵소서. 우리 주님은 선한 청지기를 축복하시고 더 큰 일을 감당할 수 있도록 은사를 부어 주실 것을 믿습니다. 이 시간 저희들이 드린 예물을 향기로 받으시고, 남은 순서에도 함께하실 것을 믿사옵고 예수 그리스도의 이름으로 기도합니다. 아멘

 기도를 돕는 한 마디

"내 뜻대로 말고 주님의 뜻대로 되옵소서." 하는 기도는 나에게 더 좋은 것을 구한다는 뜻이다. _여호수아

 ## 주님의 축복을 담아낼 수 있게 하소서

　복음을 통하여 이 세상을 구원하시는 하나님의 사랑을 감사합니다. 하나님의 사랑과 지혜를 찬양합니다. 오늘도 저희들이 함께 모여서 주님께 예배를 드렸습니다. 예배를 드릴수록 저희의 신앙이 오롯이 세워지게 하여 주옵소서.

　주님! 이 시간, 순서에 따라 주님께 예물을 드렸습니다. 저희의 몸과 마음과 정성을 다 드리고 재물과 생명까지 모두 드려도 아까울 것이 없지만 그렇게 살지 못하고 있는 저희들입니다. 오히려 아까워하고 인색했던 적이 많았습니다. 하나님의 그 축복된 약속들을 알고 또 갖고 있으면서도 행동으로 옮기지 못하는 저희들의 불신앙을 용서하여 주옵소서.

　주님! 은혜에 은혜를 더하시고, 권고에 권고를 더해 주셔서 저희가 받은 바 은혜에 합당한 신앙의 삶을 살며 복음에 합당한 생활을 할 수 있도록 도와주시옵소서. '늘 울어도 눈물로서 못 갚을 줄 알아 몸 밖에 드릴 것 없어 이 몸 바칩니다'고 한 어느 찬송의 시인처럼 저희의 가진 것을 기쁨으로 드리며 주님을 사랑하는 자가 되게 하여 주옵소서. 앞으로, 저희가 드리는 물질에 항상 주님을 향한 아름다운 신앙고백이 묻어 있게 하시고, 주님의 축복을 담아내는 신앙의 사람으로 쓰임 받게 하여 주옵소서.

　주님! 혹 물질 때문에 고통당하는 지체가 있습니까? 그 가난한 마음을 긍휼히 여겨 주셔서 눈물의 삶이 되지 않도록 인도하여 주시옵소서. 저희가 주님께 예물을 드릴 때에 부끄러운 예물이 되지 않도록 이끄실 것을 믿사옵고 예수 그리스도의 이름으로 기도합니다. 아멘

 **기도를 돕는 한 마디**
기도하지 않는 그리스도인이 받은 축복은 화병에 꽂아 놓은 뿌리 없는 가지의 활짝 핀 꽃과 같다. _여호수아

 ## 오직 감사로 드릴 수 있게 하소서

전능하신 하나님 아버지!

저희의 평생에 여호와께 노래하며, 생존하는 동안 하나님을 찬양하게 하옵소서. 오늘도 저희들에게 예배할 수 있는 특권을 주셔서 믿음의 지체들이 한자리에 모여 하나님께 예배하게 하시니 감사합니다. 저희들의 삶이 항상 예배를 놓치지 않고, 예배를 사랑할 수 있는 삶이 되게 하여 주옵소서.

주님! 이 시간, 순서에 따라 주님께 예물을 드렸습니다. 주님 보시기에 부끄러운 손길이 되지 않게 하실 것을 믿습니다. 드린 액수에 관계없이 저마다 선한 양심과 믿음을 따라 정성을 다하여 드린 예물인 줄 믿습니다. 중심을 보시는 하나님께서 기쁘게 받아주시옵소서.

주님! 저희들이 주님께 예물을 드릴 때는 계산을 앞세우지 않게 하여 주옵소서. 주님이 저희에게 맡겨주신 것 주님께 다시 돌려드리는 것뿐이오니 오직 감사로 예물을 드릴 수 있는 저희 모두가 되게 하옵소서. 언제나 더 많이 드리지 못한 것을 안타까워하며, 세상 걱정 없이 즐거움으로 드리지 못한 것을 죄스러워할 수 있는 저희 모두가 되게 하옵소서.

주님! 저희가 주님께 드리는 예물이 항상 주님의 복을 담아낼 수 있는 복 있는 예물이 되기를 원합니다. 주님의 노여움을 받고 심판을 받는 불량한 예물이 되지 않도록 정직을 심을 수 있게 하여 주옵소서.

저희의 손길을 통해서 바쳐진 예물이 쓰일 때, 항상 주님의 뜻을 이루게 하실 것을 믿사옵고 예수 그리스도의 이름으로 기도합니다. 아멘

 **기도를 돕는 한 마디**
주님께서 우리에게 주신 선물이 다른 사람에게 당신의 사랑을 표현하는 데 쓰이게 하소서. _파블리 파킨

# 많이 심는 자가 되게 하소서

사랑의 주님!

성령의 인도하심을 따라 하나님께 예배하며 믿음의 교제를 나누게 하시니 감사드립니다. 항상 힘써 모일 수 있는 저희들이 되게 하옵소서. 이 시간, 순서에 따라 주님께 예물을 드렸습니다. 각각 마음에서 우러나는 대로 주님께 드린 줄 믿습니다. 기쁜 마음으로 드린 줄 믿습니다. 감사하는 마음으로 드린 줄 믿습니다. 주님께 예물을 드리는 저희들의 태도가 주님이 항상 축복하실 수밖에 없는 모습이 되게 하여 주옵소서.

주님! 적게 심는 자는 적게 거두고 많이 심는 자는 많이 거두게 된다고 하였사오니, 저희의 생애를 통해서 많이 심는 자가 되게 하여 주옵소서. 하나님의 은혜에 감사해서 복음을 위하여, 주님의 몸 된 교회를 위하여 많이 심을 수 있게 하시고, 물질을 즐거움으로 깨뜨릴 수 있게 하옵소서.

주님! 짧은 인생입니다. 저희의 인생 가운데 주님께 드릴 수 있는 기회가 그리 많지 않음을 깨닫습니다. 드릴 수 있는 기회가 주어졌을 때 힘을 다하여 드릴 수 있는 저희 모두가 되게 하옵소서. 땅의 것에 너무 연연해하지 않게 하시고, 더 많이 채우시고, 더 크게 축복하실 주님의 사랑을 생각하며 힘을 다하여 드릴 수 있게 하옵소서.

주님! 저희들 가운데 물질의 어려움을 당하고 있는 지체가 있습니까? 사랑의 주님이 그 마음의 안타까움을 헤아리실 것을 믿습니다.

정성껏 드린 예물을 향기로 받으시기를 원하오며 예수 그리스도의 이름으로 기도합니다. 아멘

기도를 돕는 한 마디
하나님은 가장 귀중한 독생자도 아낌없이 나를 위해 십자가에서 죽으시게까지 하셨는데 우리의 간구를 왜 안 들어 주시겠는가? _작자 미상

행복한 헌금생활이 되게 하소서

저희들의 생사화복을 주장하시는 하나님 아버지!

오늘도 거룩한 모임을 갖게 하시니 감사합니다. 이 시간에 모인 무리들이 주님을 찬송하며 경배하였습니다. 우리 주님이 영광 받으신 줄 믿습니다.

이 시간, 순서에 따라 주님께 예물을 드렸습니다. 예물의 많고 적음을 떠나서 마음을 다하여 정성껏 드린 예물이라면 우리 주님이 기쁘게 받으시고 축복하실 것을 믿습니다. 저희들이 드린 예물을 기억하시옵소서.

주님! 저희들이 주님께 드리는 헌금 생활이 행복한 헌금생활이 되게 하여 주옵소서. 저희들이 주님께 드릴 수 있는 물질이 있음이 얼마나 감사한 일이옵나이까? 물질로 주님께 대한 감사를 표현할 수 있음이 얼마나 축복된 일이옵니까? 또한 저희들의 적은 예물이 주님의 몸 된 교회의 부족을 채우며 주님의 뜻을 이루는 데 사용된다고 하니 얼마나 영광된 일이옵니까? 그러므로 주님께 드리는 헌금을 아까워하거나 마지못해 억지로 드리는 일이 없게 하시고, 항상 기쁜 마음으로 즐겨내기를 좋아하는 행복한 헌금생활이 되게 하여 주옵소서.

주님께 드리는 예물이 행복으로 느껴질 때, 필요에 따라 풍성히 채워주시는 주님의 손길도 느끼게 하실 것을 믿습니다. 생업과 가정을 형통케 하시는 주님의 은혜를 경험하게 하실 것을 믿습니다.

이 시간 저희의 모든 손길에 주님의 축복을 기원하오며 사랑과 은혜가 충만하신 예수 그리스도의 이름으로 기도합니다. 아멘

기도를 돕는 한 마디

간구라고 하는 것은 우리 자신이 어떤 특별한 간청과 관심을 주님께 기도하는 것이다. _ **작자 미상**

 ## 즐거운 마음으로 봉헌하게 하소서

　권능과 구원과 영광과 위대하심과 능력이 이제로부터 영원토록 우리 하나님께 있나이다. 살아계신 주님! 저희들에게 영원하신 생명을 주신 주님을 찬양합니다. 저희들로 하여금 일평생 주님을 사랑하며 섬기는 마음이 변치 않게 하여 주옵소서.

　주님! 이 시간, 주님의 뜻 안에서 거룩한 모임을 갖고 각자가 마음이 감동하는 대로 예물을 드렸습니다. "내게 예물을 가져오라, 무릇 즐거운 마음으로 드리는 것을 기뻐 받으신다(출25:2)"고 말씀하신 주님! 저희가 억지로나 인색함으로 드리지 아니하고 받은 은혜와 복을 따라 항상 기쁘고 즐거운 마음으로 예물을 봉헌할 수 있게 하옵소서.

　시시때때로 육의 양식과 하늘의 신령한 양식으로 새로운 힘을 주시는 주님! 주님의 사랑을 끊임없이 받고 있는 저희를 더욱 권고하심으로 저희의 영혼과 모든 일이 잘되고 강건케 하셔서 하나님의 뜻을 이루어 드리는 삶을 살게 하여 주옵소서. 그리고 힘을 다하여 주님의 몸 된 교회를 받들어 섬기게 하옵소서.

　오늘 저희들이 드린 예물이 비록 작은 것일지라도 주님의 몸 된 교회를 든든히 세우는 데 보탬이 되기를 원합니다. 또한 선한 사업을 펼치는 데 유익이 되는 예물이 되기를 원합니다. 축복하여 주옵소서.

　또한, 오늘의 부족함을 채워주셔서 물질로 인한 시험이 없게 하시고, 때를 따라 도와주시는 주님의 은택을 일평생 기억하며 사는 삶이 되게 하옵소서.

　예수 그리스도의 이름으로 기도합니다. 아멘

기도를 돕는 한 마디
중보기도는 내가 나 이외의 남을 위해서 기도하는 것을 말한다. _작자 미상

 ## 하늘에 쌓아두는 자가 되게 하소서

생명의 주님!

오늘도 주님을 찾는 자들을 만나주시고 함께하시는 것을 믿습니다. 이 시간, 믿음의 지체들이 한 자리에 모여 주님을 예배하였습니다. 하늘에서 영광 받으신 것을 믿습니다. 저희들의 모임을 더욱 축복하여 주옵소서.

주님! 저희들이 주님을 예배하면서 예물을 드렸습니다. 물질보다 항상 주님이 우선되어야함을 일깨워주시기 위해서 저희들에게 헌금의 시간을 주신 줄 믿습니다. '주님보다 귀한 것이 없다'고 노래한 어느 찬송 시인의 고백처럼 저희들도 주님보다 귀한 것이 없음을 고백하며 사는 삶이 되게 하여 주옵소서. 주님보다 물질을 앞세우지 않는 사람이 되게 하여 주시고, 주님보다 물질을 사랑하지 않는 삶이 되게 하여 주옵소서.

또한 주님께서 명하신 대로 보물을 땅에 쌓아두지 아니하고 하늘에 쌓아두는 자가 되게 하옵소서. 거기는 좀이나 동록이 해하지 못하며 도적이 구멍을 뚫지도 못하고 도적질도 못한다고 말씀하셨사오니, 저희들에게 주어진 물질, 그리고 앞으로 또 주어질 물질을 복음을 위하여, 또는 좀 더 가치를 가진 것들을 위하여 사용할 수 있도록 도와주시옵소서.

주님! 이 시간, 각자가 주님께 드린 이 예물이 복되고, 바친 자들도 복되게 하시며, 더욱 영원한 가치에 소망을 두고 살아갈 수 있도록 이끄실 것을 믿사옵고 예수 그리스도의 이름으로 기도합니다. 아멘

 **기도를 돕는 한 마디**
설교는 설교자만이 할 수 있다. 또한 선교사의 임무는 누구나 다 할 수 있는 것은 아니다. 그러나 기도는 어느 누구라도 할 수 있다. _ 딕 이스트만

 ## 주께로 돌리는 생활이 되게 하소서

전에도 계셨고 지금도 계시고 장차 오실 주님!

영원한 생명과 하늘나라의 기업을 주시기 위하여 저희를 구원하심을 감사드립니다. 이 시간, 구원받은 백성들이 한자리에 모여 주의 이름을 높이며 감사의 예배를 드렸습니다. 홀로 영광을 받으시고 구원의 능력과 위로의 즐거움을 풍성히 누리게 하여 주옵소서.

주님! 저희들로 하여금 물질을 깨뜨릴 수 있는 기회를 주시니 감사드립니다. 모든 것이 주께로부터 왔음을 알기에 물질을 깨뜨리오니 저희들이 드리는 연보를 기쁘게 받아주시옵소서. 저희들이 이 땅을 살아가는 동안 저희가 가진 모든 것을 힘을 다하여 주께로 돌리는 생활을 할 수 있게 도와주옵소서. 그리고 주님을 위하여 물질을 깨뜨리는 것 이외에도 주변에 궁핍한 형제들이 있거든 그들을 위하여도 물질을 깨뜨릴 수 있는 삶이 되게 하여 주옵소서. 물질의 많고 적음을 떠나서 물질을 잘 깨뜨리는 삶을 사는 자가 물질을 다스릴 줄 아는 지혜로운 자요, 주님이 인정하시는 진정한 부자인 줄 믿습니다. 주님이 부르시는 그날까지 주님이 칭찬하시는 부요한 자로 살게 하옵소서.

주님! 저희들이 드린 예물이 주님의 필요를 따라 쓰일 수 있게 하옵소서. 이 예물이 쓰이는 곳에 소망이 넘치고 행복한 일들이 넘쳐나게 하시고, 많은 사람을 구제하고 살리는 일에 사용될 수 있게 하옵소서.

이 시간, 주님께 드리는 예물에 정성으로 동참한 손길들에게 복에 복을 더하실 것을 믿사옵고 예수 그리스도의 이름으로 기도합니다. 아멘

 **기도를 돕는 한 마디**
하나님과 인간을 위해서 누구나 할 수 있는 가장 훌륭한 일은 기도하는 일이다. _사무엘 골든

주님의 뜻을 이루는 데 사용되게 하소서

사랑의 주님!

저희들에게 은혜를 더하셔서 오늘도 거룩한 모임을 가질 수 있게 하심을 감사드립니다. 또한 주의 은혜를 고백하는 지체들이 한자리에 모여 주님께 예배하며 영광 돌릴 수 있게 하시니 더욱더 감사드립니다. 이렇게 모여서 예배하는 자리가 주님의 권능과 영광을 보는 자리인 줄 믿습니다. 주께서 행하시는 이적과 기사를 보는 자리인 줄 믿습니다. 저희들이 늘 주님 안에서 살기를 소망할 수 있게 하옵소서.

주님! 오늘 이 자리에서 주님께 드린 예물을 축복하실 것을 믿습니다. 마음을 담아 정성껏 드린 손길마다 분명한 하나님의 은혜를 경험하는 삶이 되게 하옵소서.

주님께 드려진 이 예물이 사람들의 마음에 믿음을 가져오고, 두려워하는 자에게 소망을 주며, 약한 자에게 담력을 주는 데 유용할 수 있게 하옵소서. 또한 주의 복음을 확장시키며 주의 뜻을 이룸에 사용될 수 있게 하옵소서.

주님! 주님께 바치기를 원하나 없어서 드리지 못한 지체들도 있사오니 그 마음을 위로해 주시며 필요를 따라 공급해 주셔서, 상한 마음을 위로하시는 주의 은혜를 경험하는 삶이 되게 하여 주옵소서.

저희들의 가정과 일터도 항상 주님의 평안과 형통케 하시는 축복으로 함께하여 주옵소서. 그리하여 하나님의 은혜와 사랑을 더욱 깨닫는 삶이 되게 하여 주옵소서.

저희가 드린 예물을 향기로 받으실 것을 믿사옵고 예수 그리스도의 이름으로 기도합니다. 아멘

기도를 돕는 한 마디

만일 기도를 방해하는 것이 있다면 그것은 하나님 쪽에 있는 것이 아니고 사람 쪽에 있는 것이다. _죤 라이스

 ## 하늘의 보화로 채워주소서

　여호와께서 집을 세우지 아니하시면 세우는 자의 수고가 헛되며 여호와께서 성을 지키지 아니하시면 파수꾼의 경성함이 허사임을 믿습니다.
　지금 저희들에게 쌓아놓은 재물이 많습니까? 그 재물로 인하여 인생의 여유를 부리고자 합니까? 주님이 지켜 주시지 않으시면 모든 것이 허사임을 깨닫게 하옵소서. 또한 쌓아 놓은 재물이 없는 사람이 있습니까? 그 재물의 부족함을 인하여 불안을 느끼며 살고 있습니까? 재물을 주관하시고 다스리시는 능력의 주님을 바라봄으로 없는 가운데서도 평안을 맛볼 수 있게 하옵소서.
　이 시간, 저희들이 각각 마음에 정한 대로 주님께 연보를 드렸습니다. 액수에 관계없이 마음을 다하여 정성껏 드린 손길마다 그 마음을 받으시고 축복하실 것을 믿습니다. 또한 그 영혼을 새롭게 하시고 보이지 않는 하늘의 보화로 채워주실 것을 믿습니다.
　주님! 저희들에게 어떤 삶이 주어지든 항상 주님을 사랑하는 마음은 변함이 없게 하시고, 더욱더 주님을 사랑할 수 있게 하옵소서. 주님을 사랑함으로 저희의 마음과 정성과 뜻을 묶어 드리며 시간과 생명까지라도 기꺼이 드릴 수 있는 아름다운 삶이 되게 하옵소서.
　이 시간, 저희들이 드린 예물이 복 있는 일에 쓰일 수 있게 하옵소서. 비록 작은 예물이지만 이 예물에 동참한 손길들을 기억하셔서 하나님의 나라를 건설하는 일에 조금이라도 기여할 수 있는 예물이 되게 하옵소서. 주님의 은혜를 감사하오며 예수 그리스도의 이름으로 기도합니다. 아멘

 **기도를 돕는 한 마디**
　늦게 하는 기도는 버린 기도이다. _ 티아메르 토드

 ## 분에 넘치도록 드린 모습이 되게 하소서

　우리 주 예수 그리스도 안에 있는 자에게는 결코 정죄함이 없게 하신 하나님을 찬양합니다. 그리스도를 믿음으로 의롭다함을 받은 저희들이 한자리에 모여 예배하였습니다. 오늘도 저희의 예배를 흠향하여 주실 줄 믿습니다. 언제나 저희의 눈을 밝혀주셔서 주님의 사랑을 깨닫게 하시고 신령한 것을 좇아 행할 수 있게 하여 주옵소서.

　오늘도 주님께 예물을 드립니다. 주님께 예물을 드리는 것도 아름다운 신앙적 행위임을 잊지 않게 하여 주옵소서. 저희의 가진 바 물질을 썩지 아니하는 보물로 바꿀 수 있는 삶이 되게 하여 주시고, 힘을 다하여 드림으로 하나님의 나라를 부요케 할 수 있는 삶이 되게 하여 주옵소서.

　주님! 정성스러운 풍성한 예물이 때마다 저희의 손길을 통하여 주님 앞에 드려지게 하옵소서. 저희들이 드릴 때마다 주님이 보시기에 분에 넘치도록 드린 모습이 되게 하시고, 주님이 흔들어 넘치도록 부어주실 수밖에 없는 축복의 예물이 되게 하여 주옵소서. 또한 주님의 나라와 그 의를 위하여 심는 자에게 항상 의의 열매가 따르게 하실 것을 믿습니다.

　이 시간, 헌금에 참여한 온 식구들에게 드림의 축복이 무엇인지 다시 한 번 깨닫게 하시고, 그 어떤 상황 속에서도 자원하여 드릴 수 있는 복된 심령이 되게 하옵소서.

　장차 성도들이 물려받을 축복이 얼마나 놀랍고 큰 것인지를 저희들은 알고 있습니다. 그것을 놓치지 않는 삶이 되게 하옵소서. 예수 그리스도의 이름으로 기도합니다. 아멘

 **기도를 돕는 한 마디**
　새벽기도한 사람치고 잘못된 사람이 없고 세계적으로 위대한 일을 해치웠던 인물들은 다 새벽기도에 열심히 나왔던 사람이다. _바운즈

 ## 물질의 은사를 더하여 주소서

주의 이름으로 모이는 곳에 함께 있겠다고 말씀하신 주님!

오늘도 저희들이 그 말씀을 의지하여 한자리에 모여 주님께 예배하며 영광을 돌렸습니다. 자신에게 주어진 이익을 좇기보다는 신령한 것을 좇아 믿음으로 살고자 하는 저희의 중심을 우리 주님이 기쁘게 받으신 것을 믿습니다. 저희들이 항상 주님을 인하여 위로를 얻게 하시고, 즐거움을 느낄 수 있게 하옵소서.

오늘 저희들이 작은 예물로 주님의 사랑에 대한 정성을 보였습니다. 부끄럽게 보일 수 있는 예물이지만 저희의 중심을 아시는 주님께서 저희의 부족함을 긍휼히 여기시고 합당한 예물로 받아주시옵소서.

주님 앞에 물질을 깨뜨려 드릴수록 드림의 깊이가 점점 더 깊어지게 하시고, 더 크고 풍성하게 드릴 수 있는 복 있는 손길이 되게 하여 주옵소서.

주님! 물질도 은사임을 깨닫습니다. 저희 모두에게 물질의 은사를 더하여 주셔서 그 은사에 대한 책임을 잘 감당하며 주님의 뜻을 이루어 나갈 수 있게 하옵소서. 물질로 주님의 몸 된 교회를 돕고 봉사하며, 복음을 전하는 일에도 앞장 설 수 있는 저희들이 되게 하여 주옵소서. 또한 어려운 이웃에게도 물질로 섬길 수 있는 축복의 사람이 되게 하여 주옵소서. 오늘도 빈손으로 나오지 않은 손길 위에 평안의 복을 더하실 것을 믿습니다. 드리지 못한 지체도 그 마음을 위로하여 주셔서 헌금 때문에 구역(속회, 셀) 모임이 부담이 되지 않게 하여 주옵소서.

저희들을 사랑하시되 끝까지 사랑하시는 예수 그리스도의 이름으로 기도합니다. 아멘

 **기도를 돕는 한 마디**
그대의 날의 첫 생각을 주님께 드리면 하루 종일을 그와 교통할 수 있고 그 안에서 잠이 들 수 있을 것이다. _ 헨리 바우칸

 ## 자원하여 드리는 믿음이 되게 하소서

영광의 하나님 아버지!

저희들이 기쁨으로 주님을 경배하게 하시니 감사드립니다. 주님께서 저희들 가운데 계심을 깨닫도록 영혼의 눈을 뜨게 하여 주시고, 주님을 향한 소망이 넘치게 하여 주옵소서. 저희들이 예배의 특권을 누리고 있습니다. 이 땅을 살아가는 동안 감사함으로 주님을 예배하게 하시고, 찬양할 수 있게 하옵소서.

주님! 이 시간, 저희들이 드린 예물을 받아주시옵소서. 비록 정성이 부족하고 보잘것없는 적은 것이오나, 주님께 드리는 횟수가 반복될수록 더 나은 단계로 나아가게 될 것을 믿습니다. 기쁨과 즐거움으로 드릴 수 있는 믿음의 손길로 다듬어지게 될 것을 믿습니다.

주님! 저희들을 통하여 큰일을 이루시려는 주님의 계획이 있는 줄 믿습니다. 그 계획을 볼 줄 아는 믿음의 눈이 열리게 하셔서 주님께 귀하게 쓰임 받는 저희 모두가 되게 하옵소서. 특별히 저희가 가진 물질도 주님을 위해서 쓰임 받을 수 있는 도구가 되게 하옵소서. 저희들에게 물질을 주신 것은 주님의 나라와 의를 위하여 사용하시기 위함임을 믿습니다. 그러므로 주님을 위하여 물질을 깨뜨릴 때에 인간적인 고민이 없게 하시고, 주님이 필요하시면 언제라도 자원하여 깨뜨릴 수 있는 믿음이 되게 하옵소서.

이 시간, 정성스럽게 드릴 예물조차 없는 지체가 있습니까? 사랑하는 백성이 곤경에 처한 것을 결코 두고만 보시지 않는 주님께서 필요한 물질을 더하여 주옵소서. 저희가 드린 예물을 향기로 받으실 것을 믿사옵고 예수 그리스도의 이름으로 기도합니다. 아멘

 **기도를 돕는 한 마디**
우리에게 허락하신 하루의 아침과 일생의 아침을 주님께 드리자. _ 찰스 스펄전

 ## 물질에 너무 연연해하지 않게 하소서

　빛과 구원이 되시는 주님을 찬양하며 경배합니다. 주의 백성을 구원하시며, 의의 길로 인도하시는 주님께 영광을 돌립니다. 오늘도 저희들이 입술을 열어 주님을 찬송하며 예배하였습니다. 성령께서 저희의 마음을 주장하셔서 항상 주님께 기쁨이 되게 하옵소서.
　이 시간, 저희들이 순서에 따라 주님께 예물을 드렸습니다. 저희들에게 주님께 드릴 물질이 있게 하시니 감사합니다. 많이 드리거나 적게 드리거나, 마음을 담아 정성껏 드린 심령을 기쁘게 보시고 축복하실 것을 믿습니다.
　주님! 저희들이 이 땅을 살아가는 동안 저희의 마음을 항상 영원한 가치를 가진 것 위에 두게 하옵소서. 세상의 모든 보화보다 우리 주 예수 그리스도를 중하게 여길 수 있게 하시고, 저희에게 있는 물질을 영원히 썩지 아니하고, 더럽혀지지 아니하고, 쇠하지 않는 보물로 사용할 수 있도록 도와주시옵소서.
　또한 이 땅을 살아가는 동안 물질의 있고 없음에 너무 연연해하지 않게 하옵소서. 어떤 환경에 처하든지 믿음보다 더 소중한 것이 없음을 깨닫게 하셔서 믿음을 잃어버리지 않기 위하여 마음을 쏟을 수 있게 하옵소서. 마음을 항상 주님께 두고 믿음으로 살려고 하는 자들에게 환경을 초월하여 승리하는 삶을 살아갈 수 있도록 이끄시는 하나님이심을 믿습니다.
　이 시간, 정성으로 드린 모든 손길을 성령 충만하게 하셔서 항상 주님이 즐겨 받으시는 축복의 예물이 되게 하실 것을 믿사옵고 예수 그리스도의 이름으로 기도합니다. 아멘

 **기도를 돕는 한 마디**
밤낮 최초의 생각은 하나님의 것이 되도록 하라. _ 티하메르

 ## 전부를 내놓을 수 있는 믿음이 있게 하소서

　하나님의 인자하심과 거룩하심을 찬양합니다. 오늘도 저희들의 영혼이 여호와 하나님을 송축할 수 있게 하시니 감사합니다. 저희들 모두가 영원히 여호와 하나님을 송축하며 그 은택을 잊지 않는 삶이 되게 하옵소서.

　주님! 오늘도 믿음의 권속들이 한자리에 모여 예배드리며, 신령한 교제를 나누게 하시니 감사드립니다. 이 시간에 저희들이 순서에 따라 주님께 예물을 드렸습니다. 어찌 보면 참으로 보잘것없는 예물입니다. 이 예물 위에 주님의 능력이 임하게 해달라고 기도하기엔 저희들 자신이 너무나 부끄럽습니다. 하오나 이런 저희의 태도와 행위도 긍휼로 품으시고 감싸 안으시는 사랑의 주님이심을 깨닫기에 부끄러움을 뒤로 하고 용기를 가져봅니다. 저희의 버릇없는 행위를 용서하여 주시고, 주님의 크신 은혜를 진실로 고백할 수 있는 믿음을 더하여 주시옵소서. 저희가 주님께 예배드리는 횟수를 거듭할수록 헌금을 드리는 태도도 더 나아지고 달라질 것을 믿습니다. 신앙이 성숙할수록 물질을 대하는 태도에도 분명히 변화가 있을 것을 믿습니다. 주님을 위해서라면 가진 것 전부를 내놓을 수 있는 믿음의 사람이 되게 하실 것을 믿습니다. 주님의 마음에 합한 자가 되기까지 영적인 가치를 우선순위에 놓을 수 있는 저희 모두가 되게 하옵소서. 이 시간, 물질의 어려움을 겪고 있는 지체들이 있습니다. 어려울 때 오히려 자족할 수 있음을 인하여 감사할 수 있게 하시고, 한숨이 변하여 찬양이 되게 하시는 주님의 능력을 바라보게 하옵소서. 저희들에게 은혜를 더하여 주시는 예수 그리스도의 이름으로 기도합니다. 아멘

 기도를 돕는 한 마디
우리가 소유할 수 있는 은혜의 분량은 우리가 드리는 기도의 분량에 의하여 결정되는 것이다. _로레이

 ## 물질로 주님을 향한 믿음을 고백하게 하소서

자비로우신 주님!

주님의 사랑을 감사합니다. 찬양합니다. 주님의 영감으로 가득한 자리에 저희들이 있게 하시고, 진리를 깨달아 알게 하시니 감사합니다. 주님의 구원의 능력과 위로의 즐거움이 있는 이 자리를 소중하게 여길 수 있는 저희들이 되게 하옵소서.

이 시간, 저희들이 순서에 따라 주님께 예물을 드렸습니다. 적은 것이라도 주님께 드릴 마음을 주심을 감사드립니다. 정성을 다하여 드린 손길을 기억하시고 합당한 주의 은혜를 더하여 주옵소서.

주님! 저희들이 주님께 예배드릴 때마다 헌금을 한다고 해서 부담을 느끼지 않게 하여 주옵소서. "너희 보물이 있는 곳에는 너희 마음도 있으리라(눅12:34)"고 하신 주님의 말씀을 기억하기를 원합니다. 주님을 위하여 물질을 깨뜨리는 것은 우리의 마음이 주님께 있음을 보여드리는 행위임을 잊지 않게 하옵소서. 더 많이 깨뜨릴 수 있는 기회가 주어진다면 그것을 축복으로 여길 수 있게 하시고, 물질로 주님을 향한 믿음을 고백할 수 있는 신앙의 사람이 되게 하옵소서.

또한 저희들에게 있는 물질이 주님을 위하여 닳아서 없어지는 것을 기뻐하며 즐거워할 수 있게 하옵소서. 저희들이 주님을 위하여 쓰면 쓸수록, 빵조각을 떼어줘도 줄지 않는 오병이어의 기적을 경험하는 삶이 되게 하실 것을 믿습니다.

언제나 주님께 드리고자 하는 생각이 떠나지 않는 저희의 삶이 되게 하실 것을 믿사옵고 예수 그리스도의 이름으로 기도합니다. 아멘

 **기도를 돕는 한 마디**
나에게 있어서는 일할 때나 기도할 때나 다를 바가 없다. 기도는 하나님의 임재를 늘 고백하는 것이다. _브라더 로렌스

# 가진 것 전부라도 드릴 수 있게 하소서

영원히 계시고 영원히 저희들을 사랑하시는 주님!

오늘도 그 사랑 안에 거하는 자들이 한자리에 모여 예배하였습니다. 주님의 사랑을 본받아 저희들도 날마다 사랑을 연습하는 자 되며, 사랑의 열매를 맺으며, 사랑을 행할 수 있게 하여 주옵소서.

저희 구역(속회, 셀)도 하나님의 사랑과 주님의 은혜와 성령의 위로가 넘치게 하시고, 구원받는 수가 날로 더해지는 역사가 있게 하여 주옵소서.

이 시간, 저희들이 순서에 따라 주님께 연보를 드렸습니다. 주님께 드림이 항상 기쁨이 될 수 있도록 저희들의 마음을 성령님께서 주장하여 주옵소서. 저희들이 측량할 수 없는 주의 은혜를 받았은즉, 그 은혜를 고백할 줄 아는 것이 은혜 받은 자의 지극히 당연한 모습인 줄 압니다. 저희들이 측량할 수 없는 주의 은혜를, 값싼 은혜로 취급해버리는 일이 없도록 성령 충만을 더하여 주옵소서.

과부의 헌금하는 것을 보시고 칭찬하셨던 주님! 주님의 은혜로 많은 것을 누리고 있는 저희들이 주님께 예물을 드릴 때마다 과부의 심정을 가지고 드릴 수 있게 하옵소서. 억지로나 인색함으로 드리는 모습이 없게 하시고, 없는 가운데서도 주님께 드리는 것만큼은 항상 준비되어 있게 하옵소서. 또한 있는 것 전부라도 드림으로 주님이 칭찬하시고 축복하실 수밖에 없는 믿음의 사람이 되게 하옵소서. 이 시간, 저희들이 드린 연보가 주님의 영광과, 주님의 복음을 세상 곳곳에 전하는 데 아름답게 쓰일 수 있게 하옵소서. 드린 손길마다 풍성한 삶으로 인도하실 것을 믿사옵고 예수 그리스도의 이름으로 기도합니다. 아멘

기도를 돕는 한 마디
어쩌다 하는 기도는 하나의 위장이자 마지못해 하는 일이요, 어릿광대극이자 기만이다. _바운즈

조금이라도 더 보답하려는 마음을 주소서

죄인을 용서하시며 구원하시기를 기뻐하시는 하나님!

오늘도 진리의 말씀으로 저희의 어두운 마음을 밝혀 주심을 감사드립니다. 저희가 이 땅을 살아가는 동안 말씀을 좇아 행할 수 있는 삶이 되게 하여 주옵소서. 또한 주님을 향한 찬양과 감사의 고백이 끊이지 않게 하시고, 주님께 영광을 돌려드리는 것이 삶의 목적이 되게 하여 주옵소서. 이 시간, 저희들의 모임 위에 주님의 축복이 가득하기를 원합니다.

주님! 저희들이 주님께 예물을 드렸습니다. 주님께 예물을 드리는 저희의 신앙적인 행위가 주님을 향한 또 하나의 사랑의 고백이 되게 하여 주옵소서. 주님을 사랑하기에 옥합을 깨뜨린 여인의 마음이 곧 저희들의 마음이 되게 하여 주시고, 주님의 은혜를 알기에 가진 것 전부를 드릴 수밖에 없었던 한 과부의 마음이 곧 저희의 마음이 되게 하여 주옵소서. 주님께서 베푸신 은혜와 사랑에 마음이 담긴 감사의 예물로 반응할 줄 아는 삶이 되게 하여 주시고, 매일의 생활 가운데서도 조금이라도 더 보답하려는 태도로 살아갈 수 있게 하여 주옵소서.

주님! 주님께서는 저희가 드린 예물을 하늘에 둔 바 다함이 없는 보물로 삼으시는 것을 믿습니다(눅12:33). 그러므로 오늘 저희들이 주님께 드리는 예물이 하늘창고에 차곡차곡 쌓인다는 것을 잊지 않게 하옵소서. 이 시간, 주님께 예물을 드린 손길마다 복을 더하실 것을 믿습니다. 물질 때문에 어려움 당하는 일이 없도록 우리 주님이 모든 위험에서 막아주실 것을 믿습니다.

예수 그리스도의 이름으로 기도합니다. 아멘

기도를 돕는 한 마디
나는 기도의 영 속에서 살고 있습니다. 걸을 때, 누울 때, 일어날 때, 운전할 때, 언제나 나는 기도합니다. 그리고 언제나 내게 응답이 옵니다. _조지 뮬러

마음을 담아 정성껏 드리게 하소서

　저희들에게 끊임없이 베풀어 주시는 그 놀라우신 사랑과 은혜를 감사드립니다. 또한 변함없이 저희의 모든 염려를 맡아 권고해 주시는 그 은총을 감사드립니다. 오늘도 저희들에게 복된 모임을 허락하여 주셔서 하나님의 자녀로서 각자에게 맡겨진 본분을 행하며 주님을 높일 수 있게 하시니 감사드립니다. 주님을 예배하며 섬기는 일이 저희들에게 말할 수 없는 축복임을 잊지 않게 하여 주옵소서.
　주님! 저희들이 주님께 예배하며 예물을 드렸습니다. 많은 것보다 비록 보잘것없는 적은 것이지만, 감사함으로 드리오니 기쁘게 받아주시옵소서.
　주님! 저희들이 주님께 예물을 드릴 때에 인색함과 무성의와 억지로 드리는 행위가 없게 하시고, 진실과 감사함으로 정성을 다하여 드릴 수 있는 마음가짐이 되게 하여 주옵소서. 마음을 담아 정성껏 드린 예물만 기쁘게 흠향하시는 주님이심을 믿습니다.
　주님! 한 알의 밀이 땅에 떨어져 죽지 아니하면 한 알 그대로 있고 죽으면 많은 열매를 맺는다고 말씀하셨사오니, 저희들이 이 땅에서 주님의 자녀로 살아가는 동안 땅에 떨어져 죽는 한 알의 밀알 정신을 가지고 살아갈 수 있게 하옵소서. 더 많은 것을 움켜쥐고 채우려고 하는 데만 마음을 쏟지 말게 하시고, 더 많은 것을 베풀고 비우려고 하는 데 마음을 쏟을 수 있는 삶이 되게 하옵소서.
　이 땅에서 비우는 삶을 살 때 썩지 않을 것으로 다시 살며, 영광스러운 것으로 다시 살게 하시는 주님의 축복을 누리게 하실 것을 믿습니다. 이 시간, 저희가 드린 예물을 받아주시기를 원하오며 예수 그리스도의 이름으로 기도합니다. 아멘

기도를 돕는 한 마디
그리스도인에게 있어서 기도하기를 쉬는 것은 하나님 아버지 앞에 큰 죄가 된다. 그러므로 하나님의 자녀인 우리들은 언제 어느 경우에도 아버지께 기도를 계속해야 한다. _작자 미상

 ## 주님의 마음을 부요케 할 수 있게 하소서

우리 주 하나님!

영광과 존귀와 능력을 받으시는 것이 합당하오니 찬양과 경배를 드립니다. 저희들이 일생을 다하는 동안 주의 이름을 영화롭게 할 수 있게 하옵소서.

이 시간, 예배 순서에 따라 주님께 예물을 드렸습니다. 주님을 향한 사랑이 담겨 있는 예물인 줄 믿습니다. 주님을 향한 헌신이 담겨 있는 예물인 줄 믿습니다. 기쁘게 받아주시고 크신 복을 더하여 주옵소서.

주님! 저희들이 평생을 살아가는 동안 주님께서 주신 물질로, 또한 저희의 마음과 뜻을 다하여 주님을 기쁘게 섬기며, 주님의 몸 된 교회를 받들어 섬길 수 있게 하옵소서. 그것을 위하여 저희를 부르시고 택하신 줄 믿습니다.

주님! 앞으로 저희들이 주님께 드리는 예물이 더욱 풍성해질 수 있기를 원합니다. 믿음의 해를 거듭할수록 주님께 드리는 것이 많아지는 인생이 되게 하시고, 주님의 마음을 부요케 해드릴 수 있는 저희의 삶이 되게 하옵소서. 가진 것을 아끼다가 오히려 가난으로 떨어지는 자가 되지 않기를 원합니다. 물질로 주님을 섬길 수 있을 때에 힘을 다하여 섬김으로 더 크게 부어주시는 주님의 축복을 경험하게 하옵소서.

저희들이 주님을 위하여 물질을 쓸 수 있는 것도 엄청난 복임을 깨닫습니다. 저희의 의식주와 건강, 일상생활에 필요한 모든 것을 주님이 채워주실 줄 믿고 선한 사업에 사용할 수 있게 하옵소서. 저희 모두를 복되다 인정하시는 주님의 사람으로 세워주실 것을 믿사옵고 예수 그리스도의 이름으로 기도합니다. 아멘

 **기도를 돕는 한 마디**
위대한 그리스도의 구속 사역은 기도가 아니고서는 이루어갈 수가 없다.
_ 바운즈

 ## 항상 합당한 마음으로 드릴 수 있게 하소서

주를 경외하는 자에게 그 인자하심이 크신 주님!
끊임없이 베풀어주시는 은혜를 감사하며 주님을 찬양합니다.

오늘도 저희들이 한자리에 모여 주님께 예배하였습니다. 저희가 주를 힘입어 날마다 모이기에 힘쓸 수 있게 하시고, 심령의 새로움을 경험할 수 있게 하옵소서.

오늘 저희들이 주님께 예배하면서 각자 준비한 연보를 드렸습니다. 땅과 거기 충만한 것과 세계와 그 중에 거하는 자가 다 주님의 것입니다. 저희의 가진 것, 저희의 모든 소유도 다 주님의 것입니다. 모든 것이 주님께로 말미암았사오니 저희가 주님의 손에서 받은 것으로 주님께 드린 것뿐입니다. 항상 합당한 마음으로 드릴 수 있게 하시고, 항상 감사한 마음으로 드릴 수 있도록 도와주옵소서.

주님! 심는 자에게 씨와 먹을 것을 주시는 하나님이심을 믿습니다. 저희의 남은 생애를 통해서 주님의 영광을 위하여, 주님의 복음을 위하여 풍성히 바칠 수 있게 하옵소서.

또한 예물을 드릴 때마다 주님을 진실로 경외하는 심정으로 드릴 수 있기를 원합니다. 주님에 대한 진실한 사랑과 정성이 담긴 예물이 되게 하옵소서.

이 예물이 쓰이는 곳에 사탄이 틈타지 못하게 하옵소서. 저희들이 바치는 모든 물질이 주님의 사랑의 목적을 위하여 쓰일 수 있게 하시고, 주님의 뜻을 이룸에 기여할 수 있게 하옵소서.

이 시간, 이 예물에 동참한 지체들에게 합당한 은혜와 복을 더하실 것을 믿사옵고 예수 그리스도의 이름으로 기도합니다. 아멘

기도를 돕는 한 마디
당신을 괴롭히고 모욕하는 사람을 위하여 기도하라. 하나님께서 당신에게 보상하실 것이다. _작자미상

 ## 정성 어린 것으로 받아주소서

　주 예수 그리스도를 믿고 구원받은 성도들이 항상 빛 가운데 거하기를 원하시는 하나님께 감사와 찬양을 드립니다. 성령의 빛을 저희 생각과 마음 가운데 밝히 비추어 주셔서 저희로 주님의 거룩한 뜻을 알며, 참과 거짓과 선과 악을 깨달아 알게 하옵소서.
　이 시간, 진심으로 하나님을 찬양하오며 진실한 기도와 정성이 묻어 있는 예물을 봉헌합니다. 저희들이 드린 예물이 비록 보잘것없고 미미할지라도 정성어린 것으로 받아주시고, 그 드리는 손길이 복되게 하여 주옵소서.
　주님! 저희들이 무엇을 먹을까, 무엇을 마실까, 몸을 위하여 무엇을 입을까 염려하며 살지 않기를 원합니다. 우리 주님께서는 저희들에게 필요한 모든 것들을 때를 따라 분명히 공급해 주시는 분이심을 잊지 않게 하옵소서.
　바라옵기는 저희들의 마음속에 하나님의 은혜에 대한 감사와 찬송이 항상 넘칠 수 있기를 원합니다. "여호와께서 내게 주신 모든 은혜를 무엇으로 보답할꼬(시116:12)"라고 말한 시편기자의 진실된 고백이 저희들의 간증이 되고 찬송이 되게 하옵소서.
　이 시간, 주님께 힘써서 드리기를 원하는 저희들 가정과 생업에 은혜를 더하실 것을 믿습니다. 언제나 주의 선한 사업에 기쁨으로 동참할 수 있도록 30배, 60배, 100배의 결실을 맺을 수 있게 하옵소서.
　저희들에게 측량할 수 없는 은혜를 허락하시며, 항상 좋은 것으로 채워주시기를 원하시는 예수 그리스도의 이름으로 기도합니다. 아멘

 **기도를 돕는 한 마디**
　기도하는 사람은 강철이어야 한다. 왜냐하면 그들이 사탄의 왕국을 공격하려고 하기 전에 공격을 받을 것이기 때문이다. _레오날드 레이븐 힐

기꺼이 내어드리는 믿음이게 하소서

전능하신 하나님!

저희들에게 베풀어 주시는 모든 은혜를 감사합니다. 주의 이름이 찬미를 받으시옵소서. 주를 경배하며 찬송합니다. 주의 인자하심이 저희들 가운데 충만케 하옵소서.

이 시간, 정해진 순서에 따라 예배하며 예물을 드렸습니다. 항상 주님의 놀라우신 사랑으로 저희의 삶을 인도하여 주시고, 주님 안에서 살 수 있게 하여 주시니 감사합니다. 이 시간, 적은 정성이나마 주님을 사랑하는 마음으로 예물을 드렸사오니 성근 정성일지라도 중심을 보시는 우리 주님께서 기쁘게 받아주시기를 원합니다.

주님! 저희들 모두가 보다 더 신앙적으로 성숙하기를 원합니다. 그리하여 주님께 드리는 예물도 더욱 풍성하게 하시고, 주님이 기뻐하시는 일이라면 앞장서서 할 수 있는 믿음의 그릇이 되게 하여 주옵소서.

주님! 저희들이 가진 것 모두 주님의 것임을 믿습니다. 주님이 붙드시고 채워주시지 않으셨다면 어찌 저희들에게 재물이 있겠습니까?

저희들에게 있는 재물, 자신의 것처럼 생각지 말게 하시고, 주님이 쓰시겠다 하면 기꺼이 내어드릴 수 있는 믿음이 되게 하여 주옵소서. 그리하여 주님을 위한 쓰임이 풍성할수록 하늘의 영광이 차고도 넘치게 하실 것을 믿습니다.

이 시간, 주님께 드려진 예물이 선한 일에 사용되기를 원합니다. 특별히 주님 나라의 의를 구하는 일에 사용될 수 있게 하여 주옵소서. 힘써서 드린 자의 마음을 기억하시고 은혜를 더하시는 예수 그리스도의 이름으로 기도합니다. 아멘

기도를 돕는 한 마디
사람은 왜 기도하는가? 그것은 사람이 기도하도록 지음을 받았기 때문이다.
_죤스

Chapter 5

구역, 셀, 속회 목장모임을 위한

기도제목에 맞춘
나눔(중보) 기도문

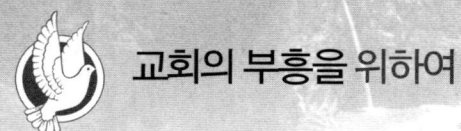
교회의 부흥을 위하여

　주여! 이 시간에 주님의 몸 된 교회가 부흥되기를 위하여 기도합니다. 주님의 몸 된 교회에 부흥을 허락하여 주옵소서. 요즘 교회마다 갈수록 성도의 숫자가 줄어들고 문을 닫는 교회도 점차 많아지고 있다고 합니다. 교육부서의 출석률도 점점 더 감소하고 있다고 합니다. 영적으로도 침체되어 가고 있음을 느낍니다. 지금 한국 교회가 위기를 맞고 있음을 깨닫습니다.

　주여! 주님의 몸 된 교회에 부흥을 허락하여 주옵소서. 영적으로 양적으로 부흥되는 역사가 있게 하여 주옵소서. 그동안 저희들이 주님의 몸 된 교회를 위하여 아무것도 하지 않으려 했고, 드리려고도 하지 않았다면 먼저 자신의 심령상태를 보며 마음을 쏟는 회개가 있게 하시고, 심령의 부흥을 위하여 주님의 은혜를 갈망하게 하옵소서. 교회의 지체인 저희들의 심령에 부흥이 있어야 교회도 부흥되는 줄 믿습니다.

　주여! 부흥은 주님이 주시는 것인 줄 믿사오니 이대로 두지 마시고, 주님의 몸 된 교회의 부흥을 위하여 먼저 각 심령마다 영적 부흥을 허락하여 주옵소서. 죄에 대한 깨달음이 있게 하시고, 은혜에 대한 갈급함이 있게 하여 주옵소서. 그리하여 주님의 몸 된 교회가 죽어가는 생명을 구원하는 구명선으로서의 역할을 잘 감당할 수 있게 하옵소서. 사탄의 권세를 무력화시키고 하늘나라의 지평을 확장해 나가는 복음의 전진기지가 되게 하옵소서. 그리하여 주님의 다시 오심을 예비할 수 있는 교회가 되게 하옵소서.

　주님의 몸 된 교회에 놀라운 부흥을 갈망하오며 예수 그리스도의 이름으로 기도합니다. 아멘

기도를 돕는 한 마디
우리의 위안은 단지 하나뿐, 오직 주님의 보좌 앞에 엎드려 참되신 하나님, 당신을 부르며 슬픔에서 우리를 구해 달라 기도합니다. _카멜라리우스

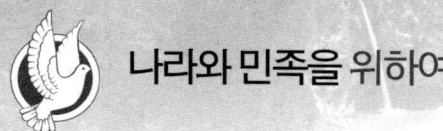

나라와 민족을 위하여

사랑이 풍성하신 하나님 아버지!

이 민족을 권고하셔서 주님의 큰 은총 속에 복을 받으며 살게 하여 주심을 감사드립니다.

이 시간에 이 나라, 이 민족을 위하여 간구합니다. 먼저 국가의 영도자인 대통령을 기억하옵소서. 대통령을 사랑하시고 붙들어 주시기를 원합니다. 사람의 지식과 경험을 의지하기보다, 주님을 의지하고 주님께 지혜와 지식을 구하는 경건한 지도자가 되게 하여 주옵소서. 권력과 탐욕에 빠져 부패하지 않도록 보호하여 주시고, 깨끗한 마음으로 국민을 위해 헌신할 수 있는 지도자가 되게 하여 주옵소서.

국회의원들도 기억하옵소서. 하나님을 두려워하고 국민을 두려워할 줄 아는 국회의원들이 되게 하옵소서. 자신들의 본분이 국민을 섬기는 종임을 잊지 않게 하셔서 국민을 위하여 정직하고 진실하게 일하는 일꾼이 되게 하옵소서.

입법부와 사법부의 지도자들도 기억하옵소서. 권력과 명예에 집착하여 공의를 흐리고 부패하지 않도록 붙들어 주시고, 정직한 마음과 바른 양심으로 공의와 공평을 행할 수 있게 하옵소서. 또한 시민이 억울한 일을 당하지 않도록 재판을 굽게 하는 일이 없게 하여 주옵소서.

공무원들도 맡겨진 보직에 대해 사랑과 책임의식을 가지고 일하게 하시고, 민족과 시민 앞에 선함과 거리낌 없는 양심을 보일 수 있는 신실한 사람들이 되게 하여 주옵소서.

이 나라와 이 민족을 사랑하시는 예수 그리스도의 이름으로 기도합니다. 아멘

기도를 돕는 한 마디
위대함과 평범함의 차이는 대개 한 개인의 실수를 어떻게 보는가에 달려 있다.
_ 넬슨 보즈웰

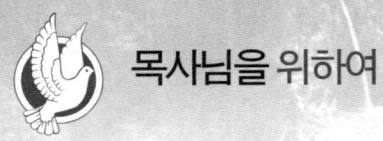 **목사님을 위하여**

사랑의 주님!

이 시간에 목사님을 위하여 기도합니다. 목사님을 언제나 주님의 강하신 손으로 붙들어 주옵소서.

주님의 몸 된 교회를 섬기며 양 무리들을 목양하는 데 피곤치 않도록 영육 간에 강건함을 더하여 주옵소서. 목양하면서 환경을 의식하기보다 오직 하나님의 영광만을 위하여 달려가실 수 있도록 도와주옵소서.

말씀을 준비하실 때에도 지혜와 능력을 더하여 주셔서 양 무리들에게 신령한 꼴을 먹일 수 있게 하시고, 예수님의 구원의 은총과 천국의 능력을 나타내기에 조금도 부족함이 없게 하여 주옵소서.

목사님이 외로우실 때에는 우리 주님이 따뜻한 벗이 되어주실 것을 믿습니다. 힘들고 지치셨을 때에는 위로와 용기를 더하실 것을 믿습니다. 누가 알아주는 이 없을지라도 사도 바울과 같이 하늘의 상급을 바라보며 힘차게 달려가실 수 있게 하여 주옵소서.

목사님의 가정도 큰 은혜로 함께하시옵소서. 사모님께도 더욱 큰 능력으로 함께하셔서 목사님을 내조하시는 데 조금도 부족함이 없게 하여 주옵소서. 괴롭고 아픈 일이 찾아올 때 고난이 주는 영광을 바라보며 평안과 위로를 얻을 수 있게 하여 주옵소서. 자녀들도 주님이 직접 돌보아 주셔서 주님께 귀하게 쓰임 받는 그릇들이 되게 하여 주옵소서. 목사님의 가정에 날마다 생활의 필요를 공급하여 주셔서 목양하시는 데 물질 때문에 어려움을 당하지 않게 하여 주옵소서. 예수 그리스도의 이름으로 기도합니다. 아멘

 **기도를 돕는 한 마디**
기도하지 않고 성공했으면 또한 그것 때문에 망한다. _ 찰스 스펄전

 **기관과 부서를 위하여**

능력의 주님!

이 시간에 교회의 각 기관과 부서를 위하여 기도하기를 원합니다.

먼저, 주일학교를 기억하옵소서. 갈수록 출석률이 줄어들고 있는 주일학교에 부흥을 주옵소서. 어릴 때부터 교회를 가까이 함으로 믿음의 꿈을 키워갈 수 있는 아이들이 많아지게 하옵소서. 주님이 귀하게 쓰시는 사람이 주일학교 때부터 세워지게 하옵소서.

학생회를 위하여 기도합니다. 아직 가치관이 미성숙한 때입니다. 길과 진리가 되시고 생명이 되신 주님께서 여리고 연약한 학생들의 마음을 강하게 붙드셔서 주의 법도를 익히며 불의에 흔들리지 않고 주님께 영광 돌리는 믿음의 사람으로 성장할 수 있도록 도우시옵소서.

청년들을 위하여 기도합니다. 젊을 때에 창조주 하나님을 기억하는 삶이 되게 하옵소서. 주님을 위하여 뜨거운 열정으로 헌신할 수 있게 하시고, 모든 일에 성실한 자세를 잃지 아니함으로 존귀한 사람으로 불려질 수 있는 청년들이 되게 하옵소서.

남·여전도회를 위하여 기도합니다. 주님의 몸 된 교회를 위하여 교우를 섬기고 위로하는 봉사와 헌신에 최선을 다할 수 있게 하시고, 주님의 영광을 위하여 선한 청지기의 삶을 살 수 있도록 인도하여 주옵소서.

성가대도 모든 성가대원들이 다 성령 충만하여 인간의 자랑이나 즐거움을 위한 것이 아니라, 지극히 높으신 하나님을 경배하며 영화롭게 하는 찬양을 드릴 수 있게 하옵소서.

교회를 든든히 세우시고, 교회를 통하여 역사하시는 예수 그리스도의 이름으로 기도합니다. 아멘

 **기도를 돕는 한 마디**
기도는 보기만 하던 지도의 나라를 실제 여행하는 것과 같다. _ 포드릭

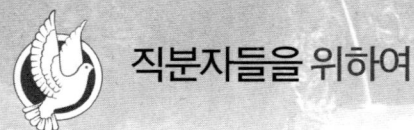

직분자들을 위하여

자비로우신 하나님 아버지!
이 시간에 교회의 직분자들을 위하여 간구합니다.
주님의 피 흘림이 있었기에 오늘 저희가 여기 있게 되었고, 주님의 희생 사역이 있었기에 오늘 저희들이 주님이 쓰시는 영광된 일꾼으로 부름 받게 된 것을 믿습니다.
주여! 교회의 직분자들을 기억하옵소서. 주님이 맡기신 영광된 직분에 열과 성을 다하여 충성하고 헌신하는 직분자들이 되게 하여 주옵소서. 주님이 세우신 목사님을 위하여 기도하며 사역을 돕는 직분자들이 되게 하여 주옵소서.
주님께 충성하듯 믿음의 권속들을 위하여 수종드는 직분자들이 되게 하여 주시고, 어렵고 힘든 일일수록 앞장서서 일할 수 있는 직분자들이 되게 하여 주옵소서.
또한 주님의 몸 된 교회를 든든히 세우는 일이라면 불속에라도 들어갈 수 있는 직분자들이 되게 하여 주시고, 주님의 향기를 드러내는 일이라면 물질도 아끼지 않고 깨뜨릴 수 있는 직분자들이 되게 하여 주옵소서.
믿음이 연약한 자를 사랑으로 이끌어 주며, 고난 중에 있는 형제를 위하여 기도하며 권면하고, 도와주는 일에 열심을 다하는 직분자들이 되게 하여 주옵소서.
언제나 사랑과 은혜로 충만하여 주님께 죽도록 충성할 수 있는 직분자들이 되게 하여 주실 것을 믿습니다.
예수 그리스도의 이름으로 기도합니다. 아멘

기도를 돕는 한 마디
기도란 그리스도의 능력을 붙잡는 손이다. _찰스 스펄전

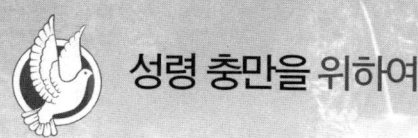
성령 충만을 위하여

능력의 주님!

이 시간에 저희 모두가 성령 충만을 위하여 기도하기를 원합니다.

구하는 자에게 언제나 좋은 것으로 채워주시는 주님이심을 믿습니다. 이 시간 저희들이 주님의 은혜를 감당하는 삶을 살기 위하여 성령 충만을 소망하고 있습니다. 저희 모두의 마음의 소원을 기억하시고 성령으로 충만케 하여 주옵소서.

성령 충만하여 모든 정욕과 탐심을 이기게 하여 주시고, 성령의 아홉 가지 열매를 맺는 복된 삶이 되게 하여 주옵소서. 성령 충만하여 주님께 순종을 드리는 자리에 항상 있게 하시고, 헌신하는 자리에 항상 있게 하시며, 충성하는 자리에 항상 있는 저희 모두가 되게 하여 주옵소서. 또한 성령 충만하여 주님을 사랑하듯 이웃을 사랑하는 저희들이 되게 하시고, 주님을 섬기듯이 겸손과 온유로 형제를 섬기는 저희들이 되게 하여 주옵소서. 또한 갈 길 몰라 방황하는 영혼들을 주님께 인도하는 전도자가 되게 하여 주시고, 물질과 몸을 드려 섬김의 도를 실천하는 저희 모두가 되게 하여 주옵소서. 가정에서도 성령 충만하여 주님이 거하시는 거룩하고 아름다운 가정을 만들 수 있게 하시고, 주님이 통치하시는 가정 천국을 이룰 수 있게 하옵소서.

언제나 저희 모두의 속사람을 새롭게 변화시켜 주셔서 하나님의 선하시고 기뻐하시고 온전하신 뜻을 분별할 줄 아는 삶을 살아가게 하실 것을 믿습니다. 저희 모두를 더욱 성령 충만하게 하셔서 주님의 은혜와 사랑에 대하여 반응이 있는 삶을 살게 하실 것을 믿사옵고 예수 그리스도의 이름으로 기도합니다. 아멘

기도를 돕는 한 마디 ··
하나님과 교통하는 생활이 세상에서 가장 좋다. _헨리

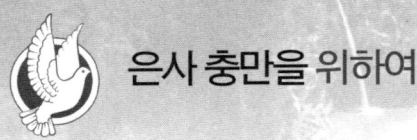

은사 충만을 위하여

전능하신 하나님 아버지!

이 시간에 더욱 큰 은사를 사모하며 기도하기를 원합니다. 죄의 종으로 살던 저희를 구속하셔서 주님의 거룩한 백성으로 다시 살게 하여 주시니 얼마나 감사한지요. 이 땅에서 저희의 생명이 다하는 날까지 주님의 베푸신 은혜와 은총에 감사하며 영광 돌리는 삶이 되게 하옵소서. 오늘 저희들이 주님의 영광을 나타내는 온전한 도구로 쓰임받기 위하여 더욱 큰 은사를 사모하고 있습니다. 주님을 향한 저희들의 마음을 기쁘게 보시고 사모하는 심령에 성령의 은사를 충만케 하옵소서.

주님! 저희들에게 사랑의 은사가 필요합니까? 주님의 사랑을 나타내고 보여줄 수 있도록 사랑의 은사를 더하여 주옵소서. 기도의 은사가 필요합니까? 주님과 더 깊은 교제를 나눌 수 있도록 기도의 영으로 충만케 하옵소서. 말씀의 은사가 필요합니까? 말씀을 읽을 때마다 송이꿀보다도 더 단 주님의 말씀을 맛볼 수 있도록 말씀의 능력을 더하여 주옵소서. 지혜의 은사가 필요합니까? 넘치는 지혜를 부어 주셔서 주님의 몸 된 교회를 위하여 봉사의 아름다움을 나타낼 수 있는 도구가 되게 하옵소서.

또한 저희들에게 전도의 은사를 더하여 주셔서 많은 영혼들을 주님께로 인도할 수 있는 사람 낚는 어부가 되게 하옵소서. 물질도 필요할 줄 압니다. 물질의 은사를 더하여 주셔서 주님의 마음을 담아내는 곳에 주님의 손길을 대신할 수 있는 저희 모두가 되게 하옵소서.

사랑하는 자에게 각양 좋은 은사로 채워주시는 예수 그리스도의 이름으로 기도합니다. 아멘

기도를 돕는 한 마디

기도는 믿음의 성벽이며 우리를 노리는 자들에 대한 무기이다. 그러므로 밤이나 낮이나 무기 없이 다니지 말자. _터툴리안

 ## 구역(속회, 셀)을 위하여

사랑의 주님!

이 시간에 구역(속회, 셀)을 위하여 기도하기를 원합니다.

우리 주님은 "모이기를 폐하는 어떤 사람들의 습관과 같이 하지 말고 오직 권하여 그 날이 가까움을 볼수록 그리하자"(히10:25)고 말씀하셨는데, 갈수록 모이기에 힘쓰는 것이 둔화되고 있습니다. 주님의 몸 된 교회도 예배 드리는 횟수가 점점 줄어들고 있고, 구역(속회) 모임도 모임을 갖는 구역(속회)이 점차 줄어들고 있습니다. 시대가 점점 더 악하여 가고 있는 징조인 줄 믿습니다.

주님! 시대가 점점 더 악해지고 패역해 가고 있는 이때에, 주님을 믿는 저희들이 믿음을 강화하고 지키기 위하여 더욱 힘써서 모일 수 있게 하여 주옵소서. 악한 사탄의 꾐에 넘어가지 않도록 성령의 음성에 귀를 기울일 줄 아는 구역(속, 셀)원들이 되게 하여 주옵소서. 구역(속회, 셀) 모임을 가질 때마다 주님의 사랑과 은혜가 더욱 넘쳐나게 하시고, 주님의 몸 된 교회를 세우며 가정을 세우는 구역(속회, 셀) 모임이 되게 하여 주옵소서. 특별히 구역(구역, 셀)을 통하여 주변에 믿지 않는 사람들에게 전도의 문이 열릴 수 있게 하시고, 구역(속회, 셀)원들 모두가 복음 증거에 힘쓸 수 있는 뜨거움이 있게 하여 주옵소서.

구역(속회, 셀)을 책임지고 있는 지도자들을 붙드셔서 주님의 사랑으로 지체들을 돕고 격려하며 믿음으로 이끌어 줄 수 있게 하여 주옵소서. 또한 구역(속)원들마다 성령의 능력과 은사를 충만하게 부어주셔서 주님의 일에 적극적으로 헌신하고 봉사할 수 있는 일꾼들이 되게 하여 주옵소서.

예수 그리스도의 이름으로 기도합니다. 아멘

 **기도를 돕는 한 마디**

우리가 하나님의 말씀을 볼 때는 하나님께서 우리에게 말씀하시는 때요, 우리가 기도할 때는 우리가 하나님께 말씀을 드리는 때이다. _스미스

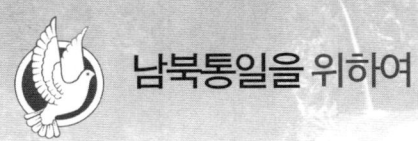

남북통일을 위하여

자비로우신 하나님 아버지!

이 시간에 이 나라의 남북통일을 위하여 기도하기를 원합니다.

이 민족을 사랑하셔서 많은 위기 속에서도 다시 일어서게 하시고, 전쟁의 위협 속에서도 발전을 거듭할 수 있게 하시니 감사드립니다. 그러나 아직까지 남과 북이 냉전 상태에 놓여있고, 서로를 향하여 총부리를 겨누고 있습니다.

이 민족을 사랑하시는 주님! 이 민족을 불쌍히 여기셔서 어서 속히 남과 북이 하나가 되게 하시고, 민족 통일을 이루게 하여 주옵소서. 전 세계에 유일한 냉전국가는 우리 민족밖에 없습니다. 언제까지 이 민족이 내 동포, 내 혈육을 향하여 총부리를 겨누고 있어야만 하겠습니까? 이 민족이 통일을 이룰 수 있는 것은 인간의 수단과 방법에 달려있는 것이 아니라 전적으로 하나님의 손에 달려 있사오니, 온 백성이 이 나라의 통일을 위하여 하나님을 간절히 찾을 수 있게 하여 주옵소서. 남과 북이 대치된 가운데 이 백성이 무고한 피를 흘리는 안타까운 일이 더 이상 발생되어서는 안 될 것입니다. 총탄에 희생된 자녀들을 가슴에 묻고 쓰라린 아픔을 추스르며 살아야 하는 부모들이 더 이상 있어서는 안 될 줄 압니다.

주여! 전쟁의 쓰라린 아픔이 후손들에게 계속 대물림되지 않도록 이 나라에 통일을 주시고, 진정한 평화를 주시옵소서. 남과 북이 하나 되어 손에 손을 붙잡고 감격의 노래를 부를 수 있도록 큰 은총을 허락하여 주시옵소서.

예수 그리스도의 이름으로 기도합니다. 아멘

기도를 돕는 한 마디
당신이 당신 생명을 사랑하는 사람이 되려거든 기도를 사랑하는 사람이 되라.
_존 낙스

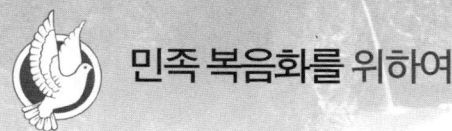# 민족 복음화를 위하여

능력의 하나님 아버지!

이 시간에 민족 복음화를 위하여 기도하기를 원합니다. 오랜 역사 동안 하나님을 알지도, 예배하지도 못했던 이 민족에게 복음을 주시고 번영케 하셔서, 이제 성령의 역사로 말미암아 전 세계 열방을 향해 복음을 증거하는 민족이 되게 하여 주심을 감사합니다.

그러나 이 땅에 아직도 수많은 백성들이 주님께로 나오지 못하고 있습니다. 주님의 교회들마다 성령을 물 붓듯이 쏟아부어 주셔서 저 죽어가는 생명들을 건져낼 수 있는 구명선이 되게 하시고, 이 민족을 영적으로 지도하는 사명을 다하게 하여 주시옵소서.

북한 땅에도 함께하여 주옵소서. 저들의 강퍅한 심령이 복음의 능력으로 녹아지게 하시고, 주님의 구원의 은혜가 있게 하여 주시옵소서. 아직도 북한 땅에는 신앙을 굽히지 아니하고 결연한 각오로 신앙을 지키고 있는 성도들이 있는 줄 믿습니다. 지하에서 또는 은밀한 장소에서 애통한 마음으로 부르짖는 기도를 들으시고 어서 속히 북녘 땅에도 교회가 재건되고 찬송과 말씀이 울려 퍼지게 하옵소서.

교회들도 남한의 곳곳에 교회가 세워진 것을 인하여 만족해 할 것이 아니라, 북한 땅 곳곳에 주님의 교회가 세워지기까지 절박한 심정을 가지고 부르짖는 교회들이 되게 하여 주옵소서. 낙도나 산간오지에도 복음이 들어가지 않은 곳이 많습니다. 그곳에서도 구원의 기쁜 소식을 알릴 수 있는 헌신된 일꾼들을 보내 주셔서 구원 받는 사람이 있게 하시고, 주님의 나라가 임하게 하여 주옵소서.

예수 그리스도의 이름으로 기도합니다. 아멘

기도를 돕는 한 마디
기도는 그리스도인의 지상 분투에 있어서 최대 위업이다. _ 클레릿쉬

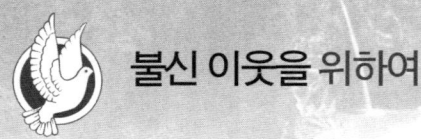

불신 이웃을 위하여

천하보다 한 생명을 귀하게 여기시는 주님!
이 시간에 불신 이웃을 위하여 기도하기를 원합니다.
저희들의 이웃사촌 중에 주님을 모르는 자들이 있습니다. 그들의 영혼과 가족을 불쌍히 여기셔서 주님께로 돌아올 수 있도록 구원의 은혜를 베풀어 주옵소서.

그 영혼들이 반드시 지옥 가서는 안 될 영혼들임을 믿습니다. 반드시 천국 가야만 할 영혼들임을 믿습니다. 만세 전부터 택하시고 부르시기로 작정하신 영혼들임을 믿습니다. 어서 속히 믿음의 눈을 열어 주셔서 구원의 주님을 만나게 하여 주시고, 하나님의 자녀의 권세를 누릴 수 있는 은총을 베풀어 주옵소서.

예수 그리스도 외에는 천하 인간에 구원을 얻을 만한 다른 이름을 우리에게 주신 일이 없음을 깨닫게 하셔서 더 이상 마귀의 권세 아래서 죄에게 종노릇하며 사는 영혼들이 되지 않도록 건져주옵소서.

성령님이 그들의 마음을 깨닫게 하셔서 주님 앞으로 돌아오게 하여 주실 것을 믿습니다. 회개할 수 있는 기회와 은총을 베풀어 주실 것을 믿습니다. 예수 그리스도 안에서 생명을 얻되 넘치도록 얻는 삶을 허락하실 것을 믿습니다. 천국 백성이 되게 하여 주실 것을 믿습니다.

저희들과 함께, 한 믿음 안에서 한 교회를 섬기고, 함께 예배 드리며, 교제하며, 하나님께 영광 돌리는 복된 자녀들이 되게 하여 주실 것을 믿습니다. 예수 그리스도의 이름으로 기도합니다. 아멘

기도를 돕는 한 마디
기도는 하나님께서 우리에게 말씀하시도록 드리는 기회이다.   _ **헨리 이 포스트**

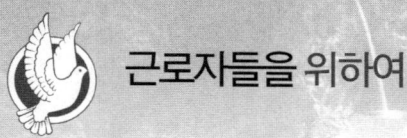

근로자들을 위하여

천지만물을 창조하시고 주관하시는 하나님 아버지!
이 시간에 근로자들을 위하여 기도하기를 원합니다.
이 민족이 가난에서 벗어나 번영하고 부요한 삶을 누리게 하여 주심을 감사합니다. 이렇게 이 민족이 경제적으로 번영하고 부요를 누리고 있지만 아직도 근로자들 중에 가난을 면키 어려운 수많은 형제자매들이 있습니다.
주님! 그들을 위하여 기도하기를 원합니다. 가난하게 자랐기 때문에 근로자가 되었고, 근로자가 되었기 때문에 가난을 면키 어려운 저들을 기억하시옵소서. 남달리 노력을 해도 불공정한 분배를 비롯한 사회의 구조적 문제들 때문에 최소한의 인간다운 삶조차도 보장 받지 못하고 사는 저임금의 근로자들이 아직도 이 땅에 많음을 기억하시기를 원합니다. 힘 있는 사람들과 가진 자들이 먼저 근로자들을 소중히 여기고 고마움을 느낄 수 있게 하여 주옵소서. 기술자와 전문가들, 그리고 사용자와 경영인만으로는 이 사회가 지탱될 수 없음을 깨닫게 하셔서 근로자들의 존재를 재인식할 수 있게 하여 주옵소서. 저임금 근로자들의 피땀 흘린 노동의 대가를 착취하는 기업인들이 없게 하시고, 자신들만 생각하는 탐욕과 이기주의도 없게 하여 주옵소서.
정부의 근로 정책도 저임금의 근로자들을 위한 복지정책이 확실하게 수립될 수 있게 하여 주셔서 근로자들이 자신이 맡은 일에 마음 놓고 최선을 다하며 떳떳하게 종사할 수 있게 하여 주옵소서. 이 땅의 근로자들을 긍휼히 여기시기를 원하오며 예수 그리스도의 이름으로 기도합니다. 아멘

기도를 돕는 한 마디
기도는 하나님과의 대화요 위대한 예술이다. _토마스 아 켐피스_

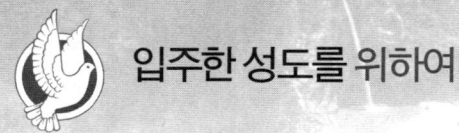
입주한 성도를 위하여

은혜로우신 하나님 아버지!

이 시간에 새로운 집으로 입주한 교우를 위하여 기도하기를 원합니다. ○○○ 성도(직분)가 주님이 주신 새로운 장막으로 입주할 수 있게 하신 하나님의 은혜에 감사와 영광을 돌립니다. 능력의 하나님이 언제나 ○○○ 성도(직분)의 가정을 지켜 주셔서 부족함 없이 살아갈 수 있게 하신 것을 믿습니다.

주님! 이제껏 ○○○ 성도(직분)의 가정을 붙드시고, 인도하시고, 축복하신 하나님께서 앞으로도 함께하실 것을 믿습니다. 이제 새로운 집에 입주하였사오니 주님을 더 잘 섬길 수 있는 복된 가정이 되게 하여 주시고, 주님을 더욱 사랑하고 주님의 말씀을 더욱 가까이 할 수 있는 가정으로 이끌어 주옵소서. 그리하여 입주하기 전보다 더욱 성숙된 신앙생활이 되게 하여 주시고, 주님을 기쁘시게 하는 자로 쓰임 받게 하여 주옵소서.

주님! ○○○ 성도(직분)의 가정에 계획하고 있는 일들이 있습니까? 우리 주님이 그 계획을 만지셔서 주님의 영광을 나타낼 수 있게 하시고, 선한 열매를 맺게 하여 주옵소서. 또한 예배와 찬송이 늘 가득하고 주 안에서 형제자매들을 즐거이 대접하는 복된 장소가 되게 하여 주옵소서. 새로 입주한 ○○○ 성도(직분)의 집이 육신의 장막뿐 아니라 신앙의 집으로도 아름답게 세워지고 쓰임 받게 하여 주시고, 이웃과 좋은 사귐이 있게 하여 주시며, 전도할 수 있는 문도 열어주옵소서. 새집 증후군이 있습니다. 면역력을 강화시켜 주셔서 잘 적응할 수 있게 하여 주옵소서.

예수 그리스도의 이름으로 기도합니다. 아멘

기도를 돕는 한 마디
기도는 하나님께서 영으로 우리에게 내려오시고 우리는 기도로 말미암아 그에게 올라가는 것이다. _토마스 왓슨

 ## 개업한 성도를 위하여

사랑이 많으신 하나님 아버지!
　이 시간에 개업한 성도를 위하여 기도하기를 원합니다.
　○○○ 성도(직분)가 새로운 사업을 준비하여 개업을 하게 되었습니다. 그동안 새로운 사업의 터전을 마련하기 위하여 여러 가지 힘든 과정을 겪었을 줄 압니다. 믿음으로 잘 이겨낼 수 있게 하시고, 믿음의 결과를 보게 하시니 감사드립니다.
　주님! ○○○ 성도(직분)가 개업한 가게를 우리 주님이 붙드실 것을 믿습니다. 수고에 합당한 열매가 주어질 수 있게 하시고, 아름다운 소문이 잘나게 해주셔서 손님의 발걸음이 끊이지 않는 복된 생업이 되게 하여 주옵소서.
　주님! 가게의 주인은 주님이심을 믿습니다. ○○○ 성도(직분)가 이 사실을 한순간도 잊지 않게 하셔서 정직과 진실함으로 운영해 나갈 수 있게 하여 주옵소서. 또한 주님을 섬기는 주님의 백성임을 늘 의식하며 사업을 하게 하여 주시고, 성도의 사업은 하나님이 주신 귀한 성직임을 잊지 않게 하여 주옵소서. 그리하여 경영하는 사업을 통하여 영적인 열매도 풍성히 맺을 수 있도록 도와주옵소서.
　주님! ○○○ 성도(직분)가 가게를 운영하다보면 뜻하지 않은 어려움도 만나게 될 것입니다. 그때마다 좌절하지 않고 주님께 더 가까이 나아가 부르짖을 수 있는 믿음이 되게 하여 주옵소서. 이제 시작하오니 우리 주님이 형통케 하실 것을 믿습니다. 큰 복으로 채워 주실 것을 믿습니다. 주님의 영광을 드러내게 하실 것을 믿습니다.
　예수 그리스도의 이름으로 기도합니다. 아멘

 **기도를 돕는 한 마디**
기도할 때 기도다운 기도를 하기 위하여 개발에 힘서야 한다. _포오사이스

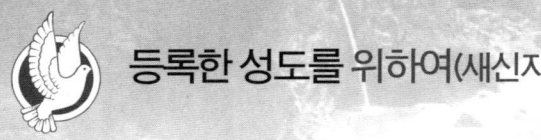

등록한 성도를 위하여(새신자)

사랑의 하나님 아버지!

이 시간에 새로 등록한 성도를 위하여 기도합니다.

이제 사랑하는 ○○○ 성도에게 예수님을 주로 고백할 수 있는 믿음을 주셨사오니 교회를 통하여 예배의 즐거움을 누릴 수 있게 하시고, 주님을 섬기는 기쁨을 날마다 더하여 주옵소서.

구원의 진리를 깨달아 가는 가운데 그 영혼이 날마다 새로워지는 것을 경험할 수 있게 하시고, 영육 간에 주님이 채워 주시는 신령한 복과 은혜를 받아 누리는 삶이 되게 하여 주옵소서.

주님의 몸 된 교회를 위하여도 귀하게 사용되는 그릇이 되기를 원합니다. 복된 교회생활을 통하여 주님이 주신 은사를 발견할 수 있게 하셔서 교회를 든든히 세우는 데 합당한 일꾼으로 쓰임 받게 하여 주옵소서.

주님! 이 가정에 주님을 만나지 못한 가족이 있다면 구원의 은총을 허락하여 주시기를 원합니다. 모든 가족이 예수 믿고 구원을 주신 주님을 찬양할 수 있게 하시고, 천국의 기쁨을 누릴 수 있는 가정이 되게 하여 주옵소서.

주님! ○○○ 성도의 생업에도 복을 주시기를 원합니다. 그가 하는 일들이 하나도 땅에 떨어지지 않게 하셔서, 예수 믿는 사람은 이 땅에서도 넘치는 복을 받아 누린다는 사실을 경험하게 하여 주옵소서. 이 가정에 고통의 문제가 있습니까? 주님을 의지함으로 고통의 문제를 다루시는 주님의 손길을 체험할 수 있게 하여 주옵소서. 주님의 크신 은혜를 찬양하오며 예수 그리스도의 이름으로 기도합니다. 아멘

기도를 돕는 한 마디
간구란 하나님께 단순히 말하는 것이 아니라 간절히 구하는 것이다.
_ 죠안 라이스

# 등록한 성도를 위하여 (기신자)

은혜로우신 하나님 아버지!

이 시간에 새로 등록한 성도를 위하여 기도하기를 원합니다. 사랑하는 ○○○ 성도(직분)를 본 교회로 인도하셔서 주님의 몸 된 교회를 섬길 수 있게 하심을 감사드립니다. 주변에 교회가 많음에도 불구하고 ○○○ 성도(직분)가 본 교회에 등록한 것은, 본 교회에 꼭 필요한 성도(직분)이기에 그 마음에 감동을 주신 줄 믿습니다.

○○○ 성도(직분)님이 본 교회 성도들과 함께 주님의 몸 된 교회를 섬기며 신앙생활을 할 때에 더 크고 놀라운 하나님의 은혜를 경험하게 하시고, 더욱 성숙된 믿음의 단계로 나아갈 수 있게 하여 주옵소서. 그가 주님의 전을 찾아 기도할 때마다 응답하시는 주님을 만나게 하시고, 영육 간에 풍성한 열매를 맺게 하여 주옵소서.

주님! 본 교회에 참으로 할 일이 많습니다. ○○○ 성도(직분)를 주님의 몸 된 교회에 꼭 필요한 영적 일꾼으로 사용하시옵소서. 시간과 물질을 드려 봉사할 수 있는 일꾼이 되게 하시고, 몸과 마음을 드려 섬기며 헌신할 수 있는 일꾼이 되게 하여 주옵소서. 그리하여 주님이 인정하시고 칭찬하시는 착하고 충성된 종이 되게 하여 주옵소서.

주님! ○○○ 성도(직분)의 가정에 저희들이 알지 못하는 어려움이 있습니까? 애통하는 마음으로 부르짖을 때에 만져주시고 위로하시는 주님의 긍휼을 경험케 하실 것을 믿습니다. 또한 ○○○ 성도(직분)의 생업이나 경영하는 사업도 기억하셔서 날마다 채우시는 주님의 은총을 인하여 주님의 영광을 드러낼 수 있게 하여 주옵소서.

예수 그리스도의 이름으로 기도합니다. 아멘

기도를 돕는 한 마디
기도는 어떠한 필요에 의하여 부르짖는 것 이상으로 영적 생활을 유지하기 위하여 우리에게 주어진 특권이다. _헤럴드 프릴리

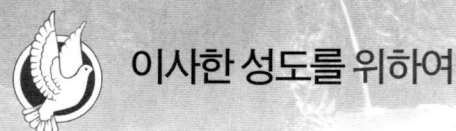 **이사한 성도를 위하여**

사랑이 풍성하신 하나님 아버지!

이 시간에 이사한 성도를 위하여 기도하기를 원합니다. 사랑하는 ○○○ 성도(직분)가 새로운 장막을 마련하여 이사하게 하심을 감사합니다. ○○○ 성도(직분)를 위하여 주님이 예비하시고 준비하신 장막인 줄 믿습니다. 인도하시는 주님의 은혜를 찬양하며 영광 돌릴 수 있는 ○○○ 성도(직분)가 되게 하여 주옵소서.

주님! 사랑하는 ○○○ 성도(직분)에게 새로운 장막을 허락하여 주셨사오니 그곳에서도 변함없이 주님을 섬길 수 있게 하시고, 주님을 높일 수 있는 삶이 되게 하여 주옵소서. 또한 항상 장막 안에서 주님을 향한 찬송이 끊이지 않게 하시고, 주님을 향한 감사가 멈추지 않게 하시며 모든 가족들의 믿음이 더욱 반석 위에 세워질 수 있게 하시고, 시절을 따라 맺는 열매도 풍성하게 하여 주옵소서.

주님! 주님이 ○○○ 성도(직분)의 가정에 목자가 되어주셔서 목자이신 주님의 음성을 잘 들으며, 주님이 이끄시는 대로만 따라갈 수 있게 하여 주옵소서. 또한 사랑하는 ○○○ 성도(직분)가 주님의 몸 된 교회를 위해서도 충성을 다할 수 있게 하여 주옵소서. 때를 따라 베풀어 주시는 주님의 은혜를 기억하며, 항상 몸과 마음을 드려 충성할 수 있는 믿음의 사람이 되게 하여 주옵소서.

주님! 그 입술의 기도도 기억하실 것을 믿습니다. 기도할 때마다 더 크고 놀라운 은혜로 응답하시는 주님을 경험할 수 있게 하여 주옵소서. 또한 영혼구원의 열매도 풍성히 맺을 수 있는 ○○○ 성도(직분)가 되게 하여 주옵소서.

예수 그리스도의 이름으로 기도합니다. 아멘

 기도를 돕는 한 마디
기도는 강한 것 중의 강한 것이요, 기도는 높으신 하나님의 보좌에 둘러싸인 대기와 같다. _피터 포오사이드

 ## 출산을 앞두고 있는 성도를 위하여

사랑의 주님!

이 시간에 출산을 앞두고 있는 성도를 위하여 기도하기를 원합니다. 사랑하는 ○○○ 성도(직분)에게 새 생명을 잉태할 수 있는 큰 은총을 베푸시고 달수가 차기까지 태중의 아이와 산모를 지켜주심을 감사드립니다. 이제 출산일이 얼마 남지 않았습니다. 이제껏 ○○○ 성도(직분)를 지켜주신 우리 주님이 건강하고 튼튼한 아이를 순산할 수 있도록 섭리하실 것을 굳게 믿습니다.

주님! 하오나 ○○○ 성도(직분)의 마음 한구석에 불안과 두려움도 자리잡고 있을 것입니다. 평안케 하시는 우리 주님이 그 마음에 놀라운 평안을 허락하여 주시고, 안정을 취할 수 있게 하여 주옵소서. 또한 주님의 함께하심을 굳게 믿고 자신과 태아를 위하여 기도하며 출산을 준비하게 하여 주옵소서. 우리 주님은 이제 곧 태어날 아이를 통하여 이 가정에 믿음의 기업을 잇게 하시고, 믿음의 가문을 세우게 하실 것을 믿습니다. 주님이 축복하신 생명, 믿음 안에서 정성껏 양육할 수 있게 하시고, 뱃속에 품고 있을 때의 그 정성으로 부모 된 책임을 다할 수 있는 ○○○ 성도(직분)가 되게 하여 주옵소서. 주님께 사랑받는 아이로, 주님의 말씀과 훈계를 사랑하는 아이로 키울 수 있는 부모가 되게 하여 주옵소서.

다시 한 번 기도하오니 이제껏 함께하신 우리 주님께서 끝까지 함께하여 주옵소서. 불꽃 같은 눈동자로 지키시고 평안의 복을 더하여 주옵소서. 언제나 저희들에게 기쁨을 더하시고 찬송케 하시는 예수 그리스도의 이름으로 기도합니다. 아멘

기도를 돕는 한 마디
기도는 어떠한 힘보다도 위대한 능력을 가지고 있는 힘이다. _ 캔터어

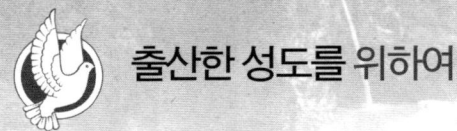 ## 출산한 성도를 위하여

생명의 창조자이신 하나님 아버지!

이 시간에 새 생명을 출산한 ○○○ 성도(직분)를 위하여 기도하기를 원합니다. 만세 전부터 택하시고, 불러주신 ○○○ 성도(직분)의 가정에 귀한 생명을 선물로 주심을 감사합니다. 새 생명의 탄생을 이 세상의 그 무엇과 감히 비교할 수 있겠습니까? 산모는 물론 저희 모두에게 생명의 축복을 주신 하나님께 다시 한 번 감사와 영광을 돌립니다. 원하옵기는 새 생명을 잉태하기 위하여 해산의 고통을 겪은 ○○○ 성도(직분)에게 함께하시길 원합니다. 그동안 주님이 주신 귀한 생명을 잉태하고 출산하기까지 얼마나 힘들었겠습니까? 빠른 시일 내에 그 몸의 모든 기능이 회복될 수 있게 하여 주옵소서. 그리하여 건강한 모습으로 아이를 잘 양육할 수 있도록 인도하여 주옵소서.

또한 ○○○ 성도(직분)가 아기를 양육하면서 사랑과 믿음으로 잘 양육할 수 있도록 지혜를 더하여 주옵소서. 젖을 먹일 때나 잠을 재울 때나 항상 아기를 위하여 기도하는 것을 잊지 않게 하여 주시며, 항상 하나님의 말씀을 들려주는 것을 잊지 않는 ○○○ 성도(직분)가 되게 하여 주옵소서. 그리하여 그 가정에 축복의 기업으로 주신 새 생명이 늘 마음 중심에 하나님을 기억하는 믿음의 사람으로 잘 자랄 수 있게 하옵소서. 또한 이 아기의 건강도 지켜주실 것을 믿습니다. 면역력을 강화시켜 주셔서 갖가지 질병들을 잘 이겨나갈 수 있게 하여 주옵소서. 아이가 커가며 지혜와 명철도 더하여 주실 것을 믿사옵고, ○○○ 성도(직분)에게 새 생명의 축복을 허락하신 예수 그리스도의 이름으로 기도합니다. 아멘

 **기도를 돕는 한 마디**
기도의 의무를 다한다는 것은 하나님께 대한 순종과 충성의 절정이다.
_ 딕 이스트만

 **불화가 있는 성도를 위하여**

화평케 하는 자는 복이 있다고 하신 주님!
이 시간에 불화가 있는 성도를 위하여 기도합니다.
평강의 하나님께서 ○○○ 성도(직분)를 주장하여 주옵소서. 어렵고 힘들지라도, 화평을 이루시기 위하여 십자가에서 오래 참으신 주님을 생각할 수 있게 하시고, 도무지 용납할 수 없는 일이 있을지라도 죄인인 나를 용납하신 주님을 깊이 생각할 수 있게 하옵소서.
서로가 불화의 원인을 지적하기 전에, 혹 내 자신이 영적인 자리에서 멀리 떠나 있었던 것은 아닌지, 살필 수 있게 하여 주시고, 주님 앞에 엎드리는 삶이 너무나 부족했던 것은 아닌지, 회개할 수 있게 하여 주옵소서.
원하옵기는 ○○○ 성도(직분)에게 회복의 은혜를 더하여 주옵소서. 불화는 사탄이 좋아하는 것임을 깨달아 어서 속히 화평을 좇아갈 수 있게 하여 주옵소서. 성령 충만함을 허락하여 주셔서 주님의 피 묻은 십자가의 정신이 그 마음을 주장하게 하여 주옵소서.
주님! ○○○ 성도(직분)가 주님 보시기에 화목제물이 되게 하여 주옵소서. 날마다 죽는 자로서의 삶을 살게 하시며 주님의 희생을 배우게 하여 주옵소서. 이해할 수 없는 것도 용납할 수 있는 능력을 주시고, 용서할 수 없는 것도 품어줄 수 있는 긍휼을 주옵소서.
어서 속히 불화의 먹장구름이 물러가고 화평의 무지개가 떠오르게 하여 주옵소서. 어서 속히 서로가 하나가 되게 하여 주옵소서.
평강의 왕이신 예수 그리스도의 이름으로 기도합니다. 아멘

 **기도를 돕는 한 마디**
누구든지 철저하게 적용하지 않고는 참다운 기도의 사람이 될 수 없고, 성공을 기대할 수도 없으며, 그리고 성공하지도 못할 것이다. _호머핫지

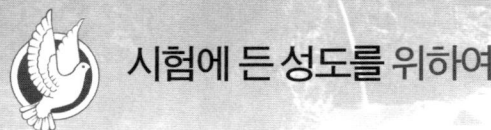

시험에 든 성도를 위하여

자비하신 하나님 아버지!

이 시간에 시험에 든 성도를 위하여 기도합니다.

우리 주님은 믿음의 주님이심을 믿습니다. 온전케 하시는 주님이심을 믿습니다. 사랑하는 ○○○ 성도(직분)가 시험에 빠져서 넘어지거나 실족하지 않도록 붙들어 주옵소서. 주님이 사랑하시는 자에게 허락하신 시험은 전적으로 시험 당하는 자에게 엄청난 주님의 은혜를 체험케 하시기 위한 것임을 믿습니다. 그러므로 ○○○ 성도(직분)가 믿음으로 이번 시험을 잘 이겨냄으로 주님의 크고 놀라우신 은혜를 경험할 수 있는 계기가 되게 하옵소서.

지금 눈에는 아무 증거 안 보이고 귀에는 아무 소리 안 들려도, 또한 손에는 아무것도 잡히는 것이 없어도, "시험을 참는 자가 복이 있도다"(약1:12)라고 약속하신 주님의 말씀을 붙들고 이 어렵고 힘든 시기를 잘 인내하며 참아낼 수 있게 하옵소서.

욥이 엄청난 시험을 통과한 후에 비로소 귀로만 듣던 하나님을 눈으로 볼 수 있는 주님의 은총이 내려졌듯이(욥42:5), ○○○ 성도(직분)에게도 그와 같은 주님의 은총이 있게 하실 것을 믿습니다.

또한 이럴 때일수록 사탄이 주는 파괴적인 생각들이 그 마음을 괴롭게 할 수 있사오니, 이 같은 사탄의 미혹에 걸려 넘어지지 않도록 더욱 기도로 무장할 수 있게 하시고, 성령의 충만함을 구하게 하옵소서.

하늘 위에 높이 계시지만 시험 당하는 자들을 능히 도우시고 도고하고 계시는 예수 그리스도의 이름으로 기도합니다. 아멘

기도를 돕는 한 마디
천만 인의 군중이 하나님 앞에서는 기도하는 단 한 사람보다 무가치하다.
_레브멜 레날드

 ## 회복이 필요한 성도를 위하여

은혜와 진리가 되시는 주님!

이 시간에 회복이 필요한 성도를 위하여 기도하기를 원합니다. 모든 것을 다 아시는 주님께서 ○○○ 성도(직분)의 마음을 붙들어 주셔서 그 아름다운 신앙생활을 다시 회복할 수 있게 하여 주옵소서. 사랑하는 ○○○ 성도(직분)를 긍휼히 여기시고 어서 속히 회복의 은혜를 더하여 주시기를 원합니다. 어서 속히 ○○○ 성도(직분)가 주님을 위해서 열심히 봉사하고 충성했던 그 믿음을 다시 회복할 수 있게 하여 주옵소서. 언제나 쉬지 않고 기도하기를 힘썼던 그 믿음의 자리로 다시 돌아올 수 있게 하여 주옵소서. 그 어떤 상황 속에서도 흔들리지 아니하고 신앙에 우선권을 두고 살았던 그 아름다운 믿음의 모습이 어서 속히 회복되기를 원합니다.

주님! 어떤 오해가 있었습니까? 주님이 풀어주시고, 어떤 다툼이 있었습니까? 관용을 주시옵소서. 저희가 알지 못하는 어떤 상처를 받았습니까? 주님의 말씀으로 치료하여 주시고, 어떤 어려움으로 낙심한 상태에 있습니까? 주님이 두 손 잡아 일으켜 주옵소서.

주님! 주를 위하여 열심이 특심했던 엘리야 선지자도 낙심할 때가 있었습니다. 그러나 주님의 만져 주심으로 회복되어 주님을 위하여 걸출하게 쓰임 받았듯이, 사랑하는 ○○○ 성도(직분)에게도 그와 같은 은총을 내려 주옵소서. 우리 주님이 ○○○ 성도(직분)의 그 열심과 그 열정을 다시 회복시키실 것을 믿습니다. 주님의 몸 된 교회를 위하여 끝까지 충성하는 아름다운 일꾼으로 삼으실 것을 믿습니다.

사랑이 많으신 예수 그리스도의 이름으로 기도합니다. 아멘

 **기도를 돕는 한 마디**

하나님의 약속은 기도의 응답에 대한 조건을 갖춘 특이한 사람들에게 적용되는 것이다. _토레이

# 재난을 당한 성도를 위하여

인간의 생사화복을 주장하시는 하나님 아버지!

이 시간에 갑작스런 재난으로 인하여 감당키 어려운 슬픔에 잠겨 있는 성도를 위하여 기도합니다. 갑작스런 재난으로 인하여 망연자실해 있는 ○○○ 성도(직분)를 위로하여 주시고 크신 긍휼을 베풀어 주옵소서. 얼마나 당혹스럽고 얼마나 황당하겠습니까? 어찌해야 할지 갈피를 잡지 못하고 혼란스러워하고 있는 그 마음을 주님의 강하신 손으로 붙들어 주시기를 원합니다. 이와 같은 상황일 때 저희들도 어떻게 위로해야 할지 할 말을 잃습니다.

그러나 합력하여 선을 이루시는 하나님이신 줄 믿습니다. 화가 변하여 복이 되게 하시는 하나님이신 줄 믿습니다. 부자 욥이 하루아침에 감당할 수 없는 엄청난 고통을 당한 가운데서도 하나님을 원망하지 않고 그 섭리하심을 바라보며 찬송하였듯이, 사랑하는 ○○○ 성도(직분)에게도 그와 같은 믿음으로 채워주시옵소서.

참으로 어렵고 힘든 상황이지만 긍휼에 풍성하신 우리 하나님께서 반드시 재기할 수 있도록 도우실 것을 믿습니다. 이 위기의 상황을 지혜롭게 극복하여 하나님께 영광을 돌릴 수 있도록 이끄실 것을 믿습니다. 삶에 기적을 일으키는 하나님의 역사를 체험하는 기회로 삼게 하실 것을 믿습니다. 지금 사방으로 우겨쌈을 당한 것 같고, 답답한 일을 당한 것 같고, 거꾸러뜨림을 당한 것 같지만 하나님께서 ○○○ 성도(직분)가 알지 못하는 깜짝 놀랄 일을 예비하고 계신 줄 믿습니다. 끝까지 신앙적으로 흔들림 없게 하여주옵소서. 슬픔을 당한 자의 위로자가 되시는 예수 그리스도의 이름으로 기도합니다. 아멘

기도를 돕는 한 마디
하나님 마음에 꼭 드는 하나님이 기뻐하시는 사람이 되면 어떤 것을 간구해도 모두 응답받게 된다. _토레이

고난을 당한 성도를 위하여

참된 위로를 주시는 하나님 아버지!

이 시간에 고난을 당한 성도를 위하여 기도합니다. 지금 ○○○ 성도(직분)가 고난을 당하여 심히 힘들어하고 있습니다. 고난당한 자에게 필요한 것은 주님의 위로하심인 줄 믿습니다. ○○○ 성도(직분)의 마음을 어루만져 주시고 참된 위로를 허락하여 주옵소서.

고난당할 때 더욱 기도할 것을 권면하신 주님!

사랑하는 ○○○ 성도(직분)가 고난 받을수록 더욱더 주님을 신뢰하고 의지할 수 있게 하여 주시고, 주님의 섭리하심을 바라보며 끝까지 기도할 수 있게 하여 주옵소서. 엎드리는 가운데 더 깊은 기도의 세계를 체험할 수 있게 하시고, 간구하는 가운데 주님의 세미한 음성을 들을 수 있게 하시며, 부르짖는 가운데 주님의 더 크고 놀라운 사랑을 체험할 수 있게 하여 주옵소서.

주님! 우리 주님은 사랑하는 자에게 불필요한 고난을 주시는 분이 아니심을 믿습니다. 고난을 통하여 저희들이 미처 깨닫지 못한 것들을 깨닫게 하시며, 저희가 미처 생각지 못한 유익을 더하시는 주님이심을 믿습니다. 저희들은 ○○○ 성도(직분)가 당한 고난이 언제 끝날지 알 수 없사오나, 감당치 못할 시험을 허락지 않으시는 주님이시오니 끝까지 믿음의 진검승부를 벌일 수 있는 ○○○ 성도(직분)가 되게 하여 주옵소서. 고난이 크면 클수록 주님과 더불어 받게 될 영광도 크다는 것을 생각하며 감사가 넘치는 믿음이 되게 하여 주옵소서.

지친 영혼을 일으키셔서 언제나 능력을 더하시는 예수 그리스도의 이름으로 기도합니다. 아멘

기도를 돕는 한 마디

그리스도인은 그들이 원하는 바를 구하지 말고, 그들이 필요한 것을 구해야 한다. _존 라이스

핍박받고 있는 성도를 위하여

사랑이 많으신 하나님 아버지!
　이 시간에 핍박 받는 성도를 위하여 기도합니다. 사랑하는 ○○○ 성도(직분)가 주님을 믿는 것 때문에 남편(가족)으로부터 말할 수 없는 핍박을 받고 있습니다. 사랑의 주님께서 그 마음을 위로하여 주시고 다잡아 주시기를 원합니다. 핍박 때문에 주님을 멀리하거나 믿음을 포기하지 않게 하여 주옵소서. 핍박의 순간마다 이유 없이 핍박을 받으셨던 주님의 모습이 가슴으로 스며들게 하시고, 골고다의 피 묻은 주님의 십자가가 그 심령 속에 우뚝 세워지게 하여 주옵소서.
　주님! 사랑하는 ○○○ 성도(직분)가 핍박을 인하여 더욱 주님 앞에 엎드릴 수 있게 하옵소서. 그리하여 핍박이 오히려 주님의 더 큰 은사를 체험할 수 있는 능력의 통로가 되게 하시고, 핍박 없이는 깨닫지 못했던 주님의 크고 놀라우신 은총을 체험할 수 있는 계기가 되게 하여 주옵소서. 더 나은 신앙을 위하여, 더 굳센 믿음을 위하여 때론 지금의 풀무와 같은 아픔도 있음을 위안으로 삼을 수 있게 하시고, 큰 믿음으로 주님께 쓰임 받는 그릇이 되게 하여 주옵소서.
　주님! 핍박자였던 바울을 변화시키셔서 놀라운 주님의 일꾼으로 삼으셨던 것을 기억합니다. 하실 수 있거든 ○○○ 성도(직분)를 핍박하는 남편(가족)의 마음이 일순간 녹아져서 주님을 믿고 따르는 사람으로 변화되게 하여 주옵소서. ○○○ 성도(직분)도 남편(가족)의 영혼을 더욱 불쌍히 여길 수 있게 하시고, 주님 앞에 돌아올 때까지 낙망치 않고 기도하게 하여 주옵소서.
　예수 그리스도의 이름으로 기도합니다. 아멘

기도를 돕는 한 마디
10년을 염려하는 것보다 차라리 10분간 기도하는 편이 훨씬 좋다.
_찰스 스펄전

인내가 필요한 성도를 위하여

소망과 위로를 주시는 하나님 아버지!

이 시간에 인내가 필요한 성도를 위하여 기도하기를 원합니다.

세상의 모든 의지할 것이 다 끊어지고 모든 사람이 등을 돌린다 할지라도 주님께서는 저희와 함께하시며 피난처와 보호자가 되심을 믿습니다.

주님! 사랑하는 ○○○ 성도(직분)를 기억하옵소서. 불안함과 초조함을 느끼는 그의 영혼을 붙드시옵소서. 주님의 응답하심이 더딜지라도 주님의 약속의 말씀을 붙들고 인내할 수 있게 하옵소서. 주님께서는 오늘도 살아 계시며 구원을 베푸시는 전능의 하나님이심을 믿습니다. ○○○ 성도(직분)를 반드시 사망의 음침한 골짜기 같은 환경에서 건져 주시고 굳세게 하여 주실 것을 믿습니다. 순간순간 넘어질지라도 아주 엎드러지지 아니하도록 권능의 팔로 붙드실 것을 믿습니다.

주님! 사랑하는 ○○○ 성도(직분)가 매일 매일 고통이 마음을 찌르고 있을지라도 시선은 항상 주님께 향할 수 있도록 인도하여 주옵소서. 저희들은 언제인지 알 수 없지만 ○○○ 성도(직분)가 이때를 잘 참고 믿음으로 인내하면 정금 같은 믿음의 사람으로 굳게 세우실 것을 믿습니다. 그러므로 하나님의 선하신 뜻이 이루어지기까지 그 마음에 어리석은 생각들이 틈타지 않도록 성령의 화염검으로 막아 주시고, 굳센 믿음 가운데 흔들림 없이 주님을 더 가까이 할 수 있게 하옵소서. 예수님만 바라보고 끝까지 인내할 때 흘러넘치는 하나님의 은혜를 더욱 크게 체험케 하실 것을 믿습니다.

인내로 승리를 보여주신 예수 그리스도의 이름으로 기도합니다. 아멘

기도를 돕는 한 마디
악마는 그리스도인이 변명의 밭을 갈 때 희열을 느낀다. _ 딕 이스트 만

 **가슴이 답답한 성도를 위하여**

구원의 빛이신 하나님 아버지!
이 시간에 가슴이 답답한 성도를 위하여 기도하기를 원합니다.
주님! 사랑하는 ○○○ 성도(직분)가 늘 가슴이 답답하여 견딜 수 없다고 합니다. 그가 안고 있는 인생의 무거운 짐이 무엇인지 부족한 저희들은 알 수 없사오나, 상한 심령을 감찰하시는 우리 주님은 아시오니 그 마음을 살피시고 헤아려 주시기를 원합니다.
주님! 무엇이 그토록 ○○○ 성도(직분)로 하여금 가슴을 두들길 정도로 답답하여 견딜 수 없게 하는지요? 긴 한숨을 내쉬고 또 내쉬어도 풀어질 수 없는 가슴속에 얹혀있는 것이 무엇인지요? 억울함입니까? 속상함입니까? 아니면 얽히고 또 얽혀있는 어떤 문제 때문입니까?
가슴의 답답함이 오래도록 지속되다 보면 육체의 질병을 부를 수 있다는 것을 깨닫습니다. 그런 줄 알면서도 쉽게 풀어지지 않는 그 마음의 응어리를 우리 주님이 풀어 주시옵소서. ○○○ 성도(직분)의 상한 심령을 어루만져 주시고, 속 시원한 주님의 은총을 경험하게 하여 주옵소서.
주님! 답답하여 견디기 어려울 때 무엇보다도 더욱 간절히 주님을 찾아야 함을 깨닫습니다. ○○○ 성도(직분)의 마음속에 만들어 놓은 숱한 무덤들을 주님 앞에 파헤쳐 놓을 수 있게 하여 주시고, 풀어주시고 싸매어 주시는 주님의 긍휼을 체험할 수 있게 하여 주옵소서.
시름과 한숨이 변하여 기도가 되게 하시고 찬송이 되게 하실 것을 믿습니다. 구원의 밝은 빛으로 인도하실 것을 믿습니다.
예수 그리스도의 이름으로 기도합니다. 아멘

 **기도를 돕는 한 마디**
기도에 태만한 것은 성도의 면류관과 왕국을 축소시키는 것이다. _마틴 루터

 ## 억울한 일을 당한 성도를 위하여

사랑의 주님!

이 시간에 억울한 일을 당한 성도를 위하여 기도하기를 원합니다.

언제나 ○○○ 성도(직분)의 가정을 지키시고 붙들고 계심을 믿습니다. ○○○ 성도(직분)의 믿음을 굳게 붙드셔서 힘들고 고통스러운 지금의 상황을 잘 인내할 수 있게 하여 주옵소서. 또한 마음을 추스르기가 어려울 때일수록 주님께 더욱 엎드려 부르짖어야 한다는 것을 잊지 않게 하옵소서.

주님! 지금 ○○○ 성도(직분)가 말할 수 없는 억울한 일을 당했지만 그 마음을 아시는 주님께서 그 마음의 상한 감정을 치유하시고 평안을 얻게 하실 것을 믿습니다. 지금은 육체적으로나 정신적으로 밀려오는 고통을 이겨내기가 참으로 힘들겠지만, 반드시 그 답답한 마음을 어루만져 주시고 시원케 하시는 주님의 은총을 경험하게 하실 것을 믿습니다. 또한 순간순간마다 일어나는 분노를 잠재우기 위하여 더 깊은 기도로 주님 앞에 나아갈 수 있게 하옵소서. 기도하다가 억울한 일을 당하셨던 주님의 마음을 살필 수 있게 하시고, 핍박하는 자를 위하여 용서의 기도를 드리셨던 주님의 모습을 본받을 수 있게 하옵소서.

이제 ○○○ 성도(직분)가 이번 일로 인하여 사람을 지나치게 믿지 않게 하여 주시고, 믿어야 할 대상은 오직 주님밖에 안 계심을 뼛속 깊숙이 새길 수 있게 하옵소서. ○○○ 성도(직분)가 언제나 성실하시고 신실하신 주님만을 의지하며 바라볼 수 있게 하여 주실 것을 믿습니다. 저희의 연약한 마음을 살피시고 헤아리시는 예수 그리스도의 이름으로 기도합니다. 아멘

 **기도를 돕는 한 마디**
나는 일할 것이 너무 많아서 3시간씩 기도하지 않고는 도무지 살아나갈 수 없다. _ 마틴 루터

경제적으로 어려운 성도를 위하여

만복의 근원이신 하나님 아버지!
이 시간에 경제적인 어려움을 겪고 있는 성도를 위하여 기도하기를 원합니다.
주님! 예수 그리스도께서 부요하신 자로서 가난하게 되심은 저희를 부요케 하려 하심이라고 하셨습니다. 경제적인 어려움을 당하고 있는 ○○○ 성도(직분)를 생각할 때 그 가정을 묶고 있는 가난함이 너무도 안타깝기만 합니다. 그러나 가난함 가운데서도 주님께 영광 돌릴 수 있는 삶을 살 수만 있다면 그 영광이 부자가 돌리는 영광에 조금도 부족함이 없다는 것을 깨닫습니다.
하오나 물질로 인하여 그 고통이 너무 오래도록 지속되다보니 가난이 그 가정을 묶고 있는 저주처럼 느껴질 때도 있습니다.
주여! 하실 수 있거든 ○○○ 성도(직분)의 가정을 불쌍히 여기셔서 물질의 은사를 더하여 주옵소서. 가난함으로 인하여 시험에 드는 일이 없게 하여 주시고, 차별 없으신 주님의 사랑을 의심하지 않도록 필요한 물질을 더하여 주옵소서. 그 가정에 걱정과 염려가 다 떠나고 평안과 믿음이 꽉 들어차게 하셔서 주님을 섬기며 사는 것이 더없는 행복이 되게 하여 주옵소서.
주님께 죽도록 충성할 수 있는 가정이 되게 하시고, 교회에서 봉사하는 일에도 적극 참여할 수 있게 하여 주옵소서. 어려움 가운데서도 성실하게 일하며, 주님을 소망하며, 소박한 꿈을 가지고 있는 ○○○ 성도(직분)를 넘치는 복으로 함께하여 주실 것을 믿사옵고 예수 그리스도의 이름으로 기도합니다. 아멘

기도를 돕는 한 마디
해가 떠서 비칠 때 기도하지 못한 자는 구름이 일어났을 때도 기도할 줄 모른다. _비델울도

헌금에 시험 든 성도를 위하여

자비로우시고 은혜가 풍성하신 하나님 아버지!
　이 시간에 헌금에 시험 든 성도를 위하여 기도하기를 원합니다.
　사랑하는 ○○○ 성도(직분)가 헌금으로 인하여 마음의 상처를 받았습니다. 그도 주님께 마음을 다하여 정성껏 헌금하고 싶은 생각이 왜 없겠습니까? 생활이 어렵고 힘들다보니 헌금생활에 많은 어려움을 겪고 있는 줄 믿습니다. 풍족한 자가 들으면 아무렇지도 않을 목사님의 설교가, 형편이 어렵다보니 예민해지고, 마음의 부담이 되고, 상처가 되었나봅니다.
　주님! 목사님이 ○○○ 성도(직분)를 들으라고 설교하신 것은 결코 아닐 것입니다. 모든 성도를 하나님께 축복받는 성도로 세우시려고 하신 말씀인 것을 믿습니다. 은혜받기 위하여 주님의 전을 찾았다가 헌금 때문에 마음의 상처를 받은 ○○○ 성도(직분)의 마음을 위로해 주시고 그 영혼에 은총을 더하여 주옵소서. "나의 하나님이 그리스도 예수 안에서 영광 가운데 그 풍성한 대로 너희 모든 쓸 것을 채우시리라"(빌4:19)고 말씀하였사오니 ○○○ 성도(직분)의 형편을 다 아시는 주님께서 물질에 약해진 그 가정을 붙드시고 일으켜 주시기를 원합니다. 다시는 물질로 인하여 상처를 받거나 고통을 당하지 않아도 될 신앙생활을 할 수 있도록 축복하여 주옵소서.
　주님! 주님께 정성껏 드리고 싶은 대로 힘써서 드릴 수 있도록 ○○○ 성도(직분)의 가정에 물권을 허락하여 주옵소서. 이 시험의 단계를 잘 이겨서 더욱 성숙된 신앙의 자리로 나아갈 수 있도록 인도하여 주옵소서. 예수 그리스도의 이름으로 기도합니다. 아멘

기도를 돕는 한 마디
　기도가 안 되고 기도하고 싶지 않은 순간이 바로 기도해야 하는 순간이다.
　_ 토레이

질병으로 고통 당하는 성도를 위하여

사랑의 하나님 아버지!

이 시간에 질병으로 고통 당하고 있는 성도를 위하여 기도하기를 원합니다. 간구하옵기는 사랑하는 ○○○ 성도(직분)가 뜻하지 않은 질병으로 심한 고통을 당하고 있습니다. 저희들은 사랑하는 ○○○ 성도(직분)에게 향하신 주님의 뜻이 무엇인지 알 수 없사오나 ○○○ 성도(직분)가 뜻하지 않은 질병으로 고통 당할 때 세상의 기준으로 낙심하지 않게 하시고, 오히려 고통 속에 숨겨진 하나님의 뜻을 찾는 데 지혜를 얻을 수 있게 하여 주옵소서. 질병 중에 있을 때 인생의 모든 것과 바꿀 수 있는 영원한 보물을 찾고 기뻐하며 믿음 위에 더욱 굳게 설 수 있는 ○○○ 성도(직분)가 되게 하여 주옵소서. 언제일지는 모르오나 질병으로 인하여 비록 몸은 고통스럽고 불편한 가운데 있을지라도 주님의 강한 빛을 늘 받게 하시고, 건강할 때는 만날 수 없었던 주님을 만날 수 있게 하여 주실 것을 믿습니다. 또한 육신이 건강한 사람과 자신을 비교함으로 낙심치 않게 하여 주시고, 고통 가운데서 더욱 주님을 바라봄으로 세미한 주님의 음성을 들을 수 있는 은총을 누릴 수 있게 하여 주옵소서. 질병도 그 가운데서 주님의 영광을 나타낼 수 있다면 불행이 아니라 복이요, 재앙이 아니라 주님이 주신 은사임을 깨달을 수 있게 하여 주옵소서.

이제 ○○○ 성도(직분)가 의사를 통하여 치료를 받을 때에 빨리 회복될 수 있도록 은혜를 베푸실 것을 믿습니다. 약의 효능이 있게 하여 주시고, 병을 이겨낼 수 있도록 면역력을 강화시켜 주옵소서.

만병의 의원이신 예수 그리스도의 이름으로 기도합니다. 아멘

기도를 돕는 한 마디
내가 아침에 기도하기 전에는 중국 대륙에 태양이 떠오르지 않았다.
_ 허드슨 테일러

병원에 입원중인 성도를 위하여

자비하시고 전능하신 하나님 아버지!

이 시간에 병원에 입원중인 성도를 위하여 기도하기를 원합니다.

우리 하나님은 저희의 형편과 처지를 아시고 저희의 기도를 들으시는 아버지이신 줄 믿나이다. 지금 병상을 의지하고 있는 ○○○ 성도(직분)의 쾌유를 위해 기도합니다. 전능하신 손을 펴사 ○○○ 성도(직분)를 만져 주시고 그 마음에 위로를 더하여 주옵소서. 고통에도 하나님의 뜻이 있음을 깨닫게 하셔서 모든 낙심되는 것과 고독함과 슬픈 생각을 멀리하여 주옵소서. 하나님의 크신 사랑과 전능하신 능력을 믿게 하시며, 합력하여 선을 이루시는 주님을 의지함으로 소망과 용기를 갖게 하옵소서. 우리 주님은 주를 의뢰하는 자의 마음을 아시며, 또 육체를 아시나이다. 주님께서 손수 사람을 지으셨기에 사람의 병든 부분과 그 정황을 잘 아시오며, 낫게 하실 권능도 소유하고 계시오니 아픈 곳이 깨끗이 치료되는 은총을 더하여 주옵소서.

주님! ○○○ 성도(직분)가 할 일이 많습니다. 병상을 오래 의지하는 일이 없게 하시고, 속히 병상에서 일어나 주님께 충성하고, 주님의 몸된 교회를 섬기며 가정을 돌볼 수 있도록 인도하여 주옵소서. 믿음의 교우들도 ○○○ 성도(직분)를 위하여 기도하고 있사오니 그 기도가 헛되지 않도록 이끄실 것을 믿습니다. 병원에서 수고하고 있는 의사와 간호사들에게도 복을 더하여 주셔서 기술로 환자를 대하는 것이 아니라 사랑으로 환자를 대할 수 있게 하시고, 사랑의 손길로 환자의 마음을 살피고 헤아릴 수 있는 손길들이 되게 하여 주옵소서.

예수 그리스도의 이름으로 기도합니다. 아멘

기도를 돕는 한 마디

하루(24시간)의 십일조(2시간 24분)를 성별하여 하나님께 기도로 바친 자의 삶과 그렇지 못한 자의 삶에는 큰 차이가 있다. _여호수아

 ## 수술 받는 성도를 위하여

언제나 불꽃같은 눈동자로 지키시는 하나님!

이 시간에는 수술 받는 성도를 위하여 기도하기를 원합니다.

이제 사랑하는 ○○○ 성도(직분)가 잃었던 건강을 되찾기 위하여 수술을 받으려고 합니다. 그 마음이 두렵고 떨릴 수 있사오니 성령께서 평안의 매는 줄로 굳게 잡아주시옵소서.

○○○ 성도(직분)의 생명을 지키신 하나님께서 수술의 모든 과정도 지키실 것을 믿습니다. 어려운 수술이 되지 않도록 도우실 것을 믿습니다. 우리 주님이 의사의 눈에 현미경이 되실 것을 믿습니다. 먼지같이 미세한 부분도 놓치지 않게 하실 것을 믿습니다. 집도하는 두 손을 성령의 권능으로 붙드시고 움직이게 하실 것을 믿습니다. 수술을 집도하는 것은 의사지만 그 손길과 생각을 붙들고 계신 분은 우리 주님이신 것을 믿습니다.

가족들 위에도 불안한 마음을 없애주시고, 평안의 복을 더하여 주시기를 원합니다. 이제껏 사랑하는 ○○○ 성도(직분)를 위하여 눈물로 기도하고, 정성껏 간호한 것이 하나님 앞에서 결코 헛되지 않음을 깨닫게 하시고, 기적을 베푸시는 하나님의 손길이 어떤 것인지를 확실히 체험하는 계기가 되게 하여 주옵소서. 혹 받아들이기 어려운 결과가 있을지라도 실족하지 않게 하시고, 하나님을 경외하는 자에게 복을 주시되 넘치도록 얻게 하신다는 것을 믿고 끝까지 주님을 바라보게 하옵소서.

생명을 주신 분이 하나님이신 것을 믿기에 생명을 살리시는 분도 주님이심을 믿습니다.

예수 그리스도의 이름으로 기도합니다. 아멘

 기도를 돕는 한 마디
기도는 공식적인 것도, 형식적인 의식도 아니고 직접적이며 전심으로 하는 것이며 열렬한 것이다. _작자미상

 ## 불치(난치)병을 앓고 있는 성도를 위하여

전지전능하신 하나님 아버지!

이 시간에 불치병을 앓고 있는 성도를 위하여 기도하기를 원합니다. 주님! 원치 않는 질병으로 인하여 고통 중에 있는 ○○○ 성도(직분)를 긍휼히 여겨주옵소서. 아픔과 괴로움 속에서 어찌할 바를 몰라 신음하고 있사오니 불쌍히 여겨주옵소서.

주님! 하나님의 하시는 일은 가장 놀랍고 지으신 모든 것을 사랑하시는 하나님이신 줄 믿습니다. 저희의 작은 신음에도 응답하시는 하나님이심을 믿습니다. 사랑하는 ○○○ 성도(직분)에게 치료의 은총을 베풀어 주셔서 질병을 다스리시는 하나님을 경험하게 하옵소서. 어서 속히 이 병상에서 일으켜 주시고, 건강한 몸으로 주님께서 맡겨주신 사명을 잘 감당할 수 있도록 도와주시옵소서.

주님! 사랑하는 ○○○ 성도(직분)가 이럴 때일수록 흔들리지 않는 굳센 믿음을 가져야 할 줄로 믿습니다. 믿음 위에 굳게 서서 모든 것을 다스리시고 주관하시는 능력의 주님을 온전히 의지해야만 할 줄로 믿습니다. 주님께서도 "할 수 있거든이 무슨 말이냐 믿는 자에게는 능치 못할 일이 없느니라"(막 9:23)고 하셨사오니, 사랑하는 ○○○ 성도(직분)가 믿음 위에 굳게 서서 능력의 주님을 온전히 의지할 수 있도록 붙들어 주시옵소서.

우리 주님은 ○○○ 성도(직분)로 하여금 분명히 구원의 주님을 찬양하고 자랑하게 하실 것을 믿습니다. 그 주님을 높이고 증거할 수 있도록 이끄실 것을 믿습니다. 더 좋은 믿음의 사람으로 우뚝 세우실 것을 믿습니다.

예수 그리스도의 이름으로 기도합니다. 아멘

 **기도를 돕는 한 마디**
생명을 사랑하느냐, 그렇다면 기도를 사랑하라. _존 낙스

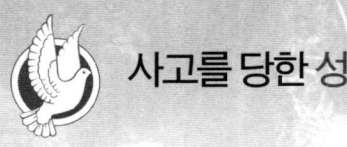

사고를 당한 성도를 위하여

자비와 긍휼이 풍성하신 하나님!

이 시간에 갑작스런 사고를 당한 성도를 위하여 기도하기를 원합니다. 갑작스런 사고를 당한 ○○○ 성도(직분)를 기억하옵소서. 본인은 물론 가족들이 얼마나 놀랐겠습니까? 이럴 때일수록 당황하지 말아야 함을 깨닫습니다. 놀란 가슴을 어루만져 주셔서 마음의 안정을 찾을 수 있도록 도와주시옵소서. 불안한 마음을 없애주시고, 평안의 복을 더하여 주시옵소서.

주님! ○○○ 성도(직분)가 몸은 다쳤어도 생명을 붙드심을 감사드립니다. 졸지도 주무시지도 아니하시는 하나님께서 ○○○ 성도(직분)를 지극히 사랑하시기에 엄청난 위험에서 그 생명을 지키시고, 기적을 베푸신 줄 믿습니다. 이번 사고를 통하여 살아계신 하나님의 손길이 어떤 것인지를 확실히 경험하는 계기가 되게 하신 줄 믿습니다. 주님을 향한 더욱 확고한 믿음이 세워지는 ○○○ 성도(직분)가 되게 하여 주옵소서.

이제 능력의 주님께서 ○○○ 성도(직분)가 치료받는 과정 속에 함께하실 것을 믿습니다. 수술을 받게 되면 수술이 잘될 수 있도록 능력의 하나님께서 친히 주장하실 것을 믿습니다. 혹 받아들이기 어려운 결과가 있을지라도 실족하지 않게 하시고, 하나님을 경외하는 자에게 복을 주시되 넘치도록 얻게 하신다는 것을 믿고 끝까지 주님을 바라보며 믿음이 흔들리지 않게 하여 주옵소서.

화가 변하여 복이 되게 하시고, 절망이 변하여 소망이 되게 하시는 예수 그리스도의 이름으로 기도합니다. 아멘

기도를 돕는 한 마디

우리 모두 우리의 고운 옷을 벗어 기도의 방석으로 깔고 그것들이 천국의 이슬로 흠뻑 젖을 때까지 기도드리자. _찰스 스펄전

성수주일이 어려운 성도를 위하여

인생의 본분이 무엇인지를 깨닫게 하시는 하나님!

이 시간에 성수주일이 어려운 성도를 위하여 기도하기를 원합니다. 주일은 하나님께서 예배를 통하여 저희들에게 복주시기로 작정하신 날임을 믿습니다. 안타까운 것은 사랑하는 ○○○ 성도(직분)가 늘 육신의 일에 쫓기고 얽매여서 이 귀한 날에 주님을 만나지 못하고, 주님의 은혜를 경험하지 못하고 있습니다. ○○○ 성도(직분)를 주님의 능력의 손으로 굳게 붙드셔서 이 날에 구별된 삶을 살 수 있도록 도와주시고, 영, 육간에 안식을 얻는 날이 되게 하여 주옵소서. 이 날을 주님께 온전히 드림으로 주님을 주님 되게 해 드릴 수 있는 ○○○ 성도(직분)가 되게 하여 주시고, 예배를 통하여 부어 주시는 주님의 놀라운 은혜를 경험하는 삶이 되게 하여 주옵소서.

주님! 사람이 떡으로만 사는 것이 아니라 하나님의 입에서 나오는 말씀으로 살아야 함을 깨닫습니다. ○○○ 성도(직분)가 육신의 일에 얽매여서 마귀가 좋아하는 일만 좇다가 하나님의 은혜를 잊어버리지 않게 하여 주옵소서. "주의 궁정에서의 한 날이 다른 곳에서의 천 날보다 낫다"(시84:10)고 고백했던 시편기자와 같이 주일마다 주의 궁정을 사모함으로 세상에서는 맛볼 수 없는 더 큰 기쁨과 평강을 얻을 수 있게 하여 주옵소서.

특별히 주님의 몸 된 교회를 위하여 하루를 봉사하고 헌신할 수 있게 하여 주시고, 헤어졌던 성도들과도 만나서 신앙생활에 유익을 더하는 믿음의 좋은 교제를 나눌 수 있게 하여 주옵소서. 주일이 기다려지는 ○○○ 성도(직분)가 되게 하실 것을 믿사옵고 예수 그리스도의 이름으로 기도합니다. 아멘

기도를 돕는 한 마디

기도는 말보다 깊은 것이다. 기도는 말로 고백되기 이전에 이미 마음속에 있었고 간구의 마지막 말이 입술에서 그친 뒤에도 기도는 여전히 우리의 영혼 속에 남아 있기 때문이다. _오할레스비

 ## 종교의 갈등이 있는 성도를 위하여

사랑이 많으신 하나님 아버지!
　이 시간에 종교의 갈등이 있는 성도를 위하여 기도하기를 원합니다. ○○○ 성도(직분)를 사랑하셔서 구원의 은총을 누리게 하여 주시고 천국 백성으로 삼아주심을 감사드립니다. 하오나 사랑하는 ○○○ 성도(직분)에게 말 못할 안타까운 고민이 있습니다. 늘 종교적인 갈등으로 인하여 심적으로 많은 고통을 겪고 있사오니 그의 마음을 우리 주님께서 헤아려 주옵소서.
　주님! 모시고 있는 부모님이 다른 종교를 갖고 있습니다. 믿음의 대상이 다르니 이로 인하여 발생되는 문제들이 한두 가지가 아닙니다. 사소한 문제 앞에도 가정의 평화가 깨지고, 안 좋은 일이 발생되면 그것은 전부 예수 믿는 ○○○ 성도의 탓으로 돌립니다. ○○○ 성도(직분)를 긍휼히 여기셔서 이방신을 섬기는 가정에서 믿음을 지킬 수 있도록 도와주옵소서. 부모님의 마음을 너그럽게 하셔서 ○○○ 성도(직분)가 교회를 다니는 데 어려움이 없도록 도와주시옵소서.
　주님! 트집을 잡으려는 부모의 눈치를 살피며 교회당을 찾는 그의 발걸음이 얼마나 힘들겠습니까? 그의 마음인들 왜 봉사하고 충성하고 싶은 마음이 없겠습니까? 사랑하는 ○○○ 성도(직분)의 마음을 살피셔서 주님을 섬기고 교회를 찾는 발걸음이 즐거울 수 있도록 도와주시옵소서. 하실 수 있거든 ○○○ 성도(직분)의 부모님에게도 구원의 은총을 내려 주셔서 더 이상 마귀의 노예로 종노릇하며 살지 않게 하여 주옵소서. 죽기 전에 천국 가는 백성이 되게 하여 주옵소서.
　예수 그리스도의 이름으로 기도합니다. 아멘

 **기도를 돕는 한 마디**
남을 위한 기도는 자기를 위한 기도보다 더 능력이 있다. 원수를 위한 기도는 이웃을 위한 기도보다 더 능력이 있다. 기도 속에 사랑이 있기 때문이다.
_ 작자미상

믿음이 식어버린 성도를 위하여

살아계신 하나님 아버지!

이 시간에 믿음이 흔들리고 있는 성도를 위하여 기도합니다. 사랑하는 ○○○ 성도(직분)가 주일도 잘 지키지 않고 있고, 구역(속회, 셀) 모임도 자주 빠지며, 다른 모임에도 참석하지 않고 있습니다. 핑계 대기 일쑤이고 변명하기 일쑤입니다. 믿음의 권면을 불쾌하고 귀찮다는 듯이 생각하고, 충고도 전혀 받아들이지 않고 있습니다.

주님! 주님을 멀리하는 ○○○ 성도(직분)를 불쌍히 여겨주옵소서. 깨닫게 하여 주시고, 그 심령에 흘러넘치는 주님의 은혜가 있게 하여 주옵소서. 저희들도 ○○○ 성도(직분)를 생각하면 안타깝기만 한데 주님의 마음은 얼마나 안타까우시겠습니까? 어서 속히 깨닫게 하여 주옵소서. 자신이 머무르고 있는 자리가 주님을 멀리하고 있는 자리임을 깨닫게 하여 주옵소서. 주님의 마음을 속상하게 하고 더욱 아프게 하는 자리임을 깨닫게 하여 주옵소서.

주님! ○○○ 성도(직분)가 더 이상 악인의 꾀를 좇지 않도록 돌이키게 하여 주옵소서. 자신의 죄를 깨닫게 하셔서 죄인의 자리에 서 있었던 것을 후회하며 회개하게 하여 주옵소서. 더 이상 사탄 마귀의 미혹에 걸려 넘어져서 주님을 배반하며 사는 ○○○ 성도(직분)가 되지 않게 하여 주옵소서. 믿음의 주요 온전케 하시는 이인 예수님을 바라보게 하여 주시고, 시냇가에 심은 나무가 시절을 좇아 과실을 맺듯이, 믿음의 열매를 풍성히 맺음으로 주님을 기쁘시게 해드릴 수 있는 ○○○ 성도(직분)가 되게 하여 주옵소서.

회복케 하시는 예수 그리스도의 이름으로 기도합니다. 아멘

기도를 돕는 한 마디
중보기도는 남도 살리고 자기도 살리는 기도이다. _ 작자미상

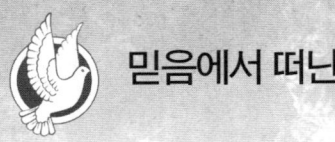

믿음에서 떠난 성도를 위하여

잃은 양을 찾으시되 끝까지 찾으시는 주님!
이 시간에 믿음에서 떠난 성도를 위하여 기도하기를 원합니다.
주여! 사랑하는 ○○○ 성도(직분)의 영혼을 불쌍히 여겨 주옵소서. 너무도 안타깝습니다. 태연스럽게 주님의 존재하심을 부인하며 주님을 능욕하는 ○○○ 성도(직분)를 보고 있노라면 그 영혼이 너무도 불쌍하여 견딜 수 없습니다.
주님! 그도 만세 전부터 주님이 작정하시고 택하신 주님의 백성이 아닙니까? 이미 하늘나라의 생명책에 기록된 천국의 백성이 아닙니까? 주님을 믿지 못하는 그 강퍅한 마음을 성령의 불로 녹여 주셔서 진정으로 예수 그리스도를 영접할 수 있게 하여 주시고, 그 어두운 마음에 강한 빛을 비추어 주셔서 빛이신 주님을 보게 하여 주옵소서. 자신의 행동이 얼마나 미련하고 어리석고 악한 행동인지를 깨닫게 하여 주옵소서.
주여! 그 완악한 마음에 회개의 문을 열어주시기를 원합니다. 자신의 죄를 깨달을 수 있는 은총을 더하여 주셔서 주님을 불신하는 죄악의 길에서 돌이키게 하여 주옵소서.
사랑하는 ○○○ 성도(직분)가 믿음을 배반하였을지라도 우리 주님은 끝까지 찾아가셔서 강권하시는 주님이심을 믿습니다. 돌이킬 수 있도록 참고 또 참으시며 은혜를 베풀어 주시는 주님이심을 믿습니다. 그 심령이 주님의 사랑을 깨닫고 돌아올 때까지 끝까지 기다리시는 주님이심을 믿습니다. 그 심령을 긍휼히 여겨주시고, 불쌍히 여겨주시옵소서. 선한 목자이신 예수 그리스도의 이름으로 기도합니다. 아멘

기도를 돕는 한 마디
금식이란 거절당하지 않는 지속적이고 열심인 기도의 동반자이다. _ 존 라이스

모임에 자주 빠지는 성도를 위하여

사랑의 주님!
이 시간에 모임에 자주 빠지는 성도를 위하여 기도하기를 원합니다. ○○○ 성도(직분)를 사랑하셔서 구원받은 하나님의 백성으로 삼아주시고 주님의 몸 된 교회를 통하여 신앙생활을 잘 할 수 있도록 인도하심을 감사합니다. 우리 주님께서 사랑하는 ○○○ 성도(직분)를 더 좋은 믿음의 자리로 나아갈 수 있도록 이끄실 것을 믿습니다.
하오나 ○○○ 성도(직분)를 생각할 때마다 한 가지 안타까운 것이 있습니다. ○○○ 성도(직분)가 모임에 잘 참석하지를 못하고 있습니다. 개인적인 사정과 형편이 있는 줄 아오나 너무 그것에만 얽매이지 않도록 그 마음에 주님의 은혜를 가득 부어 주시옵소서. ○○○ 성도(직분)가 육신의 일보다 주님이 사랑하시고 기뻐하시는 것을 우선순위에 놓을 수 있게 하여 주옵소서. 육신의 일에만 마음을 쏟기보다 영적인 일에 우선권을 둘 수 있는 ○○○ 성도(직분)가 되게 하여 주옵소서. 또한 신앙생활은 홀로 하는 것이 아니라 더불어 해야만 믿음이 더욱 든든히 서갈 수 있음을 깨닫게 하여 주옵소서. 그러므로 ○○○ 성도(직분)가 믿음의 교제를 나눌 수 있는 자리로 힘써서 나올 수 있게 하여 주시고, 더 깊은 신앙의 세계를 경험할 수 있도록 도와주시옵소서.
저희들과 마음을 같이하여 함께 고민하고, 기도함으로 주님의 몸 된 교회를 든든히 세워갈 수 있게 하시고, 주님께 귀하게 쓰임 받을 수 있는 ○○○ 성도가 되게 하여 주옵소서. ○○○ 성도(직분)에게 모임을 사랑할 수 있는 마음을 주실 것을 믿사옵고 예수 그리스도의 이름으로 기도합니다. 아멘

기도를 돕는 한 마디
하나님께서는 우리에게 기도뿐만 아니라 금식의 특권까지 주시면서 우리의 영적 갑옷에 강력한 무기를 더하신다. _ 알더 웰리스

이단에 미혹된 성도를 위하여

길과 진리요 생명이신 주님!
이 시간에는 이단에 미혹된 성도를 위하여 기도하기를 원합니다.
주님! 저희들에게는 주님만이 길과 진리와 생명이심을 믿습니다. 하오나 사랑하는 ○○○ 성도(직분)가 거짓된 영을 받은 이단의 꾐에 미혹되어 이단사상에 빠지고 말았습니다. 우리 주님은 ○○○ 성도(직분)를 지극히 사랑하시는 줄 믿습니다. 만세 전부터 택하신 주님의 백성인 줄 믿습니다. ○○○ 성도(직분)가 이단 사상에 더 깊숙이 빠지기 전에 사악한 이단의 무리에서 건져주시옵소서. 그 어두운 영혼에 진리의 빛을 강하게 비추셔서 다시금 온전한 진리 가운데로 인도함을 받을 수 있게 하여 주옵소서.
주님! ○○○ 성도(직분)로 하여금 구원은 말에 있는 것이 아니라 능력에 있음을 깨닫게 하시고, 지식에 있는 것이 아니라 믿음에 있음을 깨닫게 하여 주옵소서. 성경을 많이 알아야 믿음 생활을 잘하는 것이 아니라 한 말씀이라도 그 말씀에 순종하는 삶을 살아야 믿음 생활을 잘하는 것임을 깨닫게 하옵소서. ○○○ 성도(직분)뿐 아니라 저희들 모두가 진리를 가장한 거짓된 영에 노출되어 있사오니 악한 영에 사로잡히지 않도록 진리의 영으로 무장할 수 있게 하옵소서. 또한 주님의 백성을 미혹하는 악한 영의 세력을 주님의 권능으로 멸하여 주옵소서.
○○○ 성도(직분)가 다시 주님 앞으로 돌아와 오직 하나님 중심, 말씀 중심, 교회 중심으로 건강한 신앙생활을 할 수 있도록 이끄실 것을 믿으며 ○○○ 성도(직분)를 생명책에 기록하신 예수 그리스도의 이름으로 기도합니다. 아멘

기도를 돕는 한 마디
기도하고 병원 또는 약국에 갈 때 진찰은 의사가 하고 약은 약사가 지어주지만 치료는 하나님이 하시는 것이다. _작자 미상

부모님의 건강을 바라는 성도를 위하여

부모를 공경하는 축복을 허락하신 하나님 아버지!

이 시간에 부모님의 건강을 바라는 성도를 위하여 기도하기를 원합니다. 주님! 사랑하는 ○○○ 성도(직분)가 늘 부모님의 건강을 위하여 염려하고 있습니다. 이젠 연로하셔서 기력이 쇠하여지신 부모님을 볼 때마다 자신을 위하여 모든 것을 쏟으신 삶을 사셨기에 그 기력이 빨리 쇠하여지신 것이라 생각하니 부모님에게 불효를 저지른 것 같아 얼마나 송구스럽고 죄송스럽겠습니까? 일평생 자식을 위하여 모든 것을 다 쏟으신 삶을 사신 ○○○ 성도(직분)의 부모님을 기억하시고, 육신의 기력이 쇠하여지지 않도록 강건함을 더하여 주시옵소서. 또한 정신도 맑게 하여 주셔서 기억력이 희미해지는 일이 없게 하여 주시고, 질병도 막아 주셔서 노년에 병상을 의지하는 일이 없게 하여 주옵소서. 부모님의 여생에 기쁨과 평강을 더하여 주셔서 자녀와 자손들에게 평강의 복을 빌어줄 수 있는 야곱 같은 부모님이 되게 하여 주옵소서.

주님! 연로하신 연세임에도 불구하고 그 마음이 한결같이 주님의 전을 향하고 있사오니 평생에 주님의 전에 거하기를 간절히 소망했던 다윗 같은 믿음이 ○○○ 성도(직분)의 부모님에게도 넘치게 하실 것을 믿습니다.

사랑하는 ○○○ 성도(직분)도 다른 무엇보다 부모님의 아름다운 신앙정신을 이어받을 수 있게 하시고 대를 이어 주님의 몸 된 교회에 충성을 다할 수 있도록 이끌어 주옵소서.

부모님의 앞날을 섭리하고 계시는 예수 그리스도의 이름으로 기도합니다. 아멘

기도를 돕는 한 마디
예수 그리스도의 생애는 액체의 생애였다. 피로 바친 생애, 땀으로 얼룩진 생애, 무엇보다도 눈물로 살아간 기도의 생애였다. _김남준

병환중인 부모님을 모시고 있는 성도를 위하여

생명의 주인이신 하나님 아버지!
　이 시간에 병환중인 부모님을 모시고 있는 성도를 위하여 기도하기를 원합니다. 편찮으신 부모님을 정성을 다해 모시고 있는 ○○○ 성도(직분)를 기억하옵소서. 연약한 이에게는 힘이 되시고, 고통 받는 이에게는 위로가 되시는 주님이심을 믿습니다. 능력의 주님께서 함께하여 주옵소서. ○○○ 성도(직분)가 피곤치 않도록 도와주시고, 버겁지 않도록 마음의 평안을 허락하여 주옵소서. 불평으로 이어지지 않도록 찬송을 주시고, 원망으로 이어지지 않도록 기도를 주시옵소서.
　○○○ 성도(직분)가 부모님을 지극정성으로 간호하고 있사오니 그 정성을 기억하셔서 만병의 의원이신 주님께서 치료의 은총을 더하여 주옵소서. 주님을 믿는 자로 하여금 수치를 당치 않게 하시고, 부끄러움이 되지 않게 하옵소서. ○○○ 성도(직분)의 부모님이 말년에 질병으로 인하여 초라한 황혼이 되지 않기를 원합니다. 주님의 전을 찾지 못하는 안타까움이 없기를 원합니다. 주님이 부르실 그 날까지 건강한 몸으로 신앙생활 하다가 주님의 부르심을 받게 하옵소서. 온몸의 뼈와 힘줄이 새 힘을 얻게 하여 주시고, 여느 때와 같이 기도의 자리에서 주님을 만날 수 있게 하옵소서.
　자녀를 생각할 때마다 그 마음에 얼마나 부담이 되겠습니까? 노종의 마음을 헤아려 주셔서 어서 속히 병마에서 놓임을 받게 하옵소서. 부모를 간호하고 있는 ○○○ 성도(직분)에게도 반드시 치료자이신 주님을 만나게 하실 것을 믿습니다.
　인간의 질고를 친히 짊어지신 예수 그리스도의 이름으로 기도합니다. 아멘.

기도를 돕는 한 마디
우리의 기도는 옥문이 아니라 하늘 문을 열어야 한다. _크리소스톰

고부간의 갈등이 있는 성도를 위하여

사랑이 많으신 하나님 아버지!

이 시간에 고부간의 갈등이 있는 성도를 위하여 기도하기를 원합니다. ○○○ 성도(직분)가 시부모님과의 갈등으로 인하여 많은 고통을 겪고 있습니다. 얼굴까지 어두운 ○○○ 성도(직분)의 모습을 볼 때에 결코 가볍지만은 않음을 깨닫습니다. 어느 가정이건 고부간의 갈등은 항상 있을 수 있사오나 ○○○ 성도(직분)가 겪고 있는 갈등이 매우 심각함을 깨닫습니다.

사랑이 한없으신 우리 주님께서 ○○○ 성도(직분)와 시부모님의 마음을 만져 주시옵소서. 더 이상 감정의 골이 깊어지지 않게 하여 주시고, 주님을 믿는 것이 부담이 되지 않게 하여 주옵소서. 사소한 일로 인하여 감정을 앞세우지 않게 하여 주시고, 보이는 허물을 감싸주고 덮어줄 수 있는 푸근함이 그 마음을 지배할 수 있도록 도와주시옵소서. 살아계신 부모님을 진정으로 잘 모실 수 있는 ○○○ 성도(직분)가 되게 하여 주시고, 자부의 효를 기쁨으로 받을 수 있는 시부모님이 되게 하여 주옵소서.

표현은 안 하지만 뒤에서 자녀들이 보고 있는 줄 믿습니다. 자녀들을 위해서라도 화목한 가정을 이루기에 힘쓸 수 있게 하여 주시고, 화평을 좇아갈 수 있도록 함께하여 주옵소서.

감정을 쏟아내는 입술이 변하여 기도의 입술이 되게 하시고, 서로의 아픔을 어루만지며, 불평 없는 식탁에서 감사의 기도를 드릴 수 있도록 은총을 더하여 주옵소서. 회복의 은혜를 더하여 주실 믿사옵고 예수 그리스도의 이름으로 기도합니다. 아멘

기도를 돕는 한 마디

기도란 하나님과 쉬지 않고 담화함으로써 하나님이 실재하시다는 생각을 확립하는 것이다. _로렌스

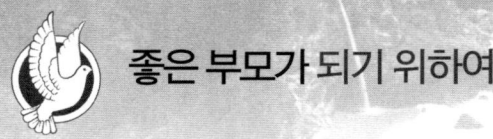

좋은 부모가 되기 위하여

사랑이 많으신 하나님 아버지!

저희의 가정에 귀한 자녀를 선물로 주심을 감사드립니다. 이 시간에 저희들이 좋은 부모가 되기 위하여 기도하기를 원합니다.

간구하옵기는 주님이 선물로 주신 귀한 자녀를 주님의 뜻을 따라 주님께 기쁨을 드릴 수 있는 자녀로 잘 양육할 수 있게 하옵소서. 세상적인 지식을 가르치면서 주님의 말씀을 가르치는 일에는 전혀 무관심한 부모가 되지 않게 하여 주시고, 지나친 방임으로 인하여 자녀를 무례한 길로 가게 만드는 어리석은 부모가 되지 않게 하여 주옵소서. 자녀들은 부모의 뒷모습을 보고 성장한다는 말이 있사오니 자녀 앞에서 참된 행실을 보여줄 수 있는 부모가 될 수 있게 하시고, 믿음의 좋은 본을 보일 수 있는 부모가 되게 하여 주옵소서. 또한 과잉보호로 인하여 자녀의 독립심을 약하게 만드는 일이 없게 하여 주시고, 자녀를 사랑하되 우상이 되지 않게 하시며, 부모의 권위만을 내세워 자녀의 의사를 무시하는 일이 없게 하여 주옵소서. 오직 주의 교양과 훈계로써 자녀를 잘 양육할 수 있는 부모가 되게 하여 주옵소서.

주님! 부모 때문에 자녀가 주님의 복을 받게 되기를 원합니다. 부모 때문에 자녀의 길이 형통케 되기를 원합니다. 자녀에게 좋은 부모가 되기 위하여 최선을 다할 수 있는 저희 모두가 되게 하여 주옵소서. 또한 자녀를 축복할 수 있는 권한을 저희들에게 주셨사오니 주의 이름으로 날마다 축복해 줄 수 있는 부모가 될 수 있게 하시고, 그대로 이루시는 주님의 은혜를 볼 수 있게 하여 주옵소서.

예수 그리스도의 이름으로 기도합니다. 아멘

기도를 돕는 한 마디
기도는 활이고 약속은 화살이며 믿음은 활을 당기는 손이다. _ 살터

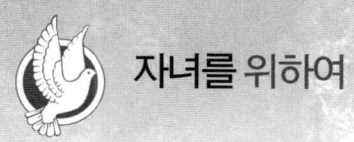

자녀를 위하여

저희 가정에 귀한 자녀를 선물로 주신 하나님 아버지!
이 시간에 저희들의 어린 자녀를 위하여 기도하기를 원합니다.
주님! 시대가 점점 더 악해져가고 있습니다. 청소년들의 범죄방법이 갈수록 대범해지며 끔찍해지고 있습니다. 악과 선의 기준이 무너져버린 이 시대에 저희의 자녀들이 이 시대의 악한 풍습을 좇아가지 않도록 붙들어 주시옵소서. 진실로 하나님을 경외할 줄 아는 자녀들이 되게 하시고, 옳고 그릇됨을 분별하여 지혜롭게 성장할 수 있는 자녀들이 되게 하여 주옵소서. 낳아준 부모를 무시하거나 업신여기는 패륜적인 행동이 없게 하여 주시고, 도리에 어긋나는 짓을 서슴지 않는 패악함이 없게 하여 주옵소서.
주님! 저희의 자녀들은 주님께는 물론 부모에게도 즐거움과 기쁨이 되는 자녀들이 되게 하여 주옵소서. 선생님과 이웃 어른들에게도 칭찬을 듣는 자녀들이 되게 하여 주옵소서. 또한 부모의 책망을 귀담아 들을 줄 아는 자녀들이 되게 하시고, 마음 판에 새길 줄 아는 자녀들이 되게 하여 주옵소서. 지극히 당연한 일이라 할지라도 부모의 의견을 물을 줄 아는 자녀들이 되게 하시고, 부모의 뜻을 존중할 줄 아는 자녀들이 되게 하여 주옵소서.
주님! 무엇보다도 주님을 닮은 자녀들로 성장하기를 원합니다. 그 키가 자람에 따라 주님을 닮아가는 모습이 넘쳐나게 하옵소서. 주님의 말씀에 순종하고, 믿음에 덕을, 덕에 지식을 더하는 자녀들이 되게 하여 주옵소서. 자녀들이 우매한 길로 가지 않도록 그 생각과 마음을 붙들어 주실 것을 믿사옵고 예수 그리스도의 이름으로 기도합니다. 아멘

기도를 돕는 한 마디
기도는 상황을 변화시키기도 하지만 더 많은 경우에 기도는 기도하는 사람을 변화시킨다. _ 이. 엠. 바운즈

수험생을 둔 성도를 위하여

지혜와 지식의 근본이 되신 하나님 아버지!
이 시간에 수험생을 둔 성도(직분)를 위하여 기도하기를 원합니다. ○○○ 성도(직분)의 자녀가 수능시험을 앞두고 있습니다. 이제껏 자녀를 돌보신 우리 주님이 친히 인도하시고 이끄실 것을 조금도 의심치 않지만, 부모가 자녀를 위하여 기도하는 것은 지극히 당연한 것이기에 이 시간에 ○○○ 성도(직분)와 함께 마음을 모아 기도하고 있습니다. ○○○ 성도(직분)의 자녀가 이제껏 수능시험을 위해서 최선의 노력을 다하며 준비했을 것입니다. 그 정성이 좋은 열매로 나타날 수 있도록 은총을 더하여 주옵소서. 좋은 점수를 얻어서 바라던 대학에 합격할 수 있게 하여 주시고, 이제껏 주님 안에서 가졌던 꿈과 비전을 이룰 수 있게 하여 주옵소서.

주님! 바라옵기는 ○○○ 성도(직분)의 자녀가 기도하는 마음을 잃지 않기를 원합니다. 기도하는 마음으로 끝까지 시험을 준비할 수 있게 하시고, 기도하는 마음으로 수능시험을 볼 수 있게 하여 주옵소서. 지식과 지혜의 근본이신 하나님을 의지하는 것이 더 좋은 결과를 얻을 수 있는 길임을 잊지 않게 하여 주옵소서.

주님! 시험을 앞둔 자녀를 위하여 기도하며 돕고 있는 ○○○ 성도(직분)를 기억하시고, 자녀에게 건강의 적신호가 오지 않도록 잘 챙겨줄 수 있는 부모가 되게 하여 주옵소서. 마음과 육신이 힘들지라도 시험을 준비하는 자녀를 보며 위로를 얻게 하시고, 신경이 예민해 있는 자녀의 마음을 잘 다독여 줄 수 있는 부모가 되게 하여 주옵소서.

성실의 열매를 거두게 하시는 예수 그리스도의 이름으로 기도합니다. 아멘

기도를 돕는 한 마디
응답받지 못하는 기도는 영적 조건들이 채워지지 않았기 때문이며 하나님께서는 그 조건이 채워질 때까지 기다리신다. _존 터너

 ## 자녀가 아픈 성도를 위하여

여호와를 섬기는 자에게 질병을 제하여 주신다고 말씀하신 하나님 아버지! 이 시간에 자녀가 아픈 성도를 위하여 기도하기를 원합니다.

주님! ○○○ 성도(직분)의 사랑하는 자녀가 원치 않는 질병으로 고통을 당하고 있습니다. 아이의 아픔을 지켜볼 때마다 부모로서 그 아픔을 대신하고 싶은 마음이 얼마나 간절하겠습니까? 아이가 아픈 것은 부모도 함께 아픈 것이나 다름없음을 피부로 느낍니다. 고통에 힘들어하는 아이를 볼 때마다 부모의 가슴속으로 스며드는 고통은 이루 말할 수 없을 것입니다. 아이가 아픈 것이 혹 자신의 죄 때문이 아닌가 싶어 정신적으로 느끼는 죄책감 또한 얼마나 그 마음을 괴롭히겠습니까? 아마도 주님 앞에 엎드릴 때마다 알 수 없는 죄들을 눈물로 고백하며 용서하여 달라고 수없이 부르짖었을 것입니다. 이것이 자식을 둔 부모의 마음이 아닙니까?

주님! ○○○ 성도(직분)의 상한 마음을 기억하시고 치료의 은혜를 더하여 주옵소서. 아이의 신음이 변하여 노래가 되게 하여 주시고, 아이의 몸부림이 변하여 주님을 향한 감사의 유희가 되게 하여 주옵소서. 건강한 몸 맑은 정신에 주님의 말씀을 담을 수 있도록 축복하여 주옵소서. 주님의 전을 가까이 하고 예배의 자리를 지킬 수 있도록 도와주시옵소서. 이 안타까움의 현장이 변하여 주님의 긍휼을 체험하는 축복의 현장이 되게 하실 것을 믿습니다. 근심이 아닌 감격과 기쁨으로 주님께 나아갈 수 있도록 이끄실 것을 믿습니다.

약한 자의 간구를 외면치 아니하시는 예수 그리스도의 이름으로 기도합니다. 아멘

 **기도를 돕는 한 마디**
진실한 기도는 검은 구름을 헤치며 야곱의 사다리를 오르게 하며 말씀과 사랑을 증대시켜 위로부터의 모든 축복을 가져온다. _찰스 스펄전

 ## 자녀가 수술하는 성도를 위하여

　졸지도 아니하시고 주무시지도 아니하시는 하나님 아버지!
　이 시간에 자녀가 수술하는 성도를 위하여 기도하기를 원합니다.
　주님! ○○○ 성도(직분)의 사랑하는 아들(딸) ○○ 군(양)이 수술을 앞두고 있습니다. 수술을 받기 전에 먼저 수술의 전 과정을 주님께 맡기기 위하여 저희들이 주님을 의뢰하며 합심하여 기도합니다.
　주여! 왠지 모를 불안이 밀려오는 ○○○ 성도(직분)의 마음에 평안의 복을 더하여 주옵소서. 사랑하는 ○○ 군(양)의 수술의 전 과정을 주님께서 붙드실 것을 믿습니다. 한 생명을 천하보다도 귀하게 보시는 주님이시기에 주님이 불꽃같은 눈동자로 지키실 것을 믿습니다. 어려운 수술이 되지 않도록 모든 위험으로부터 막아 주시고 긴 시간이 소요되지 않도록 주님께서 온전히 주장하여 주옵소서. 또한 아이의 체력이 수술을 잘 감당해낼 수 있도록 크신 능력으로 붙들어 주실 것을 믿습니다. 아이에게 공포심도 잠재워 주시고, 그 연약한 손을 꼭 붙들고 계신 주님의 사랑을 부모나 아이나 꼭 체험케 하여 주옵소서.
　주님! 수술의 전 과정은 하나님이 지키시나 사람의 손을 도구로 사용하시는 것이 아닙니까? 생명을 다루는 의사의 손길을 붙드셔서 병의 뿌리를 잘 찾아내어 제거할 수 있게 하시고, 의사 또한 수술을 집도하는 또 다른 손이 자신과 함께하고 있음을 느낄 수 있게 하옵소서. 이번 수술이 잘 이루어져서 모든 가족들이 생명을 지키시는 주님을 더 크게 찬양할 수 있게 하실 것을 믿습니다.
　예수 그리스도의 이름으로 기도합니다. 아멘

 **기도를 돕는 한 마디**
　자기 영혼도 기도의 자리에 흠뻑 적신 사람들은 모든 고통을 조용히 견딜 수 있다. _밀레스

# 자녀가 군에 간 성도를 위하여

거룩하시고 사랑이 많으신 하나님 아버지!
이 시간에 자녀를 군대에 보낸 성도의 가정을 위하여 기도하기를 원합니다.
주님! 사랑하는 ○○○ 성도(직분)를 기억하여 주옵소서. 사랑하는 자녀를 군대에 보낸 후 마음의 안정을 찾지 못하고 있을 것입니다. 그 마음의 불안과 허전함을 주님의 평안과 위로로 채워주시옵소서.
잠시라 할지라도 부모의 품을 떠난 자녀이기에 마음의 불안이 사라지지 않는 것은 당연하겠지만 졸지 아니하시고, 주무시지도 아니하시는 하나님이 자녀와 함께하고 계시다는 것을 잊지 않게 하옵소서.
지금 부모로서 군에 있는 자녀를 도울 수 있는 것은 기도밖에 없다는 것을 기억하여, 사랑하는 자녀를 위하여 끊임없이 기도할 수 있는 ○○○ 성도(직분)가 되게 하옵소서. 자녀가 군복무를 다 마치기까지 부모의 기도가 자녀에게 큰 힘이 될 수 있게 하옵소서.
군복무를 하게 된 ○○○ 성도(직분)의 자녀도, 군생활을 통하여 몸과 마음과 의지가 더욱 성숙해질 수 있게 하시고, 사회에서는 배울 수 없었던 소중한 것을 익히고 경험할 수 있는 계기가 될 수 있게 하옵소서. 군대의 질서에 잘 적응할 수 있게 하시고, 전우 간에 화목에 힘쓸 수 있는 자녀가 되게 하옵소서. 무엇보다도 믿음을 굳게 붙드셔서 군생활을 통하여 하나님을 의지하는 마음이 간절해지게 하시고, 군사 같은 강한 신앙의 사람으로 세워질 수 있게 하옵소서.
사랑하는 ○○○ 성도(직분)와 그 자녀를 사랑하시는 예수 그리스도의 이름으로 기도합니다. 아멘

기도를 돕는 한 마디
엄격한 생활의 기쁨을 깨달아라. 그리고 기도하라. 기도는 힘을 저장하는 공간이다. _보들렐르

자녀가 해외에 나간 성도를 위하여

은혜가 충만하신 하나님!

이 시간에 자녀가 해외에 나간 성도를 위하여 기도합니다.

주님! ○○○ 성도(직분)의 사랑하는 자녀 ○○ 군(양)이 외국에 나가 있습니다. 자녀가 눈에 보이지 않으면 걱정부터 앞서는 것이 부모의 마음이 아니겠는지요. ○○○ 성도(직분)가 자녀를 외국으로 떠나보낸 후 그 마음 한구석에 걱정이 늘 자리잡고 있을 것입니다. 불꽃같은 눈동자로 지키시는 하나님께서 그 마음에 평안을 주시고, 걱정이 밀려올 때마다 모든 염려를 다 맡기시기를 원하시는 주님을 더욱 간절히 찾을 수 있게 하여 주옵소서.

주님! ○○군(양)이 외국 땅에서 낯선 환경과 익숙지 않은 문화에 적응하며 외롭게 생활하고 있겠지만 주님이 늘 곁에서 도와주실 것을 믿습니다. 행여 부모의 품이 그리워 눈물 흘리는 일이 없게 하시고, 고국이 그리워 세운 목표와 비전을 접는 일이 없게 하여 주옵소서.

언어의 장벽도 빨리 극복할 수 있도록 도와주시고, 믿음의 좋은 교제를 나눌 수 있는 친구도 만날 수 있도록 사람을 붙여 주옵소서. 또한 챙겨주는 사람이 없다고 하여 규칙적인 생활을 잃지 않게 하여 주시고, 신앙생활도 예전보다 더 잘할 수 있도록 도와주시옵소서.

주님! ○○ 군(양)이 목표한 학업을 완성하는 날까지 언제나 기도하기를 쉬지 않게 하여 주옵소서. 또한 고국에서 부모가 자신을 위하여 엎드려 기도하고 있다는 것을 한시도 잊지 않게 하여 주옵소서.

주님을 영화롭게 하고 만백성에게 유익함을 줄 수 있는 자녀로 빚으실 것을 믿으며 예수 그리스도의 이름으로 기도합니다. 아멘

기도를 돕는 한 마디
영혼이 하나님의 앞에 안기는 것은 대단히 유익한 일이다. 어디에 가든지 주님과 함께 동행한다면 문제가 될 것은 없다. _테레사

 ## 자녀의 취직을 염려하는 성도를 위하여

참 좋으신 하나님!

이 시간에 자녀의 취직을 걱정하고 있는 성도를 위하여 기도하기를 원합니다. ○○○ 성도(직분)의 사랑하는 자녀 ○○ 군(양)이 하나님의 은혜 가운데 학업을 마치고 취직할 직장을 구하고 있지만 아직도 새로운 직장을 구하지 못한 상태에 있습니다. 더디기는 하지만 합력하여 선을 이루시는 하나님을 의지합니다. 반드시 ○○ 군(양)에게 좋은 직장을 허락하실 것을 믿습니다. 이제껏 배우고 익힌 실력과 능력을 마음껏 발휘하고 주님을 높일 수 있도록 좋은 직장을 허락하실 것을 믿습니다.

주님! ○○○ 성도(직분)가 자녀의 취직이 잘되지 않는다고 하여 낙담하거나 실족치 않게 하여 주시고, 더 좋은 것을 예비하시는 주님의 선하신 손길을 끝까지 바라보며 감사함으로 기다릴 수 있게 하여 주옵소서. ○○ 군(양)도 자신의 취직이 늦게 이루어지는 것은 하나님의 또 다른 섭리가 있음을 깨닫게 하셔서 끝까지 주님을 의지하게 하시고 영성을 키우는 일에 마음을 쏟을 수 있게 하옵소서.

주님을 의지하는 백성에게는 모든 것이 유익이 되게 하시고 끝내 웃게 하시며 기쁨을 더하시고 감사의 기도를 드리게 하시는 하나님이신 것을 믿습니다. 주님이 정하신 합당한 때에 좋은 직장을 허락하실 것을 믿습니다. 자녀의 취직이 늦어진다고 하여 근심하거나 걱정하지 않도록 ○○○ 성도(직분)의 마음을 강하게 붙들어 주시고, 늦어질수록 더욱 기도하며 주님을 더욱 가까이 할 수 있는 복된 계기로 삼을 수 있게 하옵소서.

예수 그리스도의 이름으로 기도합니다. 아멘

 **기도를 돕는 한 마디**
하나님의 말씀에는 무려 7,000개의 약속이 담겨 있다. 하나님의 말씀이 뿌려진 곳에는 항상 약속이 이루어지는 수확이 있다. _ 메릴린 히키

 ## 자녀가 결혼하는 성도를 위하여

참으로 좋으신 하나님 아버지!

이 시간에 자녀가 결혼하는 성도를 위하여 기도하기를 원합니다.

주님! ○○○ 성도(직분)의 자녀 ○○ 군(양)이 장성하여 부모 곁을 떠나 한 가정을 이룰 수 있게 하심을 감사드립니다. 사랑하는 자녀가 주님의 섭리하심과 축복 속에 한 가정을 이룬다고 하니 자녀를 둔 부모의 마음이 얼마나 기쁘고 흐뭇하겠습니까? 한편으론 부모 곁을 떠나는 자녀의 모습을 볼 때 섭섭한 감정도 지울 길 없을 것입니다. 하오나 자녀가 성장하면 배필을 만나 가정을 이루는 것이 주님의 섭리임을 깨닫습니다.

이제 믿음의 반려자를 만나 새로운 인생을 시작하는 ○○○ 성도(직분)의 자녀에게 평강과 형통의 길로 인도하여 주옵소서. 한 몸을 이루어 한 가정을 이루게 하신 주님의 크신 뜻을 기억하여 하나님을 경외하고 섬기는 믿음의 가정이 되게 하여 주옵소서. 고넬료의 가정과 같이 주님의 칭찬을 듣는 가정을 이룰 수 있게 하여 주옵소서.

주님! 이제껏 품안에 두었던 자녀가 한 가정을 이루어 부모 곁을 떠나니 ○○○ 성도(직분)가 많이 허전할 것입니다. 주님이 그 마음을 위로하시고 친근한 벗으로 함께하여 주옵소서. 지금 자녀의 혼수를 준비하는 과정 속에 있사오니 기도하면서 준비할 수 있게 하옵소서. 혼수보다 중요한 것은 서로를 아끼고 위하는 사랑의 마음임을 깨닫습니다. 과욕 없이 온정과 이해로, 꼭 필요한 것만 준비할 수 있도록 지혜를 더하여 주옵소서. 사랑하는 자녀들에게 더 많은 은혜와 사랑을 쏟아 부어 주시기를 원하시는 예수 그리스도의 이름으로 기도합니다. 아멘

기도를 돕는 한 마디
기도문들은 기도하기 위해 쓰여 졌지 읽기 위해 쓰인 것이 아니다.
_스티브 하퍼

Chapter 6

구역, 셀, 속회 목장모임을 위한

주제별에 맞춘 다과와 식사 기도문

영육 간에 복을 더하여 주소서

사랑이 충만하신 하나님 아버지!

오늘 저희들이 믿음 안에서 구역(속회, 셀) 모임을 갖고 또 다시 다과(식탁교제)를 나누는 시간을 갖게 하심을 감사드립니다. 먼저 이 음식을 대접한 손길과 가정에 함께하여 주옵소서. 마르다와 마리아 자매의 가정과 같이 믿음의 권속들을 사랑으로 대접하기에 힘쓴 이 가정에 주님께서 크신 복으로 함께하실 것을 믿습니다.

이 가정이 언제나 대접하기에 익숙한 가정이 되게 하셔서 주님의 사랑을 나타낼 수 있는 가정이 되게 하시고, 주님께 받은 것을 주님께 다시 돌림으로 주님의 은혜를 가치 있게 누리는 가정이 되게 하옵소서.

주님! 이 가정에 속한 식솔들의 건강을 주님이 책임져 주실 것을 믿습니다. 육신은 물론 영적으로도 강건함을 얻어 주님의 뜻대로 사는 데 조금도 부족함이 없게 하여 주시고, 주님의 영광을 위하여 성실하게 쓰임 받는 믿음의 일꾼들이 되게 하옵소서. 또한 이 가정에 육신의 양식뿐 아니라 영의 양식도 늘 풍족하게 채워주셔서 많은 영혼을 주께로 인도하는 데 귀하게 사용되게 하옵소서.

주님! 저희들이 음식을 대하면서 단지 먹는 즐거움만 누리지 않게 하시고, 음식을 통하여 육체에 필요한 영양을 공급받듯, 영혼에 필요한 양식을 공급받기 위하여 언제나 주님의 말씀을 가까이 해야 함을 잊지 않게 하옵소서.

이 시간, 음식을 정성스럽게 준비한 손길 위에 늘 예비된 복으로 함께하실 것을 믿사옵고 예수 그리스도의 이름으로 기도합니다. 아멘

기도를 돕는 한 마디
사람이 숨을 중단할 수 없는 것처럼 기도를 중단할 수가 없다. 기도는 영적 생활의 호흡이다. _존 웨슬리

주님이 귀히 쓰시는 가정이 되게 하소서

은혜로우신 하나님 아버지!

오늘 저희들이 함께 모여 예배드리며 믿음의 교제를 갖게 하심을 감사드립니다. 항상 모이기에 힘쓰는 저희들이 되게 하옵소서.

특별히 이 시간에 ○○○ 성도(직분)님이 저희들에게 다과(식사)를 대접하였습니다. 믿음의 식구들을 대접할 수 있는 물질을 이 가정에 채우심을 감사드립니다. 언제나 필요한 물질을 이 가정에 채우셔서 물질 때문에 어려움 당하는 일이 없게 하시고, 선한 사업에 사용할 수 있는 가정이 되게 하여 주옵소서. 항상 이 가정이 주님이 귀히 쓰시는 가정이 되기를 원합니다. ○○○ 성도(직분)님뿐 아니라 가족 모두가 주님의 영광을 위하여 귀하게 사용되는 축복의 사람들이 되게 하여 주옵소서.

주님! ○○○ 성도(직분)님과 이 가정에 기도제목이 있습니까? 구하고 찾는 자에게 응답하실 것을 약속하셨사오니, 주님을 간절히 찾을 때에 응답의 축복을 경험하게 하실 것을 믿습니다. 항상 이 가정을 우리 주님이 붙드셔서 작은 천국이 되게 하시고, 사악한 세상에서 피난처가 되게 하여 주옵소서.

주님! 오늘 저희들이 주님의 은혜로 인하여 물질의 공궤를 받사오니, 항상 주님께 감사할 수 있게 하시고, 저희들도 물질로 남을 섬길 수 있는 복 있는 삶이 되게 하여 주옵소서. 또한 기름진 식탁 앞에서 이 시간에도 굶주리는 많은 영혼들을 기억할 수 있는 주님의 마음을 갖게 하옵소서.

이 음식을 먹을 때마다 예수 그리스도의 이름으로 기도합니다. 아멘

기도를 돕는 한 마디

기도는 영혼의 갈망이다. 유한 세계에 존재하는 상대적 인간이 온 세계를 주관하신 절대자 하나님께 향한 영혼의 갈망이다. _김정복

섬기는 기쁨이 더하여지게 하소서

공중의 나는 새를 먹이시며 들에 핀 백합화를 입히시는 하나님!

오늘도 저희들이 믿음의 교제를 나누며 주님께 영광을 돌리고, 다시금 식탁교제를 나누게 하시니 감사드립니다.

먼저, 식탁의 교제를 위하여 다과(음식)를 정성껏 준비한 ○○○ 성도(직분)님을 기억하옵소서. 믿음의 권속들에게 대접하기 위하여 준비한 그 손길을 언제나 복 있게 하실 것을 믿습니다. 또한 저희들에게 대접한 것이 곧 주님께 대접한 것이 되게 하실 것을 믿습니다.

사랑의 주님께서 언제나 이 가정에 필요한 것을 채워주셔서 물질로 주님을 섬기는 기쁨이 더하여질 수 있게 하시고, 남을 섬기는 기쁨도 더하여질 수 있게 하여 주옵소서. 또한 가족들의 건강도 지켜주시기를 원합니다. 음식의 해함을 받는 일이 없게 하시고, 질병의 위협을 받는 일이 없게 하여 주옵소서. 언제나 영육 간에 강건함으로 주님을 섬길 수 있는 가정이 되게 하여 주옵소서.

이 자리에 함께한 저희들도 주님이 베푸신 양식에 부끄럼 없는 삶이 되기를 원합니다. 먹든지 마시든지 무엇을 하든지 주님의 영광을 위하여 하라고 하셨사오니 그 말씀대로 사는 저희 모두가 되게 하옵소서. 항상 선한 사업에 힘쓰게 하시고 주님의 영광만을 나타낼 수 있는 삶이 되게 하옵소서.

지금도 식사 때마다 보이지 않는 손님이시요, 모든 대화에 말없이 듣고 계시는 예수 그리스도의 이름으로 기도합니다. 아멘

기도를 돕는 한 마디
세상의 어떤 남자나 여자에게 하나님께서 가장 좋은 재능을 주셨다면 그것은 바로 기도의 재능이다. _알렉산더 화이트

물질의 복을 더하여 주소서

항상 저희들에게 좋은 것으로 채워주시기를 원하시는 하나님!
오늘 저희들이 주님이 기뻐하실 복된 모임을 갖고 믿음의 교제를 나눌 수 있게 하시니 감사드립니다. 특별히 이 시간에 사랑하는 ○○○ 성도(직분)님이 다과(식사)를 준비하여 함께한 지체들을 대접합니다. 사랑의 마음으로 준비하여 공궤하는 그 손길을 기억하시고 축복하여 주옵소서.
○○○ 성도(직분)의 가정에 차고도 넘치는 물질의 복을 더하여 주셔서 물질 때문에 어려움 당하는 일이 없게 하시고, 항상 주님의 사랑을 감사하며, 힘을 다하여 섬길 수 있는 가정이 되게 하여 주옵소서.
경영하고 있는 사업도 붙드셔서 악한 권세가 틈타지 않게 하여 주시고, 언제나 형통의 길로 인도하시는 주님의 은총을 경험할 수 있게 하여 주옵소서.
주님! ○○○ 성도(직분)님의 자녀들도 기억하시기를 원합니다. 부모에게 기쁨이 되는 자녀들이 되게 하시고, 영육이 건강한 자녀들이 되게 하여 주옵소서. 세상에서도 인정받고 주님께도 사랑받는 자녀들이 되게 하여 주옵소서.
오늘 저희들이 ○○○ 성도(직분)님이 공궤하는 이 다과(음식)를 먹고 더욱 힘을 얻어 주님의 일에 충성할 수 있게 하시고, 주님께 받은 축복을 나눌 수 있는 삶을 살아갈 수 있게 하여 주옵소서.
사랑하는 ○○○ 성도(직분)님의 손길을 통하여 귀한 다과(음식)를 허락해 주신 주님께 감사하오며 예수 그리스도의 이름으로 기도합니다. 아멘

기도를 돕는 한 마디
하나님은 기도의 짐을 나르는 헌신적인 사람을 찾고 계신다. _딕 이스트만

아브라함의 축복을 받게 하소서

은혜가 풍성하신 하나님 아버지!

오늘도 저희들에게 합당한 은혜를 더하여 주심을 감사드립니다. 항상 저희들이 주님의 은혜를 사모하는 삶이 되게 하여 주시고, 받은 은혜를 인하여 감사하는 삶이 되게 하여 주옵소서.

이 시간에 저희들이 필요한 모임을 갖고 ○○○ 성도(직분)님이 준비한 다과(음식)를 대합니다. 믿음의 형제들을 대접하기 위하여 마음을 다하여 정성껏 준비한 그 손길을 기억하시고, 합당한 은혜를 더하여 주옵소서. 대접하기를 기뻐했던 아브라함이 하나님께 큰 축복을 받아 누렸듯이, ○○○ 성도(직분)님도 그와 같은 축복을 받아 누리게 하여 주옵소서.

주님! 특별히 이 가정을 통하여 영광을 받으시려는 우리 주님의 특별한 섭리와 계획이 있으신 줄 믿습니다. 그 축복을 누리게 하여 주시고, 주님의 뜻을 높이는 데 크게 쓰임 받는 가정이 되게 하여 주옵소서.

혹 이 가정에 저희들이 알지 못하는 어렵고 힘든 일이 있습니까? 주님을 의뢰할 때마다 헤쳐 나갈 수 있는 길을 열어주실 것을 믿습니다. 능력의 오른손으로 붙드실 것을 믿습니다.

오늘 저희들이 다과(음식)를 먹고 더욱 힘을 얻어 모이기에 힘쓰게 하시고, 주님이 맡기신 사명을 잘 감당할 수 있는 삶이 되게 하옵소서.

함께 이 다과(음식)를 나누며 교제할 때도 성령님이 주관하셔서 저희 안에 기쁨과 즐거움이 더욱 풍성해지게 하실 것을 믿사옵고 예수 그리스도의 이름으로 기도합니다. 아멘

기도를 돕는 한 마디

기도하기에 가장 좋은 시간을 하나님께 기꺼이 바치는 사람은 하나님의 음성을 분명히 들을 수 있으며 하나님의 능력과 여러 가지 도움을 지속적으로 공급받을 수 있다. _조지 뮬러

복되고 아름다운 일들이 넘쳐나게 하소서

전능하시고 자비로우신 하나님 아버지!

오늘도 저희들이 주님의 사랑 안에서 아름다운 구역(속회, 셀) 모임을 가지게 하시니 감사드립니다. 세상이 악하여질수록 악한 영에게 미혹되지 않기 위하여 믿음의 교제를 활발히 나눌 수 있게 하시고, 항상 영적인 건강함을 유지할 수 있는 저희 모두가 되게 하여 주옵소서.

오늘 사랑하는 ○○○ 성도(직분)님의 손길을 통하여 귀한 다과(음식)를 공궤받습니다. 공궤받을 아무런 자격이 없는 저희들이지만, 주님의 은혜로 인하여 이 귀한 대접을 받습니다. 그 은혜에 늘 감사하며 더욱 주님을 섬길 수 있는 저희들이 되게 하여 주옵소서.

주님! 사랑하는 ○○○ 성도(직분)님의 손길을 주님께서 언제나 아름답게 쓰실 것을 믿습니다. ○○○ 성도(직분)님이 이 땅을 살아가는 동안 주님이 기뻐하시는 복되고 아름다운 일들이 그 손길을 통하여 넘쳐날 수 있게 하여 주옵소서.

항상 물질을 통하여 주님을 섬기기에 부족함이 없게 하시고, 연약한 이들을 믿음으로 섬기기에 부족함이 없게 하실 것을 믿습니다. 또한 ○○○ 성도(직분)님이 기도하며 계획한 모든 일들을 우리 주님이 이루실 것을 믿습니다. 항상 능력의 주님이 보살펴 주시고 책임지시는 은총을 경험하는 삶이 되게 하옵소서.

주님! 주변에 떡을 떼기도 어려운 이웃들이 있습니다. 그 이웃들을 헤아릴 줄 아는 저희의 믿음이 되게 하옵소서. 그리하여 날마다 주님의 형상을 닮아가는 저희 모두가 되게 하옵소서. 감사하오며 음식을 먹을 때마다 예수 그리스도의 이름으로 기도합니다. 아멘

기도를 돕는 한 마디
어린 아이가 울며 떼쓴다고 어린아이의 모든 요구를 다 들어주는 부모는 세상에 없다. _작자 미상

보배롭고 존귀한 일꾼이 되게 하소서

　사랑의 주님! 오늘 이 가정에서 구역(속회, 셀) 모임을 가질 수 있게 하시고, 복되고 은혜로운 교제를 나눌 수 있게 하시니 감사드립니다.
　주님이 기뻐하시는 것이라면 마음을 다할 수 있는 저희들이 되게 하옵소서.
　주님! 이 시간에 모든 순서를 마치고 ○○○ 성도(직분)님의 손길을 통하여 귀한 다과(음식)를 공궤받습니다. 권속들을 대접하기 위하여 정성을 다한 그 손길을 한량없으신 주의 은혜로 채워 주실 것을 믿습니다.
　사랑하는 ○○○ 성도(직분)님이 언제나 주님을 위하여 쓰임 받는 것을 기뻐할 수 있게 하시고, 주님을 위하여 드림의 삶을 살 수 있다는 것을 최고의 행복으로 여길 수 있게 하옵소서. 언제나 그 생각과 마음을 주장하셔서 주님이 보시기에 보배롭고 존귀한 일꾼이 되게 하시고, 주님이 두고 보시고 또 보시기에도 사랑스러운 주의 사람이 되게 하옵소서.
　우리 주님이 그가 하고 있는 사업도 친히 주장하셔서 형통케 하시는 주님의 은총이 있게 하시고, 자녀들도 축복하셔서 주님께 쓰임 받는 귀한 믿음의 그릇들이 되게 하옵소서.
　주님! 저희들이 다과(음식)를 먹을 때에 먹는 즐거움으로만 만족하지 않게 하시고, 음식에 부끄럼 없는 사람이 되기를 다짐할 수 있는 마음이 있게 하옵소서. 식탁교제의 기쁨을 허락하신 예수 그리스도의 이름으로 기도합니다. 아멘

기도를 돕는 한 마디
　하나님을 많이 대면하는 자만이 하나님이 쓰시는 그릇으로 쓰임 받을 수 있다.
　_ 작자 미상

축복을 경험하는 삶이 되게 하소서

저희들의 삶을 인도하시는 하나님 아버지!

오늘도 저희들과 함께하심을 감사드립니다. 항상 모이기에 힘쓰는 저희들이 되게 하시고, 주님을 사랑하는 마음이 삶으로 표현될 수 있는 저희들이 되게 하옵소서.

오늘 저희들이 은혜로운 모임을 갖고 ○○○ 성도(직분)님이 대접한 다과(음식)를 먹습니다. 먼저 대접한 손길을 기억하셔서 항상 주의 은혜가 떠나지 않는 손길이 되게 하여 주옵소서. 이 땅을 살아가는 동안 물질 때문에 어려움 당하는 일이 없도록 모든 위험을 막아주시고, 형통의 길로 인도하시는 주님의 축복을 경험하는 삶이 되게 하여 주옵소서.

주님! ○○○ 성도(직분)님의 기도제목을 우리 주님이 다 이루실 것을 믿습니다. 주님을 의지함으로 세상에서 얻을 수 없는 부요함을 느낄 수 있도록 그 영혼을 만족케 하실 것을 믿습니다. 항상 주의 평안과 화평함을 누리는 가정이 되게 하실 것을 믿습니다.

주님! 저희들이 다과(음식)를 먹습니다. 먹는 즐거움으로만 그치지 않게 하시고, ○○○ 성도(직분)님의 손길을 통하여 맛있는 음식을 대할 수 있게 하신 주님께 감사할 수 있는 저희 모두가 되게 하여 주옵소서. 음식의 맛을 느끼듯이 믿음의 맛도 느낄 수 있는 저희들이 되게 하시고, 먹는 즐거움을 누리듯이 주님을 위하여 섬기는 즐거움도 가질 수 있는 저희들이 되게 하여 주옵소서.

이 귀한 음식을 나눌 수 있게 하신 주님께 다시 한 번 감사와 영광을 돌리오며 예수 그리스도의 이름으로 기도합니다. 아멘

기도를 돕는 한 마디
우리가 기도의 결실을 얻지 못하는 이유는 기도의 태만 때문이다. _여호수아

# 더 좋은 것으로 채워주소서

사랑과 자비가 풍성하신 하나님 아버지!

언제나 저희들을 품어 안으시고 사랑과 은혜로 덧입혀 주심을 감사드립니다. 이 시간, 저희들이 주님의 그 크신 사랑을 생각하며 모임을 가졌습니다. 사랑과 은혜의 주님이 저희들과 함께하신 줄 믿습니다.

주님! 사랑하는 ○○○ 성도(직분)님의 손길을 통하여 귀한 다과(음식)를 공궤받습니다. 받을 자격이 없는 저희들이지만 주님 때문에 받게 되었사오니 한시도 주님의 은혜를 가벼이 여기지 않는 저희들이 되게 하옵소서. 또한 저희들에게 먹을 수 있는 양식이 있음을 인하여 주님께 감사할 수 있게 하시고, 때를 따라 먹이시는 주님의 은총을 인하여 기뻐하며 즐거워할 수 있게 하옵소서. 이 시간에 귀한 다과(음식)로 권속들을 공궤한 ○○○ 성도(직분)를 기억하실 것을 믿습니다. 물질로 남을 대접하는 기쁨이 항상 넘쳐나게 하시고, 물질을 깨뜨리면 깨뜨릴수록 더 좋은 것으로 채워주시는 주님의 능력을 경험하는 삶이 되게 하옵소서. 또한 영육 간에 항상 복 있게 하셔서 주님의 함께하심을 증거할 수 있는 ○○○ 성도(직분)님이 되게 하옵소서.

주님! 사랑하는 ○○○ 성도(직분)님의 자녀들도 주님이 항상 붙드실 것을 믿습니다. 믿음의 자녀로 굳게 세우시고 그 길을 형통케 하실 것을 믿습니다. 바라는 꿈들이 이루어질 수 있도록 축복하실 것을 믿습니다. 질병의 위협을 당하지 않도록 건강을 지켜주실 것을 믿습니다.

이 시간 저희들이 음식을 먹을 수 있음에 감사하오며, 예수 그리스도의 이름으로 기도합니다. 아멘

기도를 돕는 한 마디
진정한 기도는 죄의 자백으로부터 출발한다. 죄의 자백이 없는 기도는 허공을 때리는 기도이다. _작자미상

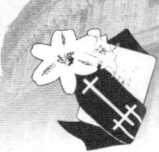
때를 따라 먹여주시고 입혀주소서

영광을 받으시기에 합당하신 하나님 아버지!
주님의 사랑을 입은 자들에게 좋은 것을 아끼지 아니하시고 후히 주시며 자손 천대에 이르기까지 은혜를 베푸시는 좋으신 하나님이심을 믿습니다. 오늘 그 은총 가운데 사는 저희들이 주님을 찬양하였습니다. 주님을 경배하였습니다. 그리고 믿음의 교제를 나누었습니다. 주님께서 영광을 받으신 줄 믿습니다.

저희들이 사랑하는 ○○○ 성도(직분)님이 마음을 담아 정성껏 준비한 다과(음식)를 공궤받습니다. 저희들이 주님의 은혜를 나눌 수 있는 것만도 더없이 감사한 일이온데, 귀한 손길을 통하여 다과(음식)를 공궤받으니 부끄러운 마음이 앞서는 것을 감출 길 없나이다. 물질로 공궤하는 ○○○ 성도(직분)님의 손길을 더욱 붙들어 주시고, 항상 주님의 축복이 넘쳐나는 손길이 되게 하여 주옵소서.

주님! ○○○ 성도(직분)님이 넉넉하지 않은 가운데서도 대접하기를 힘썼사오니 그 마음을 보시고 칭찬하실 것을 믿습니다. 항상 주님의 은총이 놀랍고 영원함을 깨달아 알 수 있도록 우리 주님이 때를 따라 먹여주시고 입혀 주시옵소서. 경영하는 생업도 붙들어 주시고, 직장생활도 붙들어 주옵소서. 소득에 큰 어려움이 발생하지 않도록 모든 위험으로부터 막아주시고 지켜주옵소서. 언제나 감사의 고백이 떠나지 않는 ○○○ 성도(직분)님과 그 가정이 될 수 있도록 인도하여 주옵소서. 주의 능력을 의지하여 굳건히 살아갈 수 있는 ○○○ 성도(직분)님이 될 수 있도록 이끄실 것을 믿습니다.

음식을 먹을 수 있음에 다시 한 번 감사하오며 예수 그리스도의 이름으로 기도합니다. 아멘

기도를 돕는 한 마디
주님의 뜻을 알 수 있는 길은 오직 성령과, 오직 기도뿐이다. _작자 미상

 ## 필요한 모든 것들을 채워주소서

저희의 가장 친한 벗이 되어주시는 주님!

이 자리에 주님이 함께하고 계심을 믿습니다. 오늘 저희들이 주의 이름으로 모여서 주님을 찬양하고, 말씀을 묵상하며 믿음의 교제를 나누었습니다. 주님께서 영광을 받으신 줄 믿습니다. 저희로 하여금 항상 주님이 기뻐하시는 길을 좇는 주의 자녀들이 되게 하여 주옵소서.

주님! 이 시간에 저희들이 사랑하는 ○○○ 성도(직분)님의 손길을 통하여 정성이 담긴 다과(음식)를 대접받습니다. 대접받을 자격이 없는 저희들이지만, 주님을 믿는 자들이 떡을 떼며 교제를 나누는 것도 주님이 기뻐하시는 일이기에 식탁교제를 나눕니다. 먼저, 이 다과(음식)를 대접한 손길을 기억하시고 합당한 은혜를 더하여 주옵소서. 언제나 대접하는 기쁨과 즐거움이 있을 수 있도록 이 가정에 필요한 모든 것들을 채워주시옵소서. 또한 ○○○ 성도(직분)님의 가정이 항상 주님의 사랑으로 화목한 가정이 되게 하시고, 경건하여 하나님을 섬기는 일을 최고의 가치로 삼는 가정이 되게 하여 주옵소서. 또한 저희가 식탁교제를 나눌 때에 생명의 떡이신 주님을 잊지 않기를 원합니다. 주님이 저희들에게 생명의 양식이 되어주셨듯이, 저희들도 생명의 양식이 필요한 이웃들을 돌아볼 수 있는 삶을 살아갈 수 있게 하여 주옵소서. 그리하여 생명을 살리신 주님의 모습을 닮아가는 저희들이 되게 하여 주옵소서.

오늘도 이 다과(음식)를 나누며 교제할 때에 신자의 본분을 잃지 않는 식탁교제가 되게 하실 것을 믿사옵고 예수 그리스도의 이름으로 기도합니다. 아멘

 **기도를 돕는 한 마디**
편하고 쉬운 인생을 위하여 기도하지 말고 삶의 모든 환경에 승리할 수 있는 능력 주시기를 위하여 기도하라. _파스칼

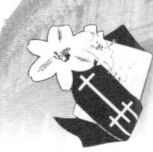

주님의 귀한 복을 더하여 주소서

찬송을 받으실 하나님 아버지!

주님의 은혜 가운데 주님을 알고 삶의 의미를 주님께 두며 살아갈 수 있는 복된 인생이 되게 하시니 감사드립니다. 오늘도 믿음으로 함께한 이 자리에 우리 주님이 함께하시고 영광을 받으신 줄 믿습니다. 언제나 의를 위하여 살기를 힘쓰는 저희들이 되게 하옵소서.

이 시간에 귀한 다과(음식)로 믿음의 무리들을 공궤하는 손길을 기억하옵소서. 그의 마음이 주님을 대접하기를 힘썼던 성경의 인물들처럼, 동일한 마음으로 저희를 대접하는 줄 믿습니다. 향유 옥합까지도 깨뜨려서 주님께 향한 사랑을 보여주었던 여인의 마음으로 저희들을 대접하는 줄 믿습니다. 그 마음을 기억하시고 주님의 귀한 복을 더하여 주옵소서.

주님! 권속들을 공궤하는 손길을 기쁘게 보시는 주님께서 그 가정에 필요한 것들도 꼼꼼히 기억하고 계실 줄 믿습니다. 항상 감사와 기쁨으로 주님을 섬기며 믿음의 좋은 열매를 맺을 수 있도록 인도하실 것을 믿습니다. 주님을 위하여 더 많은 헌신을 드릴 수 있는 사람으로 쓰실 것을 믿습니다. 오늘 저희들이 식탁교제를 할 때에도 성령님께서 저희 각 사람의 마음을 붙드셔서 초대교회 성도들과 같은 식탁교제를 나눌 수 있게 하옵소서. 먹든지 마시든지 무엇을 하든지 주님의 영광을 위해서 해야 함을 잊지 않게 하옵소서.

다시 한 번 간구하오니 이 시간에 다과(음식)로 공궤하는 ○○○ 성도(직분)님에게 크신 복으로 함께하실 것을 믿사옵고 예수 그리스도의 이름으로 기도합니다. 아멘

기도를 돕는 한 마디
기도는 하나님께 대한 예배의 주요한 부분인 것을 성령이 가르친다.
_ 요한 칼빈

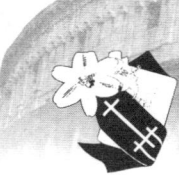

축복의 통로가 되게 하소서

　은혜의 주님! 우리 주님은 참 기쁨의 근원이 되심을 믿습니다. 주님을 의지할 때 저희의 삶의 길에서 더욱 큰 기쁨을 소유케 하시는 주님이심을 믿습니다. 이 시간에 모인 저희들이 참 기쁨의 근원이 되시는 주님을 더욱 찬양하며 살아갈 수 있게 하옵소서. 때로 어렵고 힘든 생활이기는 해도 항상 모이기에 힘쓸 수 있게 하시고, 저희들을 필요로 한 곳에는 기쁨으로 참여할 수 있게 하옵소서.

　오늘 모임의 모든 순서를 마치고 ○○○ 성도(직분)님의 손길을 통하여 귀한 음식을 공궤받게 되었습니다. 우리 주님께서 ○○○ 성도(직분)님에게 믿음의 권속들을 물질로 섬길 수 있는 기쁜 마음을 주신 줄 믿습니다. 그의 아름다운 섬김을 언제나 복 있게 하셔서 주님의 은혜를 공급받는 축복의 통로가 되게 하옵소서.

　그의 가정에도 함께하셔서 식구 중에 하나라도 질병의 시달림을 받는 일이 없게 하시고, 건강한 몸으로 주님을 잘 받들어 섬길 수 있게 하옵소서. 또한 계획하는 모든 일들이 주님의 뜻 가운데서 아름다운 열매를 맺을 수 있게 하시고, 주님 안에서 안정과 평화를 누리는 복된 가정이 되게 하옵소서.

　주님! 이 시간에 저희들이 물질을 공궤받으면서 주님을 제대로 공궤하지 못한 저희 자신을 돌아볼 수 있게 하시고, 말씀보다 떡을 우선시한 경우는 없었는지 돌아볼 수 있게 하옵소서.

　이 시간에 ○○○ 성도(직분)님의 손길을 통하여 주님이 베푸신 양식을 대하게 하신 것을 감사하오며 예수 그리스도의 이름으로 기도합니다. 아멘

기도를 돕는 한 마디
잘 기도하는 자는 잘 배운 자요, 많이 기도하는 자는 많이 배운 자다.
_ 마틴 루터

부록 1

회의와 각종 모임
대표기도문

제직회

거룩하신 하나님 아버지!

주님께 마음을 다하여 예배드릴 수 있게 하시고, 이 시간 특별히 제직회로 모이게 하심을 감사드립니다.

저희를 택하셔서 자녀 삼아 주신 것도 말로 다 형언할 수 없는 큰 은혜이온데, 주님의 몸 된 교회를 위하여 충성할 수 있도록 특권을 주시니 감격할 따름이옵니다. 마음과 정성을 다하여 주님의 몸 된 교회를 섬길 수 있게 하시고, 핑계치 않는 믿음으로 주님을 기쁘시게 할 수 있는 저희 제직들이 되게 하여 주옵소서.

이 시간 회무를 진행할 때에 친히 성령께서 주장하셔서 회무와 모든 안건들을 다룰 때마다 저희의 생각이 앞서지 않게 하여 주시고, 주님의 뜻을 적극 반영할 수 있는 마음들이 되게 하여 주옵소서.

어려운 문제일수록 회장이신 목사님의 생각과 의견을 존중할 수 있게 하시고, 주님의 몸 된 교회를 위한 일이라면 오직 아멘만 있게 하여 주옵소서.

사랑과 은혜가 넘치는 자리가 되게 하실 것을 믿습니다. 기쁨과 은혜와 만족이 넘치게 하는 자리가 되게 하실 것을 믿습니다. 저마다 교회를 위하는 마음이 서로에게 감동으로 다가오는 시간이 되게 하실 것을 믿습니다.

제직회의 사회를 보시는 목사님께도, 이 자리에 참석한 모든 제직들에게도 그 마음을 온전히 붙드실 것을 믿사옵고 예수 그리스도의 이름으로 기도합니다. 아멘

기도를 돕는 한 마디

기도할 때 명심할 것은 응답이 내리기 전까지 결코 물러나지 않는 일이다.
_ 죠지 뮬러

 **월례회**

은혜로우신 하나님 아버지!

거룩한 주일을 맞이하여 저희들이 한 자리에 모여, 신령과 진정으로 예배드리게 하시고, 목사님을 통하여 축복의 말씀을 듣게 하심을 감사드립니다.

이제 이 시간은 저희들이 정기 월례회로 모임을 갖고자 합니다. 이 시간도 주님의 은혜가 충만하게 넘치는 시간이 되게 하시고, 서로 사랑으로 용납하는 가운데 모든 회무가 은혜롭게 마무리 될 수 있도록 이끌어 주옵소서. 의논하고자 하는 모든 일들이 주님께 영광이 된다면 기쁨으로 용납할 수 있는 회원들이 되게 하시고, 부족한 일들을 발견했을 때는 사랑으로 감싸주고 격려해 줄 수 있는 회원들이 되게 하여 주옵소서.

무엇보다도 주님의 일에 적극적이지 못하고 정성을 기울이지 못한 저희 자신들을 돌아보며 반성하는 시간이 되게 하시고, 주님의 몸 된 교회를 위하여 충성을 다짐할 수 있는 시간이 되게 하여 주옵소서.

회장님 이하 임원들에게도 함께하셔서 회를 운영해 나가는 데 어려움이 없게 하시고, 기쁨으로 모든 일을 감당할 수 있게 하옵소서. 또한 모든 면에서 교회에 모범이 되는 월례회가 되게 하여 주옵소서.

지금은 회의를 시작하는 시간입니다. 이 회의를 주관해 나가시는 회장님께 운영의 지혜와 명철을 더하시고, 참석한 모든 회원들에게도 한결같은 은혜로 함께 하실 것을 믿사옵고 예수 그리스도의 이름으로 기도합니다. 아멘

 **기도를 돕는 한 마디**
부단히 기도하는 정신을 만들기 위해서는 보다 많은 기도의 훈련을 하여야만 한다. _포오사이스

 **공동의회, 사무총회(예, 결산)**

　사랑이 풍성하신 하나님 아버지!
　저희들에게 새로운 해를 출발할 수 있도록 은혜를 베푸시고, 새해 첫 주일에 기쁨 가운데 감사의 예배를 드리게 하심을 감사드립니다.
　이제 예배를 마치고 지난해의 교회 재정을 결산하고, 새해 예산 편성을 위한 공동의회(사무총회)를 갖게 되었습니다.
　먼저, 한 해 동안 이 교회를 붙드셔서 큰 어려움 없게 하시고, 부흥과 성장이 있게 하신 주님의 크신 은혜에 큰 영광을 돌립니다. 저희 모두가 감사하는 마음으로 공동의회에 참여할 수 있게 하시고, 주님을 높일 수 있는 자리가 되게 하여 주옵소서.
　이 자리는 입교한 자 중 세례교인이라면 누구나 참여할 수 있는 자리입니다. 교회 살림에 대하여 관심을 갖고 참여할 수 있게 되었음을 감격스럽게 여길 수 있게 하시고, 회무가 진행되는 동안 성령의 충만함을 구할 수 있게 하옵소서.
　회무를 맡은 제직들에게도 함께하셔서 교회를 사랑하는 마음이 넘치게 하시고, 참여한 자 모두가 주님의 교회를 사랑하는 마음으로 회무와 안건을 매듭지을 수 있게 하여 주옵소서. 또한 책임을 맡은 자들에게 격려와 칭찬을 아끼지 않는 아름다운 모습도 허락하여 주옵소서.
　회장석에 서신 목사님께도 함께하여 주셔서 이 회의를 잘 이끌어나갈 수 있도록 지혜와 능력을 더하여 주옵소서.
　올해도 저희 교회가 한 해의 예산을 잘 세워 교회로서의 사명을 잘 감당하는 데 부족함이 없게 하실 것을 믿사옵고 교회의 머리가 되시는 예수 그리스도의 이름으로 기도합니다. 아멘

 기도를 돕는 한 마디
기도야말로 우리의 사랑이 수직적으로 그리고 수평적으로 자유롭게 흐르도록 해준다. _리차드 포스터

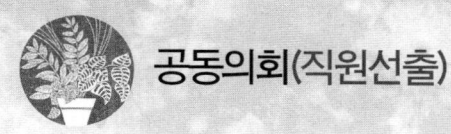

공동의회(직원선출)

거룩하신 하나님 아버지!

거룩한 주일을 맞이하여 저희 모두가 예배의 감격을 누릴 수 있게 하시고, 마음을 다하여 예배할 수 있게 하시니 감사드립니다. 이 즐겁고 복된 날, 저희에게 주님의 몸 된 교회를 위하여 더욱 충성하고 봉사할 일꾼을 세울 수 있는 은혜를 주심을 감사드립니다.

이 자리에는 세례교인 이상만 참여하여 일꾼을 세울 수 있는 자격을 갖게 되었사오니, 이에 들지 못한 성도들의 마음을 헤아려 주시고, 교회의 질서를 귀히 여기며 사랑할 수 있게 하여 주옵소서.

오늘 이 자리에 참여한 저희 모두에게 주님의 교회에 합당한 일꾼을 선출할 수 있는 지혜를 주시고, 은혜를 더하여 주시옵소서. 기분에 의한 것이나 사사로운 감정이 개입되지 않게 하여 주시고, 오직 주님의 몸 된 교회를 위하여 어떤 일꾼이 필요한지를 분별할 수 있게 하여 주셔서 기도하는 마음으로 투표에 임하게 하여 주옵소서.

거룩한 공회를 통하여 선출되는 직원들, 두렵고 떨리는 마음으로 직분을 받게 하여 주옵소서. 주님이 세우시는 영광된 직분에 아멘만 있게 하시고, 회개하는 마음으로 열과 성을 다하여 충성하고 헌신할 수 있는 일꾼들이 되게 하여 주옵소서. 주께서 세우셨사오니 어렵고 힘든 일일수록 앞장설 수 있게 하여 주시고, 믿음이 약한 자들을 사랑으로 이끌어 주며, 주님을 위한 일이라면 불속에라도 들어갈 수 있는 일꾼들이 되게 하여 주옵소서. 이 시간에 오직 주님만이 함께하시고, 저희의 심령을 붙드셔서 거룩한 한 표를 행사하며, 주님의 일꾼을 세우게 하실 것을 믿사옵고 예수 그리스도의 이름으로 기도합니다. 아멘

기도를 돕는 한 마디
하나님의 뜻이 아닌 것을 제외하고는 응답되지 않는 기도란 없다.
_코트랜드 마이어

 기관총회

사랑의 주님!
한 해 동안 저희 ○○ 회를 붙드셔서 주님의 몸 된 교회를 섬기며 선한 사업에 힘쓸 수 있도록 이끄심을 감사드립니다. 연말을 맞이하여 한 해를 돌아보니 모든 것이 주님의 은혜의 흔적임을 다시 한 번 깨닫게 됩니다. 참으로 부족하고 연약한 저희들을 주님의 일꾼으로 삼으셔서 주님의 몸 된 교회를 위하여 봉사하며 섬길 수 있는 기회를 주시니 얼마나 감사한지요. 하지만 뒤돌아보니 참으로 부끄러운 기억밖에는 떠오르는 것이 없습니다. 주님 앞에 진실한 일꾼으로 최선을 다하지 못한 것을 용서하여 주옵소서.
오늘 이렇게 연말을 맞이하여 새 일꾼을 선출하는 총회를 하게 되었습니다. 먼저, 한 해 동안 수고한 임원들을 기억하시고, 부족한 것이 많았을지라도 그 수고를 기쁘게 받으시옵소서. 오늘 이 총회를 성령님께서 친히 주장하실 것을 믿습니다. 사람이 제비를 뽑으나 그 걸음을 인도하시는 분은 여호와시라고 하였사오니, 저희 모두가 합력하여 선을 이루는 주님의 손길을 피부 깊숙이 경험하는 계기가 되게 하여 주옵소서. 이번 총회로 인하여 상처 받는 심령들이 없게 하실 것을 믿습니다. 아울러 교만해지는 심령들도 없게 하실 것을 믿습니다. 총회의 결과가 어떻게 주어지든지 모든 것이 주님의 뜻인 줄 알아 아멘으로 받게 하여 주옵소서.
총회의 의장을 맡아 수고하는 회장님을 성령의 능력으로 붙드시고, 이 총회가 마치는 시간까지 주의 성령께서 친히 이 자리에 운행하실 것을 믿사오며 예수 그리스도의 이름으로 기도합니다. 아멘

 **기도를 돕는 한 마디**
당신이 생명을 사랑한다면 기도를 사랑하라. _녹스

 **교사모임**

은혜의 주님!

한 없이 부족한 저희들을 생명의 말씀을 가르치고 영적으로 지도하는 교사로 세워주심을 감사드립니다. 또한 교사로서의 사명을 능히 감당할 수 있도록 지혜를 더하시고 능력으로 이끄심을 감사드립니다.

어린 학생들을 신앙으로 양육하고 지도하기에 앞서, 자신의 영적 성숙을 위하여 늘 기도에 힘쓰게 하시고, 말씀을 가까이 할 수 있는 삶이 되게 하여 주옵소서. 이 시간 교사모임을 갖습니다. 탁월한 방법과 수단을 연구하고 토의하는 시간이 되지 않게 하시고, 부족한 면을 깨달아 반성하고 회개할 수 있는 시간이 되게 하여 주옵소서.

주님! 저희가 맡은 영광된 직분을 기쁨으로 감당하기를 원합니다. 마지못해 억지로 감당하는 모습이 없게 하시고, 천국의 씨앗을 키우는 영적인 농부의 마음으로 최선을 다할 수 있는 저희 모두가 되게 하여 주옵소서. 이 시간에 참석하지 못한 교사들도 있습니다. 저마다 안타까운 사정이 있기 때문인 줄 아오나, 주님 나라와 그 의를 위하여 좋은 편을 택할 수 있는 지혜가 있게 하여 주옵소서.

이 시간, 주일학교의 부흥과 학생들의 영적 유익을 위하여 마음과 생각을 나눌 때에 성령께서 저희의 마음을 온전히 주장하여 주시기를 원합니다. 이 모임에 말없이 듣고 계신 주님이 계시다는 것을 잊지 않게 하시고, 내 생각을 내세우기에 앞서 서로의 마음을 헤아리고 살필 수 있는 온유함이 가득한 시간이 되게 하여 주옵소서. 주님께 영광이 되고, 주님이 기뻐하실 일들을 나눌 수 있는 복된 시간이 되게 하실 것을 믿습니다.

사랑이 많으신 예수 그리스도의 이름으로 기도합니다. 아멘

 **기도를 돕는 한 마디**
우리는 성령을 사용할 수 없다. 다만 그가 우리를 사용하실 뿐이다.
_ 워렌 위어스비

성가대모임

사랑의 주님!

저희들의 입술을 모아 주님을 찬양할 수 있게 하시니 얼마나 감사한지요. 천사도 흠모하는 영광된 직분으로 세움을 받은 것을 늘 감사할 수 있게 하시고, 찬양으로 주님을 높이고 예배를 돕는 일에 충성을 다할 수 있는 저희 모두가 되게 하여 주옵소서. 오늘도 다음 주에 부를 찬양을 연습하고자 이 자리에 모였습니다. 저희 모든 대원들에게 성령의 충만함을 더하여 주셔서 피곤할지라도 마음과 정성을 다하여 찬양 연습에 참여할 수 있게 하시고, 찬양의 곡조와 가사를 하나하나 익힐 때마다 저희들의 신앙도 고백되는 시간이 되게 하여 주옵소서. 오늘 이 자리에 참석하지 않은 대원들도 있습니다. 주님이 맡기신 직분이 얼마나 중요한지 깨닫게 하셔서 찬양대원으로서 맡은 바 직분을 잘 감당할 수 있게 하여 주옵소서.

주님! 저희가 주님께 드리는 찬양이 영혼을 담은 찬양이 되게 하기 위해서는 영성훈련에도 힘써야 함을 깨닫습니다. 저희 모두가 영성을 쌓는 일에 마음을 다할 수 있게 하시고, 신앙인의 의무를 힘써서 지킬 수 있도록 도와주시옵소서.

이 시간, 지휘자님을 더욱 강력하게 붙들어 주옵소서. 저희를 잘 지도하고 가르치기에 피곤치 않게 하여 주시고, 힘겨운 시간이 되지 않도록 새 힘을 더하여 주옵소서. 반주자도 힘들지 않도록 도와주시고, 지휘자님과 하나가 되어 사역을 감당하는 데 어려움이 없게 하여 주옵소서. 연습에 임하는 대원들 모두에게 주의 영으로 충만케 하시고, 도우실 것을 믿사옵고 예수 그리스도의 이름으로 기도합니다. 아멘

기도를 돕는 한 마디

때때로 나는 말로 기도하지 않는다. 그의 발 앞에 내 영혼이 고개를 숙이고 주님이 거룩한 손을 내 머리에 얹으심으로 나는 조용하고 달콤한 사귐을 갖는다.
_마르다 스넬 니콜슨

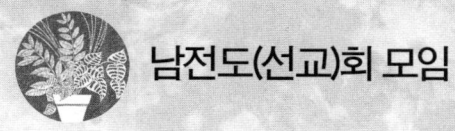

남전도(선교)회 모임

은혜로우신 하나님 아버지!

저희 남전도회를 사랑하셔서 주님의 몸 된 교회를 세워가는 데 귀하게 쓰임 받을 수 있도록 이끄심을 감사합니다. 또한 이 시간에 남전도회 모임을 가질 수 있도록 함께하심을 감사드립니다.

주님, 저희 회원들 모두가 주님을 사랑하듯 남전도회를 사랑할 수 있게 하시고, 주님의 몸 된 교회의 유익을 위하여 모임을 갖는 일에 최선을 다할 수 있게 하여 주옵소서. 주님의 몸 된 교회에 할 일이 너무나 많습니다. 출애굽한 이스라엘이 40년 동안 광야를 지날 때에 늘 선봉에 섰던 유다지파와 같이, 저희 남전도회도 주님의 몸 된 교회를 위하여 늘 선봉에 설 수 있는 부서가 되게 하여 주옵소서.

주님을 위하여 봉사하는 일에 늘 앞장설 수 있게 하여 주시고, 헌신과 충성과 희생을 드리는 일에도 선봉의 신앙을 드릴 수 있게 하여 주옵소서. 또한 목사님의 말씀에 순종함으로 목회사역을 잘 도울 수 있는 남전도회가 되게 하여 주시고, 모든 기관에 본이 되는 남전도회가 되게 하여 주옵소서.

오늘 이 모임은 주의 사업을 위하여 더 나은 의견을 모으고 더 나은 계획을 세우고자 하는 자리입니다. 성령님께서 저희들 가운데 함께하셔서 사사로운 의견이기보다는 주님이 쓰시는 생각을 나눌 수 있게 하여 주옵소서. 이 모임을 이끌고 계신 회장님께도 함께하셔서 힘들지 않도록 늘 새 힘을 부어 주시고, 우리 남전도회를 주님이 바라시는 대로 잘 이끌고 나갈 수 있도록 도와주옵소서.

예수 그리스도의 이름으로 기도합니다. 아멘

기도를 돕는 한 마디

하나님께서 우리의 모든 환난과 기도에 응답하실 때 어떤 방법으로 언제 응답하시든지 나는 의심하지 않습니다. 어떻게 해서든지 나는 그의 뜻을 믿기 때문입니다. _휘트네이

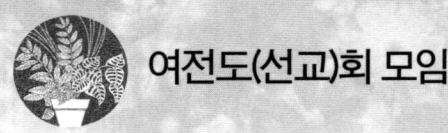

여전도(선교)회 모임

하나님 아버지!

믿음의 여인들을 통하여 주님의 몸 된 교회를 세우게 하시고, 주님의 사역을 감당할 수 있도록 은총을 베푸심을 감사합니다. "맡은 자에게 구할 것은 충성"(고전 4:2)이라고 하였사오니 기쁨으로 충성을 다할 수 있는 저희 여전도회가 되게 하여 주옵소서.

주님! 저희 여전도회가 주님이 이 땅에 남기신 몸인 교회를 위하여 최고의 헌신자들이 되기를 원합니다. 초대교회 때 여인들의 헌신을 통하여 교회가 아름답게 세워졌듯이, 저희들의 헌신을 통하여 이 교회가 더욱더 든든히 서가는 축복이 있게 하여 주옵소서. 또한 예수님이 십자가를 지시고 골고다 언덕으로 향하실 때, 그 뒤를 눈물로 따라간 여인들처럼, 저희들도 주님의 십자가를 따르는 담대한 믿음이 있게 하시고, 저희들의 희생을 통하여 생명의 역사가 일어나는 축복이 있게 하여 주옵소서.

여인의 기도를 기쁘게 받으시는 주님! 교회와 가정을 위하여 늘 기도에 힘쓸 수 있는 여전도회가 되게 하시고, 영혼을 구원하는 일에도 마음을 쏟을 수 있는 여전도회가 되게 하여 주옵소서.

주님! 여전도회에서 계획한 일들이 있습니다. 주님의 몸 된 교회가 더욱 부흥하는 데 꼭 필요한 계획들이 되게 하시고, 목사님의 목회 사역에 도움을 드릴 수 있는 계획들이 되게 하여 주옵소서.

이 시간 여전도회의 발전과 사업을 위하여 생각을 모을 때 저희의 마음과 생각을 지켜 주셔서 여전도회를 든든히 세울 수 있는 유익한 대화들만 오가게 하옵소서. 예수 그리스도의 이름으로 기도합니다. 아멘

기도를 돕는 한 마디

자신의 작은 세계에서 최선을 다하는 사람은 하나님의 큰 세계에서도 최선을 다하는 사람이다. _토머스 제퍼슨

 **성경공부 모임**

사랑의 주님!

저희들에게 구원의 은혜를 베풀어 주시고, 주님의 진리의 말씀을 탐구해 갈 수 있는 특권을 주심을 감사합니다.

특별히 연약한 저희들을 지도하시기 위하여 주님이 귀하게 쓰시는 ○○○ 목사님을 세우심을 감사드립니다. 성경공부를 지도하시는 목사님을 더욱 큰 능력으로 붙드셔서 피곤함이 없게 하시고, 늘 강건함으로 지켜주옵소서. 또한 가르치시는 목사님을 통하여 깊은 영성을 만날 수 있게 하여 주시고, 영감 있는 주님의 말씀을 보다 더 깊이 알아갈 수 있는 축복의 시간이 되게 하여 주옵소서.

또한 저희들이 진리의 말씀을 더 알고 이해하는 것으로만 그치지 않기를 원합니다. 그 말씀에 대한 순종을 드릴 수 있게 하시고, 주님의 참된 제자로 살아갈 수 있는 저희 모두가 되게 하여 주옵소서.

주님! 이 귀하고 복된 자리에 참석하지 못한 교우들이 있습니다. 저들의 딱한 형편을 헤아려 주실 것을 믿습니다. 진리의 말씀과 멀어지지 않도록 저들의 안타까운 삶을 은혜로 만져주시옵소서.

주님! 더 많은 성도들이 하나님을 힘써 아는 데 참여하기를 원합니다. 말씀이 없으면 신앙의 성장도 없고, 영혼이 피폐해질 수밖에 없음을 깨달아 주님의 말씀을 공부하는 데 시간을 투자할 수 있게 하여 주옵소서. 오늘 저희들이 주님의 말씀을 배운다고 하지만 지혜가 부족합니다. 놀라운 지혜를 더하여 주셔서 주님의 귀한 말씀을 놓치지 않게 하여 주옵소서.

성령님이 저희들 가운데 함께하실 것을 믿사옵고 예수 그리스도의 이름으로 기도합니다. 아멘

 **기도를 돕는 한 마디**
크리스천들이 기도하지 않는 것은 그들이 자신들의 모든 삶 속에서 전심으로 하나님을 그리워하며 살아가지 않는 것을 의미한다. _김남준

# 기도 모임

은혜로우신 하나님 아버지!
저희들을 사랑하시고 축복하셔서 주님을 가까이 할 수 있도록 이끄심을 감사드립니다. 오늘 저희들이 기도의 중요성을 알기에 이 시간 특별히 시간을 내어 기도회로 모이게 되었습니다. 기도야말로 하늘의 문을 열고 닫는 축복의 통로임을 깨닫습니다. 항상 기도하는 것이 저희들의 습관이 되게 하여 주시고, 기도를 통하여 언제나 주님과 교제하는 삶이 되게 하여 주옵소서.

그 동안 이 핑계 저 핑계로 기도의 자리를 외면했던 모습이 있었다면 이 시간 회개할 수 있게 하시고, 꾸준한 기도생활이 이어졌다면 더 깊은 기도의 세계를 경험할 수 있는 시간이 되게 하여 주옵소서. 이 시간 이후로 저희 모두가 항상 기도하는 기도자로 세움을 받기를 원합니다. 깨어 있는 기도자가 되기를 원합니다. 기도하기를 쉬지 않았던 사무엘처럼 기도하기를 원합니다. 나라와 민족, 교회와 성도, 가정과 이웃을 위하여 두 손을 높이 드는 인생이 되게 하여 주옵소서. 기도할 때는 언제나 사슴이 시냇물을 찾기에 갈급함 같은 기도가 되게 하시고, 한나와 같이 성령에 취할 수 있는 기도가 되게 하여 주옵소서.

오늘 기도를 인도하는 인도자에게도 함께하셔서 모인 숫자에 힘을 잃지 말게 하시고, 두세 사람이 모여도 주님의 이름으로 모인 곳에는 함께하신다고 하셨사오니 그 약속의 말씀을 붙들고 능력 있게 기도회를 인도할 수 있게 하옵소서. 이 시간 참석하지 못한 성도들에게도 함께하여 주셔서 지금은 주님께 부르짖어야 할 때임을 깨닫게 하옵소서.

예수 그리스도의 이름으로 기도합니다. 아멘

기도를 돕는 한 마디
기도하는 사람이 많지 않기 때문에 문제가 되는 것이 아니라, 기도하도록 부름 받은 사람이 자신을 모두 바치는 기도를 하지 않는 것이 문제이다. _작자미상

 **전도 모임**

지금도 잃은 양을 찾으시는 주님!

저희들을 죄에서 구원하여 주시고 복음을 전할 수 있는 도구로 삼아 주셔서 오늘도 구원의 역사를 감당하게 하시니 감사드립니다.

오늘 저희들이 "때를 얻든지 못 얻든지 항상 힘쓰라"(딤후4:2)는 주님의 말씀을 좇아 전도하려고 합니다. 전도하는 것은 사탄과의 영적 전쟁임을 깨닫습니다. 그러하기에 전도에 나가기에 앞서서 먼저 합심하여 기도합니다. 저희들에게 성령 충만을 허락하여 주셔서 사탄과의 영적 전쟁에서 승리할 수 있게 하여 주옵소서.

복음의 씨를 뿌립니다. 거두시는 이는 주님이시오니 당장 열매가 주어지지 않는다 할지라도 낙심치 않게 하여 주시고, 힘을 다하여 복음의 씨를 뿌릴 수 있는 저희 모두가 되게 하여 주옵소서. 사람을 만나고 사람을 접촉하는 일입니다. 저희들에게 지혜를 허락하여 주셔서 말과 행동 속에서 주님의 형체를 드러낼 수 있게 하여 주시고, 비난의 말을 듣거나 핍박을 받는다 할지라도 주님의 피 묻은 십자가를 바라보며 참고 인내할 수 있게 하여 주옵소서.

오늘 저희가 나가서 전도하는 것으로만 영혼구원을 위한 의무를 다한 것으로 생각하지 않게 하시고, 접촉한 영혼의 구원을 위하여 기도의 자리로 나아갈 수 있는 저희 모두가 되게 하여 주옵소서.

주님! 저희들뿐만이 아니라 많은 사람들이 영혼에 대한 타는 목마름이 있게 하여 주시고, 주님의 복음을 힘써서 전할 수 있는 전도의 도구가 되게 하여 주옵소서. 전도할 때에 주의 성령께서 저희와 동행하실 것을 믿사옵고 예수 그리스도의 이름으로 기도합니다. 아멘

 **기도를 돕는 한 마디**
하나님께 간절히 기도하는 것이 중요한 것이 아니라, 그분의 뜻이 반영된 기도가 중요한 것이다. _작자미상

# 봉사 모임

저희들이 순종하기를 기뻐하시는 주님!

오늘 저희들이 주님의 말씀을 좇아 순종의 자리로 나아올 수 있게 하시니 감사합니다. 언제나 주님의 몸 된 교회를 위하여 순종의 욕구를 충족시킬 수 있는 저희 모두가 되게 하여 주옵소서.

오늘 저희들이 이 자리에 봉사하기 위하여 모였습니다. 저희들이 하는 봉사가 주님께 드려지는 봉사가 되게 하시고, 주님을 나타내고 보여 줄 수 있는 봉사의 모습이 되게 하여 주옵소서. 혹여 저희들의 앞선 봉사가 남을 판단하는 기준이 되지 않게 하시고, 언제나 겸손함으로, 언제나 낮아짐으로, 언제나 성실함으로, 언제나 진실함으로 섬김의 의무를 다 할 수 있는 봉사자들이 되게 하여 주옵소서.

봉사하다가 오해를 받는 일이 발생한다 할지라도 낙심치 않게 하여 주시고, 합력하여 선을 이루시는 주님을 끝까지 바라보며 충성을 다할 수 있게 하여 주옵소서. 봉사의 목표를 주님을 닮아가는 데 둘 수 있게 하시고, 봉사의 이유는 주님의 흔적을 남기는 것이 되게 하여 주옵소서. 또한 저희들의 봉사가 아름다운 열매로 맺혀질 수 있기를 원합니다. 한 알의 밀이 땅에 떨어져 죽을 때에 많은 열매를 맺듯이, 저희들의 봉사에도 주님의 영광을 위한 열매가 혹은 백 배, 혹은 육십 배, 혹은 삼십 배로 맺혀지게 하여 주옵소서. 또한 천국의 상급이 되기를 원합니다. 이 땅에서의 아름다운 봉사가 천국에서 해같이 빛날 수 있게 하시고 하늘나라의 영원한 상급으로 이어질 수 있게 하여 주옵소서. 저희의 몸과 마음을 주님께 영광을 돌리는 일에 사용하심을 감사하오며 예수 그리스도의 이름으로 기도합니다. 아멘

 **기도를 돕는 한 마디**
기도는 바로 하나님의 임재의 체험이다. 즉 기도는 하나님의 임재를 실습하는 것이다. _ 브라더 로렌스

 ## 식사 모임

　공중의 나는 새를 먹이시며 들에 핀 백합화를 입히시는 하나님!
　저희에게 일용할 양식을 허락하시고 건강을 주시니 감사합니다. 특별히 이 시간 식탁교제를 나눌 수 있게 하시니 감사합니다. 먹든지 마시든지 무엇을 하든지 주님의 영광을 위해서 하라고 말씀하신 대로 언제나 주님의 영광을 의식하며 떡을 뗄 수 있는 저희 모두가 되게 하여 주옵소서.
　나의 양식은 나를 보내신 이의 뜻을 행하는 것이라고 말씀하였사오니 이 음식을 먹고 저의 지체를 불의의 병기로 사용치 않게 하여 주시고, 의의 병기로 사용하는 삶이 되게 하여 주옵소서. 저희 모두가 이 땅에 사는 동안 먹고 마시는 일 때문에 지나친 염려함이 없게 하여 주시고, 하나님이 주신 식물을 감사함으로 받는 자가 되게 하여 주옵소서.
　주님께서 굶주린 자들을 긍휼히 여기시고 먹이셨던 것처럼 자기 자신만을 위해 호의호식하지 않게 하시고, 의식주 때문에 고통당하고 있는 자들을 구제하는 일에 소홀하지 않게 하여 주옵소서. 또한 이 음식이 식탁에 오르기까지 정성껏 준비한 손길이 있습니다. 그 번거로움과 수고로움을 기억하셔서 하늘의 큰 기쁨으로 채워주시옵소서. 이 땅을 살아가는 동안 항상 주님의 마음을 가지고 선한 일에 부할 수 있는 복 있는 손길이 되게 하여 주옵소서. 그 손으로 하는 모든 일들을 주의 강한 손으로 붙드셔서 언제나 나의 나 됨이 하나님의 은혜로 된 것임을 고백할 수 있게 하옵소서. 이 음식을 먹을 때마다 영원한 양식이 되시는 예수 그리스도의 이름으로 기도합니다. 아멘

 **기도를 돕는 한 마디**
　기도는 전능하다. 기도는 하나님께서 하실 수 있는 일이라면 무엇이든지 할 수 있다. 우리가 기도할 때 하나님께서 일하신다. 봉사에서 얻는 모든 열매는 기도의 결과이다. _작자미상

당신으로 저는 족합니다

하나님, 주님의 선하심을 따라
주님 자신을 저에게 주소서.
저에게는 주님만 있으면 충분하기 때문입니다.
주님이 아닌 다른 것을
주님만큼 값지다고 생각하고 구하는 것은 옳지 않습니다.
만일 제가 주님 아닌 다른 어떤 것을 구한다면
저는 늘 부족함을 느끼게 될 것입니다.
오직 주님 안에 있을 때
저는 모든 것을 가지고 있는 것입니다.

_ 노리치의 줄리안(Julian of Norwich)

부록 2

성령의 은사를
확인하는 방법

성령의 은사를 확인하는 검사에 대하여

하나님의 성령으로 거듭난 그리스도인은 누구나 한 가지 이상의 신령한 은사를 부여받았습니다. 그래서 사도 베드로는 "각각 은사를 받은 대로 하나님의 여러 가지 은혜를 맡은 선한 청지기 같이 서로 봉사하라"(벧전 4:10)고 권면했습니다.

우리는 이 은사를 발견하여 개발하게 될 때 삶의 참된 목적을 찾게 될 뿐만 아니라, '그리스도의 몸'에 우리 나름의 기여를 하게 되는 것으로 인하여 신앙생활의 보람과 축복을 경험할 수 있습니다.

이 질문서는 그리스도인이 된 이후 자신에게 주어진 성령의 은사가 무엇인지를 알지 못하여 교회 내에서 효과적인 봉사활동을 하지 못하는 분들을 위해 만들어진 것입니다. 이 질문서는 본래 미국 캘리포니아 주의 온테리 성서대학에 계시는 종교 교육 교수 리처드 후츠(Richard Houts) 박사에 의해 고안된 것으로 풀러전도협회(Fuller Evangelistic Association)의 피터 와그너(Peter Wagner) 박사의 수정을 거쳐 보완된 것입니다. 교회성장학의 세계적인 권위자로 알려져 있는 와그너 박사의 추천에 따라 1978년 미국내 여러 교회에서 초교파적으로 활용하고 있는 이 「성령의 은사 확인 검사」는 현재 미국에서 교회의 양적 및 질적 향상에 두드러진 기여를 하고 있습니다.

성령의 은사 확인검사 사용방법

1. 이 질문서의 1 ~ 125번까지의 설문을 읽어보시면 각 질문마다 다음과 같은 말이 적혀 있습니다.

"아래 사항들은 내 생애에 일어나거나 내가 경험한 일들입니다. 각 항목에 당신의 삶에 있어서 부합되는 정도에 따라 표시하십시오."

아래 네 가지 사항, 즉 「매우 그렇다」, 「대체로 그렇다」, 「별로 그렇지 않다」, 「그런 경우가 거의 없다」중에서 제일 적당한 곳에 ○표를 하시면 됩니다.

2. 채점한 점수의 합계를 낸 후 은사(gifts)란에 ABC…순에 따라 은사를 옮겨 적으십시오.

3. 제일 점수가 높은 세 가지 은사를 '대표적 은사'란에 적고, 그 다음 점수의 순서대로 세 가지 은사를 '부차적 은사란'에 적으십시오. 그러면 당신의 은사가 무엇인지 알 수 있습니다(성령의 은사 확인 검사표 참조).

은사의 정의와 그에 해당되는 성경말씀

아래에 있는 은사의 정의는 성경에 제시되어 있는 정의입니다. 이것은 성령의 은사에 대한 절대적이거나 최종적인 정의가 아니라 성경에 나타난 은사의 성격에 따라 그에 해당되는 성경말씀을 적은 것입니다.

A. 예언의 은사(Prophecy)

예언의 은사는 그리스도의 몸인 교회의 특별한 성도에게 주시는 은사로써, 하나님의 직접적인 메시지를 받아서 거룩한 언어로 성도들에게 전해주는 능력을 말합니다.

성경- 고린도전서 12:10,28; 로마서 12:6; 에베소서 4:11~14; 사도행전 15:32, 21:9~11; 누가복음 7:26

B. 목사(Pastor)

목사의 은사는 그리스도의 몸인 교회의 특정한 사람에게 주는 은사로써, 그 사람이 믿는 자들의 영적인 건강을 위해서 장기간 개인적인 책임감을 갖게 하기 위하여 주는 은사입니다.

성경- 에베소서 4:11; 디모데전서 3:1~7; 요한복음 10:1~18; 베드로서 5:1~3

C. 가르치는 은사(Teaching)

가르치는 은사는 그리스도의 몸인 교회의 특정한 사람에게 주는 은사로써, 그리스도의 몸과 그 지체들의 사역과 건강에 관련된 지식을 가르침을 통해서 전해주는 능력을 말합니다.

성경- 고린도전서 12:28; 사도행전 18:24~28, 20:~21; 로마서 12:7; 에베소서 4:10~14

D. 지혜의 은사(Wisdom)

지혜의 은사는 그리스도의 몸인 교회의 특정한 사람에게 주는 은사로써, 성령이 원하시는 것들을 특별한 통찰력으로 알아서, 그 지혜를 그리스도의 몸을 위하여 생겨나는 필요성에 따라 잘 적용할 수 있는 은사를 말합니다.

성경- 고린도전서 12:8, 2:1~13; 사도행전 6:3,10; 베드로후서 3:15; 야고보서 1:5~6

E. 지식의 은사(Knowledge)

지식의 은사는 그리스도의 몸인 교회의 특정한 사람에게 주는 은사로써, 그리스도의 몸의 안정과 성장에 필요한 지식, 생각들을 알아내고 그것들을 모으고 정확하게 분석하는 능력을 말합니다.

성경- 고린도전서 12:8, 2:14; 사도행전 5:1~11; 골로새서 2:2~2; 고린도후서 11:6

F. 권면의 은사(Exhortation)

권면의 은사는 그리스도의 몸인 교회의 어떤 사람에게 주는 은사로써, 도움이 필요한 성도들에게 위로하고, 권면하고, 격려해서 그 사람들로 하여금 도움을 받고 안위를 받는 것을 느낄 수 있게 하는 특별한 능력을 말합니다.

성경- 로마서 12:8; 디모데전서 4:13; 히브리서 10:25; 사도행전 14:22

G. 영분별의 은사(Discerning of Spirits)

영분별의 은사는 그리스도의 몸인 교회의 특정한 사람에게 주는 은사로써, 어떤 사람의 행동이나 말이 하나님께로부터 온 것인지 마귀로부터 온 것인지, 인간적인 것인지를 분별해 낼 수 있는 특별한 능력을 말합니다.

성경- 고린도전서 12:10; 사도행전 5:1~11, 16:16~18; 요한일서 4:1~6; 마태복음 16:21~23

H. 구제하는 은사(Giving)

구제하는 은사는 그리스도의 몸인 교회의 특정한 사람에게 주는 은사로써, 자신의 물질이나 자원을 주님의 사업을 위해서 기쁨으로 기꺼이 드리는 특별한 능력을 말합니다.

성경- 로마서 12:8; 고린도후서 8:1~7, 9:2, 6~8; 마가복음 12:41~44

I. 도와주는 은사(Helps)

도와주는 은사는 그리스도의 몸인 교회의 특정한 사람에게 주는 은사로써 전도 사업에 자신의 재능을 발휘하고 투자해서, 다른 사람들이 더욱 효과적으로 그들의 영적인 은사를 사용하도록 도와줄 수 있는 특별한 능력을 말합니다.

성경- 고린도전서 12:28; 로마서 16:1~2; 사도행전 9:36; 누가복음 8:2~3; 마가복음 15:40~41

J. 자비(긍휼)의 은사(Mercy)

자비의 은사는 그리스도의 몸인 교회의 특정한 사람에게 주는 은사로써, 육체적으로나 정신적으로나 감정적으로 문제가 있는 성도나 믿지 않는 모든 사람들에게 깊은 동정과 연민을 느끼고, 그들의 동정과 연민을 그리스도의 사랑으로 드러내고, 그들의 고통을 덜어주는 행동으로 기쁘게 나타내는 특별한 능력을 말합니다.

성경- 로마서 12:8; 사도행전 11:28~30, 16:33~3; 누가복음 10:33~35; 마가복음 9:41; 마태복음 20:29~34, 25:34~40

K. 선교의 은사(Missionary)

선교의 은사는 그리스도의 몸인 교회의 특정한 사람에게 주는 은사로써, 특별히 자기의 문화권이 아닌 타 문화권(외국)에 복음을 잘 전할 수 있는 능력을 말합니다.

성경- 고린도전서 9:19~23; 사도행전 22:21, 13:2~3, 8:4; 로마서 10:15

L. 전도의 은사(Evengelist)

전도자의 은사는 그리스도의 몸 된 교회의 특정한 사람에게 주는 은사로써, 특별히 믿지 않는 사람에게 복음을 증거해서 그 사람들이 예수님의 제자가 되고 교회의 책임 있는 한 사람이 되게 하는 특별한 능력을 말합니다.

성경- 에베소서 4:11~14; 사도행전 8:5~6, 8: 26~40, 14:21, 21:8; 디모데후서 4:5

M. 손님 대접하는 은사(Hospitality)

손님 대접하는 은사는 그리스도의 몸인 교회의 특정한 사람에게 주는 은사로써, 특별히 집을 제공하고 음식과 쉴 곳을 필요로 하는 사람을 따뜻하게 영접하는 특별한 능력을 말합니다.

성경- 로마서 12:9~13; 히브리서 13:1~2; 사도행전 16:15; 베드로전서 4:9

N. 믿음의 은사(Faith)

믿음의 은사는 그리스도의 몸인 교회의 특정한 사람에게 주는 은사로써, 하나님의 일에 대한 그분의 뜻과 계획을 특별한 확신을 가지고 분별하는 능력을 말합니다.

성경- 고린도전서 12:9; 사도행전 27:21~24; 로마서 4:18~21; 히브리서 11장

O. 지도자의 은사(지도력: Leadership)

지도자의 은사는 그리스도의 몸인 교회의 특정한 사람에게 주는 은사로써, 미래에 대하여 하나님의 뜻대로 목표를 세우고, 다른 사람과 이 목표에 대하여 잘 토론하고 대화하며, 이 목표를 자발적으로 조화를 이루어 함께 성취하도록 하여, 하나님께 영광을 돌릴 수 있는 특별한 능력을 말합니다.

성경: 로마서 12:8; 사도행전 15:7~11; 디모데전서 5:17; 히브리서 13:17; 누가복음 9:51

P. 다스리는 은사(Administration)

이 은사는 그리스도의 몸인 교회의 특정한 사람에게 주는 은사로써, 교회의 특정 기관에서 세운 장·단기의 목표를 잘 이해하고 분석하며, 그 목표 달성을 위한 효율적인 계획을 잘 구상하여 실행하는 특별한 능력을 말합니다.

성경- 고린도전서 12:28; 사도행전 27:11, 6:1~7; 누가복음 14:28~30

Q. 기적의 은사(Miracles)

기적을 행하는 은사는 그리스도의 몸인 교회의 특정한 사람에게 주는 은사로써, 하나님께서 그를 통하여 자연의 법칙이나 질서를 초월해서 능력을 행함으로 하나님을 기쁘시게 하는 특별한 능력을 말합니다.

성경- 고린도전서 12:10,28; 사도행전 9:36~42, 19:11~20; 로마서 15:18~19; 고린도후서 12:12

R. 신유의 은사(병 고치는 은사: Healing)

신유의 은사는 그리스도의 몸인 교회의 특정한 사람에게 주는 은사로써, 초자연적인 능력으로 병을 고쳐 건강을 회복하게 함으로써 하나님을 기쁘시게 하는 능력을 말합니다.

성경- 고린도전서 12:9,28; 사도행전 3:1~10, 5:12~16, 9:32~35; 사도행전 28:7~10

S. 방언의 은사(Tongues)

방언의 은사는 그리스도의 몸인 교회의 특정한 사람에게 주는 은사로써, ① 배우지 않은 생소한 언어로 하나님께 이야기 하는 것이며, ② 배우지 않은 언어를 통해서 하나님의 말씀을 다른 사람에게 전하고 대화할 수 있는 능력을 말합니다.

성경- 고린도전서 12:10~28, 14:13~19; 사도행전 2:1~13, 19:1~7, 10:44~46; 마가복음 16:17

T. 통변의 은사(Interpretation)

통변의 은사는 그리스도의 몸인 교회의 특정한 사람에게 주는 은사로써, 방언으로 이야기한 사람의 말이 무슨 뜻인지를 알 수 있게 하는 특별한 은사를 말합니다.

성경- 고린도전서 12:10,30; 14:13,26~28

U. 사도직분의 은사(Apostle)

사도 직분의 은사는 그리스도의 몸인 교회의 특정한 사람에게 주는 은사로써, 교회에서 인식하고 있는 영적인 문제에 특별한 권위를 가지고 교회 일반 일에 지도력을 발휘하며, 교회와 성도들로부터 그 능력을 인정받고 감사해 하는 특별한 능력을 말합니다.

성경- 고린도전서 12:28; 에베소서 3: 1~9, 4:11~14; 고린도후서 12:12; 사도행전 15:1,2; 갈라디아서 2:7~10

V. 독신생활의 은사(Celibacy)

독신생활의 은사는 그리스도의 몸인 교회의 특정한 사람에게 주는 은사로써, 독신으로 머물러 있으면서 그 생활을 즐기고 결혼하지 않아도 성적인 면에 유혹을 받지 않고 하나님을 위해서 일하며 하나님께 영광을 돌릴 수 있는 특별한 은사를 말합니다.

성경- 고린도전서 7:7~8; 마태복음 19:10~12

W. 간구. 기도의 은사(Intercession), 중보의 기도

간구, 기도의 은사는 그리스도의 몸인 교회의 특정한 사람에게 주는 은사로써, 정기적으로 일정한 기간 동안 기도하며, 보통 그리스도인보다도 기도에 응답을 많이 받고, 특별한 응답을 자주 받는 은사를 말합니다.

성경- 야고보서 5:14~16; 디모데전서 2:1~2; 골로새서 1:9~12, 4:12~13; 사도행전 12:12; 누가복음 22:41~44

X. 순교의 은사

순교의 은사는 그리스도의 몸인 교회의 특정한 사람에게 주는 은사로써, 믿음으로 인하여 죽을 지경에 이르고 그로 인하여 고난을 받지만, 항상 하나님께 영광을 돌려 기뻐하며, 승리하는 태도를 가질 수 있는 특별한 능력을 말합니다.

성경- 고린도전서 14:3; 사도행전 5:27~41, 7:54~60, 12:1~5; 고린도후서 11:21~30, 12:9~10

Y. 섬기는 은사(Service)

섬기는 은사는 그리스도의 몸인 교회의 특정한 사람에게 주는 은사로써, 하나님의 일과 관련하여 필요한 일을 찾아내어 봉사하고, 어떤 목표를 달성하기 위해서 필요한 것을 채워주며, 물질적으로나 자신을 바쳐서 항상 봉사하는 특별한 능력을 말합니다.

성경- 로마서 12:7; 사도행전 6:1~7; 디모데후서 1:16~18; 디도서 3:14; 갈라디아서 6:2,10

대표적 은사 (Dominant Gifts)	① ② ③
부차적 은사 (Subordinate Gifts)	① ② ③

성령의 은사 확인 검사표

각 질문에 대답한 대로의 점수를 아래 도표에 적으십시오.

- 매우 그렇다/ 3점
- 대체로 그렇다/ 2점
- 별로 그렇지 않다/ 1점
- 그런 경우가 거의 없다/ 0점

※ 합계 난에 A항, B항, C항 … 등의 점수를 더해서 넣으십시오.

	점		수			합계	은 사
A	1	26	51	76	101		
B	2	27	52	77	102		
C	3	28	53	78	103		
D	4	29	54	79	104		
E	5	30	55	80	105		
F	6	31	56	81	106		
G	7	32	57	82	107		
H	8	33	58	83	108		
I	9	34	59	84	109		

J	10	35	60	85	110	
K	11	36	61	86	111	
L	12	37	62	87	112	
M	13	38	63	88	113	
N	14	39	64	89	114	
O	15	40	65	90	115	
P	16	41	66	91	116	
Q	17	42	67	92	117	
R	18	43	68	93	118	
S	19	44	69	94	119	
T	20	45	70	95	120	
U	21	46	71	96	121	
V	22	47	72	97	122	
W	23	48	73	98	123	
X	24	49	74	99	124	
Y	25	50	75	100	125	

※ A~Y에 해당되는 은사를 적으십시오.

　　　구역(속)_____ 직분_____ 이름_____

성령의 은사 확인 검사

아래 사항들은 내 생애에 일어나거나 내가 경험한 일들입니다. 각 항목에 당신의 삶에 있어서 부합되는 정도에 따라 표시하십시오.

아래 사항들은 내 생애에 일어나거나 내가 경험한 일들입니다. 각 항목에 당신의 삶에 있어서 부합되는 정도에 따라 표시하십시오.	1 매우 그렇다	2 대체로 그렇다	3 별로 그렇지 않다	4 그런경우가거의없다
1. 나는 때때로 기존 교회에 자극이 되는 하나님의 진리를 찾아내어 선포한다.				
2. 나는 그리스도의 공동체를 영적으로 건강하게 하는 일에 책임을 지는 것을 좋아한다.				
3. 나는 자신이 성경의 진리를 다른 사람에게 잘 가르쳐주고 자세히 설명해 줄 수 있다고 여긴다.				
4. 나는 성경의 진리를 내 생활에 적용하고 효과적으로 잘 실천한다.				
5. 나는 스스로 새로운 진리를 터득한다.				
6. 나는 어려움을 당하고, 실망하고, 곤경에 빠져 있는 사람들을 말로 잘 위로해 준다.				
7. 나는 진리와 비진리를 명확하게 구분한다.				
8. 나는 주님의 사업에 과감하게 쓰기 위해서 돈 관리를 잘하려고 한다.				
9. 나는 주의 종들이 일을 잘 할 수 있도록 뒤에서 잘 도와준다.				

아래 사항들은 내 생애에 일어나거나 내가 경험한 일들입니다. 각 항목에 당신의 삶에 있어서 부합되는 정도에 따라 표시하십시오.	1 매우 그렇다	2 대체로 그렇다	3 별로 그렇지 않다	4 그런경우가거의없다
10. 나는 그들의 고통을 덜어주기 위해서 육체적으로나 정신적으로 불구된 자들과 함께 일하기를 좋아한다.				
11. 나는 나와 다른 타 문화권에 잘 적응한다.				
12. 나는 다른 사람이 예수를 믿고, 예수를 그리스도로 영접하고 결단을 할 수 있도록 도와준다.				
13. 나는 내가 필요한 사람들에게 음식이나 쉴 곳을 잘 제공할 수 있다고 생각한다.				
14. 나는 어떤 환경에서도 하나님은 약속을 지키실 것을 굳게 믿는다.				
15. 나는 성서적인 목표를 이루기 위해 나아가도록 다른 사람에게 설득시키고자 하는 욕구를 갖고 있다.				
16. 나는 중요한 일을 언제, 누구에게 맡길까? 그 일을 할 수 있는 사람과 때를 잘 구분하여 알 수 있다.				
17. 나는 예수 그리스도의 이름으로 기적을 일으켜 환경을 변화시키고 주님께 영광을 돌렸다.				
18. 나는 예수 그리스도의 이름으로 병을 고치곤 했다.				
19. 나는 방언을 한다.				
20. 나는 방언을 해석한다.				
21. 나는 다른 그리스도인과의 관계에서 권위를 갖게 됨을 느낀다.				

아래 사항들은 내 생애에 일어나거나 내가 경험한 일들입니다. 각 항목에 당신의 삶에 있어서 부합되는 정도에 따라 표시하십시오.	1 매우 그렇다	2 대체로 그렇다	3 별로 그렇지 않다	4 그런경우가 거의없다
22. 나는 독신이며 독신생활을 즐긴다.				
23. 나는 다른 사람보다 기도의 필요성을 더 많이 느낀다.				
24. 나는 신앙으로 인해 투옥되거나 죽는 것도 확신 있게 맞이할 수 있다고 생각한다.				
25. 나는 교회에서 특별한 일을 하도록 요청받는 것을 좋아한다.				
26. 하나님께서 미래에 어떤 일이 일어날 것인지 내게 보여주신다.				
27. 나는 한 모임에 오래 있으면서도 그 모임이 부흥하거나 실패하든 간에 같은 사람들과 일하기를 좋아한다.				
28. 나는 예수 그리스도의 몸과 건강과 사역에 관한 신약성경의 가르침을 아주 잘 설명해 줄 수 있다고 생각한다.				
29. 나는 직감으로 어려운 문제를 잘 해결해 낸다.				
30. 나는 다른 성도들에게 확신을 주는 진리에 대한 통찰력을 갖고 있다.				
31. 나는 내가 자기만족을 몰아내고 영적인 실제를 직면하도록 방향을 다시 잡아주는 도구로 쓰일 수 있다고 생각한다.				
32. 나는 선과 악(좋은 일과 나쁜 일)을 잘 구별하고 판단한다.				
33. 나는 주님의 일을 위해서 물질이나 돈을 기꺼이 바친다.				

아래 사항들은 내 생애에 일어나거나 내가 경험한 일들입니다. 각 항목에 당신의 삶에 있어서 부합되는 정도에 따라 표시하십시오.	1 매우 그렇다	2 대체로 그렇다	3 별로 그렇지 않다	4 그런경우가 거의없다
34. 나는 다른 사람들이 더욱 효과적으로 전도 사업을 하도록 도와주어야 할 필요성을 잘 파악한다.				
35. 나는 육체적으로나 영적으로 필요를 느끼는 사람들에 대해서 특별한 동정을 느낀다.				
36. 나는 다른 문화권에 있는 사람들에게 전도하기 위해서 외국어를 빨리 배울 수 있다고 생각한다.				
37. 나는 믿지 않는 자에게도 의미가 있는 방법으로 예수 그리스도가 어떻게 나를 하나님께로 이끌었는지 그들과 기꺼이 이야기한다.				
38. 나는 가정생활을 방해한다고 생각하지 않고 손님들에게 기꺼이 머물 곳을 제공한다.				
39. 나는 특별한 일을 이루기 위해서 하나님께서 불가능한 일도 가능케 하신다는 특별한 확신을 하나님으로부터 받았다.				
40. 나는 내가 가야 되는 길을 잘 알고 있고 그때 다른 사람(다른 그리스도인)들이 나를 따른다.				
41. 나는 더욱 효과적인 전도 사업을 위해서 생각이나 사람이나 물질이나 시간을 잘 계획하고 사용한다.				
42. 나는 예수 그리스도의 이름으로 마귀를 쫓아낸다.				
43. 나는 예수 그리스도의 이름으로 정서적으로 어지러운 사람들을 고친다.				
44. 나는 한 번도 말해보지 않은 언어(방언)로 하나님의 긴박한 말씀을 사람들에게 이야기한다.				
45. 나는 방언을 해석함으로써 그리스도의 지체들을 권면하고 위로하고 훈계한다.				

아래 사항들은 내 생애에 일어나거나 내가 경험한 일들입니다. 각 항목에 당신의 삶에 있어서 부합되는 정도에 따라 표시하십시오.	1 매우 그렇다	2 대체로 그렇다	3 별로 그렇지 않다	4 그런경우가거의없다
46. 나는 아마 새로운 곳에서 복음을 증거 할 수 있고 새로운 그리스도인의 모임이 형성되는 것을 보리라고 생각한다.				
47. 나는 독신이며 결혼에 대해 무관심하다.				
48. 나는 다른 그리스도인들이 생각하는 것보다 기도 부탁을 심각하게 생각하고 들어준다(다른 이를 위해서 기도해준다).				
49. 믿음으로 인하여 육체적으로 고난 받는 것은 내게 별 큰 문제가 안 된다.				
50. 나는 교회 내의 여러 가지 일들을 효과적으로 잘 돌볼 수 있다.				
51. 나는 하나님으로부터 직접 왔다고 생각되는 말씀을 다른 사람들과 적절한 때에 서로 나눈다.				
52. 나는 내가 섬기고 인도하는 사람들을 친근하게 알고자 하는 마음이 그들에게 가까이 알려지길 원한다.				
53. 나는 다른 사람들과 나누기 위하여 새로운 성서적인 진리를 배우는데 많은 시간을 바친다.				
54. 나는 여러 가지 성서적인 방법 중에서 항상 통용 되는 방법을 선택한다.				
55. 나는 스스로 성서적인 진리 중에서 새로운 사실과 원칙을 얻어서 잘 터득한다고 생각한다.				
56. 나는 다른 사람에게 어려울 때나 곤경에 처해 있을 때 성경에서 해답을 구하라고 강권한다.				
57. 나는 어떤 일의 표면에 나타나지 않은 사실들과 사람들의 '동기'에 관해 관찰하고자 하는 경향이 있다.				

아래 사항들은 내 생애에 일어나거나 내가 경험한 일들입니다. 각 항목에 당신의 삶에 있어서 부합되는 정도에 따라 표시하십시오.	1 매우 그렇다	2 대체로 그렇다	3 별로 그렇지 않다	4 그런경우가 의없다
58. 나는 아주 절박하게 경제적인 도움을 필요로 하는 하나님의 사업에 부딪히면 마음이 몹시 움직이고 동정한다.				
59. 나는 다른 사람이 더욱 효과적인 목회를 하도록 해주는 매일 매일의 사소한 일들을 하기를 좋아한다.				
60. 나는 병원이나 양로원을 심방하는 일을 즐기고, 또 그러한 일을 잘 해낸다.				
61. 나는 다른 종족, 다른 언어, 다른 문화권의 그리스도인과도 잘 어울릴 수 있다.				
62. 나는 예수 그리스도가 구세주이심을 다른 사람에게 명확하게 증거하고 듣는 사람으로부터 긍정적인 반응을 얻는다.				
63. 나는 낯선 사람을 아주 편안하게 해주는 솜씨를 갖고 있다.				
64. 나는 불가능한 것에 대한 하나님의 능력과 존재를 믿는다.				
65. 나는 다른 사람들이 하나님의 일에 참여하도록 인도하고, 동기도 부여해주고 격려하는 것을 즐긴다.				
66. 나는 어떤 모임의 목적 달성을 위하여 아주 효과적이고 치밀한 계획을 세울 수 있다.				
67. 하나님께서는 내 삶을 통해 많은 불가능한 일을 하도록 여러 번 간섭하셨다.				
68. 나는 예수 그리스도의 이름으로 영적으로 병든 사람을 성공적으로 치료하였다.				
69. 나는 배워보지 못한 언어로 하나님과 대화할 수 있다.				

아래 사항들은 내 생애에 일어나거나 내가 경험한 일들입니다. 각 항목에 당신의 삶에 있어서 부합되는 정도에 따라 표시하십시오.	1 매우 그렇다	2 대체로 그렇다	3 별로 그렇지 않다	4 그런경우가거의없다
70. 나는 다른 사람이 방언을 할 때 통변할 수 있게 해달라고 기도한다.				
71. 내가 하자고 하는 일에는 다른 그리스도인이 많이 묻지도 않고 순순히 잘 따라서 한다.				
72. 나는 독신으로서 하나님을 섬길 수 있는 시간을 더 많이 가진 것을 기쁘게 여긴다.				
73. 기도야말로 내가 가장 좋아하는 영성 훈련 중의 하나이다.				
74. 나는 믿음으로 인하여 순교당하는 것이 나에게 일어나는 최악의 일이 아니라는 확신을 갖고 있다.				
75. 나는 하나님의 영광을 위해서 똑같은 일을 매일 반복하는 것에 대해 만족하게 여긴다.				
76. 나는 다른 사람을 교화하고 권면하고 위로하는 말씀을 하나님의 감동으로 직접 전파하고 싶다.				
77. 나는 도움이 필요한 다른 그리스도인에게 성경에서 그에게 필요한 말씀들을 찾아주고 그들과 함께 기도함으로 도와준다.				
78. 나는 다른 사람과 성서의 진리를 이야기함으로써 그들의 지식과 태도와 가치관과 행동을 변화시킬 수 있다고 생각한다.				
79. 나는 성경의 진리를 깨달아 그리스도의 몸의 특별한 필요에 따라 적용시킬 수 있다.				
80. 나는 성경의 진리를 배우기 위해서 읽고 공부하는데 많은 시간을 보낸다.				
81. 나는 어찌할 바를 몰라 하는 자, 죄지은 자, 마약이나 술 등에 중독된 자들을 상담해 주고 싶다.				

아래 사항들은 내 생애에 일어나거나 내가 경험한 일들입니다. 각 항목에 당신의 삶에 있어서 부합되는 정도에 따라 표시하십시오.	1 매우 그렇다	2 대체로 그렇다	3 별로 그렇지 않다	4 그런경우가거의없다
82. 나는 가르침의 근본이 마귀에게서 온 것인지 하나님께로부터 온 것인지, 인간으로부터 나온 것인지를 분명하게 구별해 낼 수 있다.				
83. 나는 하나님께서 나의 모든 필요함을 채워 주시리라고 믿기에 끊임없이 희생적으로 바친다.				
84. 내가 한 일로 인하여 다른 사람들이 영예를 얻게 될 때 나는 기쁘다.				
85. 나는 자폐적인 사람을 데리고 나들이를 하거나 아니면 다른 실제적인 방법으로 그들을 도와주기를 좋아한다.				
86. 나는 스스로 다른 나라에서도 잘살 수 있으리라고 생각한다.				
87. 나는 주로 구원의 복음을 전하고 싶다.				
88. 우리 집을 찾은 손님들에게 진정한 감사를 드린다.				
89. 다른 사람들은 확신하지 않는다 할지라도 나는 하나님의 사업이 앞으로도 성장하도록 하기 위하여 그분의 특별하신 뜻을 내가 알고 있음을 확신한다.				
90. 나는 어떤 특정한 일이나 성서적인 목적을 이루기 위해서 다른 사람에게 영향력을 끼친다.				
91. 나는 다른 사람들을 나의 사고방식으로 설득시키기보다는 다른 사람을 위해서 결정을 내려주고 방향을 제시해 줄 수 있다.				
92. 나는 사람들의 삶이나 사건들에 있어서, 하나님의 초자연적인 일을 행하시는데 쓰이는 도구이다.				
93. 나는 다른 사람의 병이 나을 수 있도록 기도해 준다.				

아래 사항들은 내 생애에 일어나거나 내가 경험한 일들입니다. 각 항목에 당신의 삶에 있어서 부합되는 정도에 따라 표시하십시오.	1 매우 그렇다	2 대체로 그렇다	3 별로 그렇지 않다	4 그런경우가 거의없다
94. 공식석상에서 내가 방언으로 말씀을 전할 때 그것이 통역이 되기를 기대한다.				
95. 나는 통역하면서 다른 사람에게 축복을 주게 한다.				
96. 나는 개척교회를 시작하도록 교회에서 파송 받기를 원한다.				
97. 나는 독신이지만 성적인 욕구를 자제하는데 아무런 어려움이 없다.				
98. 하나님께서는 구체적인 방법으로 내 기도에 끊임 없이 응답하신다.				
99. 나는 죽음에 대한 테러분자들의 위협이 내 믿음을 흔들 수 없다고 생각한다.				
100. 나는 교회에서 어떤 일을 해야 할지를 알고 그 일을 돕고자 자원한다.				
101. 나는 하나님께서 주신, 나아갈 방향이나 경고나 심판함에 대한 말씀을 증거 한다.				
102. 나는 그리스도 공동체로부터 떨어져 나가 방황하는 사람들을 되돌아오게 할 수 있다고 생각한다.				
103. 나는 예수님께 더욱 순종할 수 있는 제자가 되도록 다른 그리스도인을 훈련시킨다.				
104. 나는 중요한 일에 결정을 내릴 때에는 하나님의 임재하심을 체험하고 확신을 가진다.				
105. 나는 성경의 중요한 요점과 중요한 사실들을 구별해 낼 수 있다.				

아래 사항들은 내 생애에 일어나거나 내가 경험한 일들입니다. 각 항목에 당신의 삶에 있어서 부합되는 정도에 따라 표시하십시오.	1 매우 그렇다	2 대체로 그렇다	3 별로 그렇지 않다	4 그런경우가 거의없다
106. 나는 곤경에 처하고 고통 받는 성도들을 위로해 주고 그럴 때마다 그들이 도움을 받음을 느끼고 아픈 상처가 아무는 것을 느낀다.				
107. 나는 사기꾼의 사기 행각이 사람들 앞에서 명확히 드러나기 전에 그를 통해 이미 알 수 있다.				
108. 하나님의 사업을 하기 위해서는 낮은 생활도 기꺼이 유지할 수 있다.				
109. 나는 성경공부 반에서 선생님을 도와주기를 좋아한다.				
110. 감옥에 있는 사람들이나 은둔 생활을 하는 사람이나 외로운 사람과 명랑하게 대화를 이끌기를 좋아한다.				
111. 나는 다른 나라 사람들이 주님을 알고 영접하는 것을 보고 싶은 마음이 강하다(무엇보다도 외국인을 향한 마음).				
112. 나는 믿지 않는 이가 주님을 구주로 영접할 수 있도록 믿지 않는 사람을 찾아나서야 할 책임을 지고 있다.				
113. 나는 주의 일을 하는 사람들을 위해서 나의 집을 사용할 수 있도록 내 집을 기꺼이 내어놓는다.				
114. 모든 것이 불가능하고 희미하게 보일지라도 나는 하나님을 믿고 의지한다.				
115. 교회에서 교화(敎化)하는 일에 기여하는 특별한 지식을 가지고 있으므로 다른 사람들이 나를 따른다.				
116. 어느 단체나 기관의 성공을 위해서 책임을 지는 것을 좋아한다.				
117. 나는 예수 그리스도의 이름으로 눈먼 사람을 고친다.				

아래 사항들은 내 생애에 일어나거나 내가 경험한 일들입니다. 각 항목에 당신의 삶에 있어서 부합되는 정도에 따라 표시하십시오.	1 매우 그렇다	2 대체로 그렇다	3 별로 그렇지 않다	4 그런경우가거의없다
118. 자연적인 방법과는 다른 방법으로 타인의 건강이 회복되도록 하기 위해서 나는 성공적으로 기도한다.				
119. 나는 방언을 할 때 그것이 그리스도의 지체에 유익한 것이 된다고 생각한다.				
120. 나는 하나님께서 직접 이끄시는 대로 방언을 통역한다.				
121. 나는 믿는 자들과 믿지 않는 자들 가운데서, 하나님께서 주신 능력을 사용하도록 성도들로부터 요청을 받는다.				
122. 나는 사도바울이 다른 사람들도 자신처럼 독신으로 지내기를 바란 일에 동의한다.				
123. 나는 목회(전도)하는 이들을 위해 신실하게 기도한다. 왜냐하면 그들이 하는 일의 성과는 기도에 달렸음을 인식하기 때문이다.				
124. 나는 투옥되는 일이나, 죽음을 피하려 하지 않는 박해받은 성도들처럼 될 수 있다.				
125. 나는 비록 비천한 일일지라도 그 일을 하도록 부탁받으면 기꺼이 응한다.